经济学与生活

JINGJIXUE YU SHENGHUO

于 丽 主编

复旦大学出版社

图书在版编目(CIP)数据

经济学与生活/于丽主编. —上海:复旦大学出版社,2017.8(2021.1 重印)
ISBN 978-7-309-12823-9

Ⅰ. 经⋯ Ⅱ. 于⋯ Ⅲ. 经济学-通俗读物 Ⅳ. F0-49

中国版本图书馆 CIP 数据核字(2017)第 031737 号

经济学与生活
于 丽 主编
责任编辑/谢同君

复旦大学出版社有限公司出版发行
上海市国权路 579 号　邮编:200433
网址: fupnet@ FudanPress.com　http://www.fudanpress.com
门市零售: 86-21-65102580　　团体订购: 86-21-65104505
外埠邮购: 86-21-65642846　　出版部电话: 86-21-65642845
上海春秋印刷厂

开本 787×960　1/16　印张 18　字数 246 千
2021 年 1 月第 1 版第 3 次印刷

ISBN 978-7-309-12823-9/F·2351
定价: 46.00 元

如有印装质量问题,请向复旦大学出版社有限公司出版部调换。
版权所有　侵权必究

前　　言

萧伯纳曾说过这样的一句话："经济学是一门使人生幸福的艺术。"这句话高度概括出经济学对每个人的作用。使人幸福，这是多么重要的事情！

我们每个人的生活，其实都离不开经济学，每个人都应该学习一点经济学的知识，因为我们每天都会跟经济学打交道，或许你只是没有意识到这一点。现实生活中几乎无事不与经济学相关。2005年我国进行汇率改革后，人民币汇率一直缓慢攀升，但是2015年下半年情况有变，人民币开始小幅贬值，而2016年伊始，人民币对美元汇率中间价3天累跌378个基点，跌至6.5314元。2008年美国次贷危机席卷全球；2009年欧债危机相继爆发。也许有人会说，这些都是经济领域的大事，与我们的生活关系不大。那么，2016年双十一淘宝实现1207亿元的销售额，其中有你的贡献吗？淘宝商品中到底哪些商品适合"薄利多销"？人民币贬值后，如果你是海淘一族，是否感觉到海淘的商品"贵"了呢？

经济学其实无时无刻不在我们身边。很多情况下，在学习经济学的时候，大家"望而生畏"。复杂的公式和繁琐的图表，让缺少经济学基础的你望而却步。但是，本书中没有繁琐的公式，没有复杂的图形，我们通过生动的案例，讲解日常生活中的经济问题，诠释经济学的概念和原理。本书尽量用平实的语言和简洁的图表来描述，让读者不需要具备高深的数学知识储备就可以读懂。或许通过编者精心编写的这样一本书,你能领略到经济学的魅力,从此爱上经济学。

  本书包括绪论和附录共十一章,其中第二章、第三章、第六章和第七章由梁春艳编写;第九章由黄玮勤编写,绪论、第一章、第四章、第五章、第八章和附录由于丽编写。胡海鸥教授任本书的顾问。

  由于编者水平有限,编写的内容可能存在很多不足,希望广大读者给予批评指正。

编 者
2017 年 1 月

CONTENTS 目录

绪言 ·· 1
  第一节　经济学的起源 ·· 1
  第二节　为什么学习经济学 ···································· 4
  第三节　经济学的无穷魅力 ···································· 7

第一章　解析宏观经济数据 ·· 9
  第一节　如何理解物价指数 ···································· 9
  第二节　如何理解货币供应量 ································· 16
  第三节　为什么贷款容易，提前还贷却难——国家利率 ········· 21
  第四节　如何看待收入分配问题 ······························· 26
  第五节　最后贷款者与货币调控者——中央银行 ··············· 32

第二章　左手福利　右手税收——关注民生要懂的经济学 ········ 37
  第一节　税收到底由谁负担 ··································· 37
  第二节　拉弗曲线——减税富民得大于失 ····················· 41
  第三节　提高税收能有效禁烟吗——对香烟征税 ·············· 44
  第四节　安得广厦千万间——保障性住房 ····················· 47
  第五节　从此不再害怕看病——医疗保障问题 ················ 52

第三章　百姓要知道的经济学常识——通货膨胀和失业问题 ····· 57
  第一节　通货膨胀产生的原因及影响 ··························· 57
  第二节　如何治理通货膨胀 ··································· 68

第三节　失业的种类和危害 …………………………………… 73
　　第四节　如何治理失业 …………………………………………… 80

第四章　投资理财中的经济学 ……………………………………… 85
　　第一节　常见投资方式及比较 …………………………………… 85
　　第二节　股票投资 ………………………………………………… 88
　　第三节　基金投资 ………………………………………………… 93
　　第四节　黄金投资 ………………………………………………… 100
　　第五节　神奇的财富增值工具——复利 ………………………… 107
　　第六节　捕捉低风险赚钱机会——套利 ………………………… 110
　　第七节　都是贪心惹的祸——庞氏骗局 ………………………… 113

第五章　向左看　向右看——发生在你身边的那些事 ………… 121
　　第一节　为什么你总是原地踏步——内卷化效应 ……………… 121
　　第二节　如何在进退中胜出——博弈中的经济学 ……………… 123
　　第三节　门当户对中的经济学——帕累托最优 ………………… 130
　　第四节　破窗户会更加破——破窗理论 ………………………… 134
　　第五节　穷者越穷，富者越富——马太效应 …………………… 137

第六章　做生意要懂的经济学 ……………………………………… 141
　　第一节　物以稀为贵——稀缺性 ………………………………… 141
　　第二节　价格的决定 ……………………………………………… 144
　　第三节　价格弹性 ………………………………………………… 149
　　第四节　商家利用的工具——边际效用 ………………………… 152
　　第五节　价格歧视与消费者剩余 ………………………………… 157
　　第六节　钟点工的工资为什么越来越贵——外包 ……………… 162

第七章　企业管理和市场营销中的经济学 ………………………… 167
　　第一节　沉没成本 ………………………………………………… 167
　　第二节　机会成本 ………………………………………………… 171

第三节　三个和尚没水喝——规模报酬分析……………………… 173
　第四节　"补钙广告"旺销了肉骨头——外部性分析……………… 178
　第五节　几个企业说了算的市场——寡头垄断……………………… 182
　第六节　信息不对称的产物——逆向选择…………………………… 186
　第七节　道德风险……………………………………………………… 189

第八章　金融猛如虎………………………………………………… 195
　第一节　凶猛的鳄鱼——热钱………………………………………… 195
　第二节　关于金融危机………………………………………………… 201
　第三节　关于互联网金融……………………………………………… 216

第九章　当前热点问题……………………………………………… 223
　第一节　如何解读GDP………………………………………………… 223
　第二节　人民币升值的利与弊………………………………………… 232
　第三节　贸易顺差与逆差……………………………………………… 240
　第四节　长尾理论……………………………………………………… 248
　第五节　供给侧改革…………………………………………………… 252

参考文献……………………………………………………………… 261

附录…………………………………………………………………… 263
　附录1　世界著名十大效应…………………………………………… 263
　附录2　经济学中的关键词…………………………………………… 268
　附录3　你需要认识的经济学大师…………………………………… 273

绪 言

第一节 经济学的起源

2014年黄金价格为什么大幅下跌？卢布大幅贬值，俄罗斯经济面临怎样的困境？央行新政出台后房价到底是涨还是跌，现在是买房的好时机吗？国际油价在跌破50美元/桶之后还会继续下跌吗？在市场经济日益成熟的今天，面对越来越复杂的国内外经济环境，我们每个普通人的生活已经离不开经济学的指导。

故事里的经济学

我们现在使用的"经济学"一词，来源于希腊文 οικουομικοs，后来演化成英语中的 economics，日本人神田孝平1867年在其译作《经济小学》中用汉字翻译成"经济学"，而中国人严复则翻译成"计学"，现在人们一般习惯称为经济学。

提到经济学，一般公认最早可追溯到古希腊时期，最初的经济学主要是研究家庭财产管理的学问。世界上现存第一本经济学著作是古希腊色诺芬(约公元前430—前355或前354)的《经济论》，英语单词 economy 和 economics 就来源于此。古希腊雅典的哲学家苏格拉底(公元前469—前399)每天黎明即起，来到中心广场与人们进行交谈。

在这些人群中有一个贵族后裔叫色诺芬,他是苏格拉底的学生。每天他把从苏格拉底那里听来的有关奴隶主如何增加财产的思想片段记录下来,并结合自己管理庄园事务积累下来的经验,编写成了一本名为《经济论》的书。该书采用苏格拉底与别人对话的形式,讨论如何管理奴隶主家庭农场,堪称"古代微观经济学"。色诺芬还著有《雅典的收入》,概括讨论国家财政问题,其中包含对货币问题的见解,堪称"古代宏观经济学"。

在整个中世纪,经济学都只是一门关于个别庄园、个别家庭财富增值的学问。有关商业、货币流通、国家财政等涉及整个国家的问题,通常被放在政治学或伦理学中进行讨论。15世纪末期封建自然经济瓦解,商品货币关系建立起来,国内统一市场形成,国家的致富问题、政府税收问题才变得日益重要起来。这之后的几代人,有很多学者致力于这项研究,并以"政治经济学"为之冠名,用以区别研究家庭致富的经济学。1890年,英国剑桥大学著名经济学家马歇尔出版了一本书——《经济学原理》,书中用"经济学"一词取代"政治经济学",后来逐渐被广大西方经济学者所接受。至此,经济学正式成为这门学科的名称。

经济学原理

经济学是研究价值的生产、流通、分配、消费的规律的理论,是研究人类社会在各个发展阶段上的各种经济活动和相应的经济关系及其运行、发展规律的学科。经济学的核心思想是物质稀缺性和有效利用资源,可分为两大主要分支:微观经济学和宏观经济学。起源于古希腊色诺芬、以亚里士多德为代表的早期经济学,经过亚当·斯密、马克思、凯恩斯等经济学家的发展,衍生出了证券学、行为经济学等交叉学科。经过经济学家的不断努力,经济学的理论体系和应用也在不断完善和发展。

微观经济学以单个经济单位作为研究对象,通过研究单个经济单位的经济行为以及相应的经济变量的单项数值的决定来说明价格机制如何解决社会的资源配置问题。其主要内容包括均衡价格理论、消费者行为理论、生产者行为理论(包括生产理论、成本理论和市场均衡理论)、分配理论、一般均衡理论与福利经济学、市场失灵与微观经济政策。

宏观经济学以国民经济总过程的活动为研究对象,通过研究经济中各有关总量的决定及其变化,来说明资源如何才能得到充分利用。其主要内容包括国民收入决定理论、就业理论、通货膨胀理论、经济周期理论、经济增长理论、财政与货币政策。

经济学分为微观经济学和宏观经济学是在20世纪30年代之后。我们一般把英国古典经济学家亚当·斯密作为现代经济学的奠基者。19世纪末新古典学派的代表人物——英国经济学家马歇尔的《经济学原理》出版时,微观经济学体系基本形成。1936年凯恩斯《就业、利息和货币通论》的出版,标志着宏观经济学的形成,但直到1948年萨缪尔森出版《经济学》一书,微观经济学和宏观经济学的概念才正式被提出。

身边的经济学

微观经济学大多涉及稀缺性问题,即在现有资源条件下,人们如何作出选择的问题。虽然物质匮乏相对来说已经成为过去,但稀缺性问题还是微观经济学的主题。

希腊船王奥纳西斯生前有几十亿的财产,甚至连游艇上的高脚凳上都镶着精美的象牙,但是他还是面临着稀缺性的问题。奥纳西斯患有严重的肌无力症,这种神经疾病让他日复一日地衰弱下去。对他来说,稀缺的不是金钱,而是身体的活力和时间。

现代社会,人们的生活大多忙忙碌碌,时间对于每个人来说都有一定的稀缺性。有些人想去看电影,苦于没有时间;有些人计划出国旅游,苦于孩子要上补习班,没有时间。诸如此类的事情每天都在发生。

宏观经济学主要研究资源利用问题。中国经济发展取得的成绩举世瞩目,老百姓在享受经济高速增长的成果时,也越来越关注经济增长、通货膨胀、失业、财政政策和货币政策等宏观经济问题。在经济增长过程中资源利用效率低下、经济增长带来的环境污染等问题,老百姓也越来越关心。

总之,生活在今天,几乎没有人不关心经济问题,大家也越来越意识到自己的生活离不开经济学的指导。

第二节 为什么学习经济学

现在我们生活在一个经济社会当中,时时刻刻会碰到经济学问题,但是很多人并不太了解经济学,多数人对经济学的理解大致如下:

① 经济学是一门专业,比较复杂,一般人没有办法搞懂;

② 经济学是谈钱的,与日常生活没有太大联系;

③ 经济学家经常是互相唱反调的,经济学家 A 说过的话,一定会有经济学家 B 站出来反对;

④ 懂不懂经济学问题对老百姓的生活没什么影响。

那么,多数人对经济学的理解到底有没有反映出经济学的本质?经济学到底是什么?

经济学是一门选择的学科。每个人、每个企业都会遇到欲望的无限性与资源的有限性的矛盾,因此都必须作出选择。

不知足诗
终日奔波只为饥,才方一饱便思衣。
衣食两般皆具足,又想娇容美貌妻。
娶得美妻生下子,恨无田地少根基。
买到田园多广阔,出入无船少马骑。
槽头结了骡和马,叹无官职被人欺。
县丞主簿还嫌小,又要朝中挂紫衣。
若要世人心里足,除是南柯一梦西。

这首诗相信大家都不陌生,它把人的欲望的无限性体现得淋漓尽致。欲望的无限性与资源的有限性的矛盾使我们每个人、每个企业都必须作出选择。法国著名的寓言诗人让·德·拉封丹在他的《拉封丹寓言》中写了一只名叫布利丹的毛驴,它面对两捆干草不知该吃哪一捆好,最后竟然饿死了。毛驴布利丹面临的问题其实就是经济学家所说的选择问题。在资源既定的情况下,我们必须要作出某种选择,同时也必定要放弃另一些选择。不会进行选择的话,我们的结果会与毛驴布利丹一样。

人们作出选择的目的是为了实现目标最大化。例如,对于个人来说是幸福最大化,对于企业来说是利润最大化,对于社会来说是社会福利最大化等。

在生活中我们每个人都是经济学家。在超市里,收银台前排着长长的队伍,我们需要判断哪一支队伍的速度快;为了寻找合适的伴侣,我们需要在茫茫人海中千挑万选;为了得到一份满意的工作,我们需要与雇佣方讨价还价。在作出种种决定时,我们有意无意地运用着经济学的知识。

经济学是每个人都无法回避的,成本与收益的计算几乎在我们的生活中每天都在发生。但是,要想真正理解经济学家的思想却不是那么容易,因此,人们试图将经济学思想简单化、生活化,也就是用通俗易懂的语言、生动活泼的例子来表述这些思想。

为什么要学习经济学?学习经济学能给我们带来什么?也许我们可以从以下几个方面来理解。

1. 经济学帮人们参透市场规律

① 年轻人为什么买不起房?
② 为什么有些商品降价了还是卖不出去?
③ 春节火车票为什么难买?
④ 月嫂的工资为什么比白领高?

2. 经济学改变人的思考方式

① 打造自己的能力,做全才还是专才?
② 到底应该选择热门还是冷门专业?
③ 毕业后考研好还是工作好?
④ 两家公司付同样的工资,应该怎样选择?

3. 经济学引导人正确消费
① 为什么牛奶装在方盒子里卖,而可乐却在圆瓶子里卖?
② "清仓甩卖"为什么永远都甩不完?
③ 为什么很多酒吧喝水要钱,却免费提供花生米?
④ 商品打折,要不要拿出钱包?

4. 经济学让人了解财富奥秘
① 投资时为什么不能把"鸡蛋"放到一个"篮子"里?
② 消费者购买商品时,税到底怎么付?
③ 是什么让你一夜暴富或者一夜成为穷光蛋?
④ 投资到底是选择方向重要还是选择时机重要?

5. 经济学教人认清婚恋潜规则
① 为什么男人比女人花心?
② 为什么女博士不容易嫁出去?
③ 为什么最美的女人没人追?
④ 剩女是怎么形成的?

6. 经济学让人了解政策优与劣
① 人民币升值到底是好事还是坏事?
② 为什么贷款易,提前还贷却难?
③ 中国政府的4万亿计划给我们带来了什么?
④ 怎样才能跑赢CPI?

这些问题都是我们在工作和生活中经常能够遇到的,每个人对上述问题的理解不同,解释可能也不同,但是适当地学习经济学知识可以帮助你更好地解释和理解这些问题。

知道了经济学的重要性,很多人会问:"如何学习经济学?"

许多人一提到经济学就把它与复杂的数学公式和图形联系在一起,自然他们也认为数学基础不是很好的人不适合学习经济学,其实这是一种误解。

大家现在看到的很多经济学书籍的确运用了数学工具,很多还相当高深莫测,但是经济学不等于数学。经济学是对人类社会经济行为和经济规律的认识,它来自活生生的现实生活。可以说,我们每个人每天都在接触经济学的问题,我们很多行为也都有意和无意地反映着经济学的某些原理,可以说,现在经济学已经成为一种生活方式,成为我们生活不可或缺的一部分。经济学家用抽象的推理、图形和数学工具来表述和论述经济学道理是理论本身的需要。但是,如果你只是想了解经济学道理,完全可以不用数学工具,经济学同样可以运用通俗、生动的语言表述。

学习经济学需要了解一些基本理论和基本概念,因此一本系统的教科书是必不可少的。经济学的教科书非常多,大家选择一本难易适中、学习起来不是很吃力的即可。经济学教材一般偏重理论知识的介绍,大家还可以通过阅读一些其他书籍,如美国经济学家罗伯特·弗兰克的《牛奶可乐经济学》等帮助自己理解经济学理论问题。这类书不是系统的教科书,但是针对某些经济学问题会讲解得深入浅出,分析得更加深刻,方便读者理解。

经济学是一个大的学科,涵盖的内容非常广泛,有了一定的经济学基础知识后,大家可以根据自己的兴趣和需要有选择、有重点地阅读一些书籍。关心国家大事的可以读一点宏观经济学,对个人理财感兴趣的可以读点金融学的书,从事企业管理的可以读一点管理经济学。

第三节 经济学的无穷魅力

我们作为一个社会人、经济人,每天的衣食住行都要与市场打交道,只要从事一定的职业,就会与货币打交道,在生活和工作中我们自然不自然地与经济行为和交换行为相联系。商品市场的品种千变万化,令人眼花缭乱,目不暇接。在这个社会,无论你身处何位,无论你多么高雅、还是多么世俗,柴米油盐这些生活之必需,你都要直接面对,不能有任何怠慢。所有这些都需要有一定的经济知识和生活经验作支撑,方可应付自如。

如果说经济学是一门很难的学科,那是对的。经济学确实很难,难到很多人终身从事这个学科,却收获甚微。如果说经济学是一门很容易的学科，那也是没错的。我们每个人都是经济学家，对于自己的工资收入应该有多少用于维持家庭的消费支出、多少用于储蓄、多少用于投资、多少拿出来买保险，每个人都有自己认为最好的安排，所以说在日常生活中我们每个人都是一个经济学家。

学习经济学不仅是为了学习，还要应用。对普通大众来说，学习的重点是学会像经济学家一样思考，即用经济学的知识和方法来分析自己所遇到的各种问题，做到边学、边思、边用，这样才会学得有兴趣，并且做到学以致用。从根本上说，学习经济学与学习其他学科一样，是为了提高自己的综合素质。当然，学习经济学马上就取得立竿见影的效果是不可能的，但是随着知识的积累，你会发现自己分析问题的能力提高了，解决问题的能力增强了，一句话，你的综合素质提高了。这时，对于工作、生活你会安排得更好，你也会更加深刻地理解萧伯纳的那句话：经济学是一门使人生幸福的艺术。

现代社会日新月异，知识更新速度非常快，学不学习经济学是个人行为，你不学习经济学，社会还是照常发展，日子还是照过，所不同的是学与不学大不一样。如果你在自觉与不自觉中掌握了经济学知识，懂得分析经济政策，就能在市场运作中游刃有余，给自己的生活添砖加瓦，何乐而不为！

第一章

解析宏观经济数据

第一节 如何理解物价指数

谈到 CPI 和 PPI 等价格指数,很多人可能会觉得比较陌生。其实,普通百姓在日常生活中对 CPI 都有感性的认识,比如说柴米油盐涨价了,生活变得有些拮据了;厂商对 PPI 也有一些感性的认识,比如感觉原材料涨价了,生产成本上去了。但是,如果要问大家 CPI 和 PPI 的经济内涵,大部分人可能还是不够了解。

故事中的经济学

国家统计局网站公布的统计数据显示,2015 年 10 月,全国居民消费者价格指数(CPI)同比上升 1.3%,较上月下跌 0.3 个百分点。其中,食品价格上升 1.9%,非食品价格上升 0.9%。从环比情况来看,CPI 环比下跌 0.3%,其中食品价格环比下跌 1.00%,非食品价格环比上升 0.1%。2015 年 10 月全国工业生产者出厂价格指数(PPI)同比下降 5.9%,虽有所止跌企稳但仍处于极低水平,环比下跌 0.4%。

资料来源:国家统计局

是什么原因引起 CPI 和 PPI 下降? CPI 和 PPI 的内涵到底是什么?

1. 消费者价格指数

（1）消费者价格指数的含义

一般来说，我们用物价指数来衡量一个国家或地区的物价上涨幅度。衡量物价上涨幅度的指标一般包括消费者价格指数（CPI）、生产者价格指数（PPI）和 GDP 折算价格指数。

CPI 是反映与居民生活有关的商品和劳务价格变动的指标，通常用作观察通货膨胀的重要指标，以百分比变化为表达形式。

CPI 的计算公式：

CPI＝（一揽子商品报告期价格/一揽子商品基期价格）×100%

在美国构成该指标的主要商品共分八大类，包括：食品和饮料、住宅、服装、教育和通信、交通、医疗、娱乐、其他商品和服务。美国的消费物价指数有两种，由劳工统计局每月公布。一是工人和职员的消费物价指数，简称 CPI-W。二是城市消费者的消费物价指数，简称 CPI-U。目前，八大类商品和服务权重分别为住宅占 42.1%、食品和饮料占 15.4%、交通占 16.9%、医疗占 6.1%、服装占 4.0%、娱乐占 5.8%、教育和通信占 5.9%、其他商品和服务占 3.8%。

我国从 1953 年开始编制价格指数，而 CPI 的编制工作开始于 1984 年，CPI 包括 8 大类商品，共包括 263 个基本分类（93SNA，国际分类标准），约 700 种商品和服务项目。

中国的消费者价格指数包括食品、衣着、医疗保健和个人用品、交通及通信、娱乐教育文化用品及服务、居住、杂项商品与服务等八类，但近几年来民众消费所占比重最大、价格上涨最厉害的消费支出项目并没有包括在 CPI 中，如民众教育消费、医疗保险等。

在物价统计中，权重指的是城乡居民家庭用在某类商品或劳务的开支在所有消费商品或服务总开支中所占的比重。由于 CPI 是用一定数量的调查商品来反映市场价格总水平的变化，因此，计算 CPI 时必须确定每一种调查商品或服务项目对市场价格总水平影响的重要程度(即权重)。目前,我们确定权重的依据主要是城乡居民家庭收支抽样调查资料,并辅之以典型调查数据作为补充。我国 CPI 权重每年都要做一些小调整,每五年做一次大调整(见表 1-1)。

表 1-1 我国 CPI 权重的调整情况

分 类	2001 年权重	2005 年权重	2010 年权重	2011 年权重
食 品	34.0%	33.6%	25.8%	31.79%
非食品	66.0%	66.4%	74.2%	68.21%
烟酒及用品	4.0%	14.4%	0.7%	3.49%
居 住	13.0%	13.6%	6.9%	17.22%
交通通信	10.0%	9.3%	18.7%	9.95%
医疗保健个人用品	10.0%	9.4%	20.8%	9.64%
衣 着	9.0%	9.0%	7.7%	8.52%
家庭设备及维修服务	6.0%	6.2%	7.5%	5.64%
娱乐教育文化用品及服务	14.0%	4.5%	11.9%	13.75%

资料来源:国家统计局,Wind 资讯

2016 年 1 月起,国家统计局根据五年一次基期轮换的规则,对 CPI 构成分类及相应权重进行了调整,调整后的 CPI 构成八大类为食品烟酒、衣着、生活用品、医疗保健、交通通讯、娱乐教育、居住、其他用品。新口径下"食品"项占 CPI 比重在 17% 到 21% 之间,居住的比重调整到近 20%。

表 1-2 CPI 新旧分法

原两分法	原八大类	新八大类	新两分法
食品	食品	食品烟酒	食品
非食品	烟酒		非食品

续表

原两分法	原八大类	新八大类	新两分法
非食品	衣　着	衣　着	非食品
	家庭设备	生活用品	
	医疗保健	医疗保健	
	交通通讯	交通通讯	
	娱乐教育	娱乐教育	
	居　住	居　住	
		其他用品	

(2) 消费者价格指数的分类

① 按照编制的基期分为同比价格指数、环比价格指数及定基价格指数。其中,同比价格指数就是年距环比指数,也就是剔除季节性因素,本年某月(季)与上年同月(季)对比的价格指数。环比指数是指本期与上期相比而得出的指数。它是用报告期定基指数除以上期定基指数得来的。定基价格指数是指在一定时期内对比基期固定不变的价格指数。从2001年起,我国改用国际通用方法计算定基价格指数,首轮固定对比基期选为2000年,即以2000年平均价格作基数。当月的居民消费价格定基指数是以2000年全年平均价格为100进行计算的,即以某年某月份居民消费价格水平与2000年全年平均价格水平相比;当月商品零售价格定基指数是以2002年价格水平为100进行计算的,即以某年某月份商品零售价格水平与2002年全年平均价格水平相比。

② 按地域可以分为城市居民价格指数、农村居民价格指数和全国居民消费价格总指数。

(3) 消费者价格指数的作用

① 反映通货膨胀的状况。通货膨胀率一般以消费者价格指数的变动率来表示。消费者价格指数上涨幅度较大,通货膨胀的压力就较大。

② 反映货币购买力的变动。消费者价格指数上涨,单位货币购买能力下降;反之则上升。消费者价格指数和货币购买力指数呈倒数关系。

③ 反映对职工实际工资的影响。消费者价格指数上涨意味着实际工资的减少;反之,则意味着实际工资的上升。

2. 生产者价格指数

(1) 生产者价格指数的含义

生产者价格指数(PPI)是衡量工业企业产品出厂价格变动趋势和变动程度的指数,是反映某一时期生产领域价格情况的重要经济指标,也是制定有关经济政策和国民经济核算方法的重要依据。

在美国,美国劳工局负责收集生产者物价指数的资料,基期定为1967年,共调查2 300种商品的报价,调查方式是问卷调查,数据收集好后再加权换算成百进位形态。报告在当月结束的两周后发布,发布时间为美国东部时间上午8点30分。一般而言,当PPI增幅很大而且持续加速上升时,该国通胀的压力加大,央行可能相应地采取加息对策以抑制通货膨胀。

目前我国PPI的调查产品有4 000多种,覆盖全部39个工业行业大类,设计调查种类186个。其中,能源原材料价格在PPI构成中占较大比重。

(2) PPI与CPI的关系

根据价格传导规律,PPI对CPI有一定的影响。一般来说,PPI是CPI的先行指标。PPI能够反映生产者获得原材料的价格波动情况,预测CPI,从而估计通胀风险。

物价水平的波动一般首先出现在生产领域,然后通过产业链向下游产业扩散,最后波及消费品。产业链可以分为两条。一条是以工业品为原材料的生产,传导过程如下:原材料→生产资料→生活资料。另一条是以农产品为原料的生产,传导过程如下:农业生产资料→农产品→食品。目前在中国,第二条传导途径即农产品向食品的传导较为充分,但第一条传导途径即工业品向CPI的传导基本是失效的。

CPI 和 PPI 一般都作为观察通货膨胀水平的重要指标。但是，食品价格受季节因素影响较大，而能源价格也会经常出现意外波动，为了能更清晰地反映出整体商品的价格变化情况，避免出现误导，一般将食品和能源价格的变化剔除，从而形成"核心消费者价格指数"，用以进一步观察通货膨胀率变化趋势。

因为 CPI 既包括消费品价格也包括服务价格，所以 CPI 与 PPI 在统计口径上并非严格对应，CPI 与 PPI 也可能会出现变化不一致的情况。如果 CPI 与 PPI 持续背离，就不符合价格传导规律。CPI 与 PPI 的持续背离可能是价格传导机制不畅等因素造成的。

3. GDP 折算价格指数

GDP 折算价格指数是指没有剔除物价变动前的 GDP（现价 GDP）增长与剔除了物价变动后的 GDP（即不变价 GDP 或实际 GDP）增长之比。该指数是一个综合指数，包括全部商品和服务，除消费外，还包括生产资料和资本、进出口商品和劳务等。所以，该指数是最宏观的测量物价水平的指标，能够更加准确地反映一般物价水平走向。

具体公式为：

GDP 折算价格指数＝名义 GDP 增长/实际 GDP 增长

身边的经济学

我国 CPI 计算体系是 1993 年确立的，但是一直以来受重视程度较低。2007 年年初，中国人民银行设定了 3％的 CPI 目标，这一底线也被认为是中国人民银行加息的警戒线。

2015 年 10 月 CPI 走低，有专家分析随着年末翘尾因素的下降，CPI 走低将是大概率事件，11 月 CPI 继续下滑验证了这一观点。从 2015 年 10 月 CPI 的结构来看，食品价格的回落是 CPI 下滑的重要因素。从食品价格的内部结构来看，10 月猪肉、鲜菜、粮食、禽蛋等价格均出现了一定程度的回落。因此我们认为，随着 CPI 新涨价因素和翘尾因素同步下降,短期内CPI的下跌趋势仍将持续。

下面我们来看一下2014年全年CPI和PPI的走势。

表1-3　2014年全年CPI和PPI　　　　(单位:%)

月份	1月	2月	3月	4月	5月	6月
CPI	2.5	2.0	2.4	1.8	2.5	2.3
PPI	-1.6	-2.0	-2.3	-2.0	-1.4	-1.1
月份	7月	8月	9月	10月	11月	12月
CPI	2.3	2.0	1.6	1.6	1.4	1.5
PPI	-0.9	-1.2	-1.8	-2.2	-2.7	-3.3

2014年,我国政府预控制的CPI目标是3.5%,2014年实际CPI同比上涨2.0%,远低于政府控制目标;PPI则同比下降1.9%。从数据中可看出,2014年12月CPI较11月有所上升,但还是在2.0%之下运行,PPI降幅扩大,是2012年9月以来最大的降幅,并且连续34个月为负显示我国经济没有企稳,下行压力仍然较大。2015年我国经济的实际表现也确实如此。

PPI和CPI作为反映物价水平变化的指标,同时也是反映整体经济运行好坏的核心指标,对国民经济和资本市场有着深远的影响。如果整个国民经济是一辆飞驰的列车,那么列车上的乘客就是普通居民,列车的零部件就是各类企业,政府的经济政策就是要确保这辆列车行驶得又快又稳。如果说GDP是反映列车运行的速度指标,那么CPI和PPI就是显示列车运行平稳程度的核心指标。如果CPI过高,广大居民,也就是车上的乘客会由于列车过于颠簸而受不了;如果PPI过高,众多企业,也就是列车的零部件则会承受过大的压力负荷。如果CPI和PPI指标运行不正常,过高或过低,都需要政府宏观经济政策进行调整,从而使经济运行驶上正常的轨道。因此,PPI、CPI的走势在某种程度上表明了整个经济运行的健康程度,并可作为预判未来政府宏观经济政策变化的重要指标。

第二节　如何理解货币供应量

关于 M_0、M_1、M_2，新闻报道中经常出现，但是好多人都是一知半解，只知道是狭义货币与广义货币，不知道具体表示什么意思。

中国人民银行发布的统计数据显示，2013 年 3 月我国新增贷款 1.06 万亿元。3 月末，我国货币供应量余额 103.61 万亿元，同比增长 15.7%，首次突破 100 万亿大关。截至 2012 年年底，我国货币供应量余额为 97.42 万亿元，是美国的 1.5 倍，美国当时的货币供应量折合人民币为 64.71 万亿元。

2002 年年初，我国的货币供应量余额为 16 万亿元，到 2013 年 3 月超过 100 万亿元，十多年里我国货币供应量增长超过 6 倍，货币是否超发引起诸多争议。

近年来，我国 M_2 存量呈现加速上涨态势。2000 年，M_2 约为 13 万亿元，2002 年年初约 16 万亿元，至 2008 年还未达到 50 万亿元，但近几年来我国 M_2 的增长上演出"狂飙突进"的一幕：自 2009 年起，每年跨越一个 10 万亿级台阶，2012 年已达 97.4 万亿元。十多年里我国货币供应量增长超过 6 倍。

随着 M_2 规模及 M_2 占 GDP 比重的快速增长，公众关于货币超发引发物价上涨的讨论亦逐渐升温。有人认为 M_2 占 GDP 比重过高将带来物价、房价的上涨，但也有学者对比国外的数据指出，M_2 增长规模与 CPI 增长并无一定联系。数据显示，日本 M_2 占 GDP 比重达 230%，但其经济长期处于通缩阶段，而俄罗斯 M_2 占 GDP 比重不到 50%，但物价涨幅却已超过 10%。

经济学家认为，迅速飙升的货币存量将我国经济增长的货币化倾向暴露无遗。目前我国 M_2 占 GDP 比重接近 190%，这一数字较前几年呈现加速增长态势,折射出投资效率明显下降、以资金推动经济增长的发展路径日渐狭窄的现实。"我们看到货币量虽然快速上升,但货币周转速度却在不断变慢,经济增长越来越依赖新增货币的推动。"中国社科院重点金融实验室主任刘煜辉认为,M_2 占 GDP 比重的不断上升,反映了中国经济投资效率日益低下、经济货币化程度不断加深的现实。表明当前我国投资效率过低、经济发展日益货币化的现象,结构转型迫在眉睫。

资料来源:《烟台晚报》财经要闻 A52 版,2013 年 3 月 12 日

下面我们再来看一下我国 2010—2014 年广义货币 M_2、狭义货币 M_1 和流通中货币 M_0 的情况。

表 1-4 2010—2014 年的货币供应量　　　　单位:亿元

项目	年份	2010 年	2011 年	2012 年	2013 年	2014 年
广义货币(M_2)	货币发行量(亿元)	725 851.79	851 590.90	974 148.80	1 106 524.98	12 284 000
	同比增长	18.95%	17.32%	14.39%	13.58%	10.10%
狭义货币(M_1)	货币发行量(亿元)	266 621.54	289 847.70	308 664.23	337 291.05	348 100.00
	同比增长	20.40%	8.71%	6.49%	9.27%	3.20%
流通中的货币(M_0)	货币发行量(亿元)	44 628.17	50 748.46	54 659.77	58 574.44	60 300.00
	同比增长	16.68%	13.71%	7.71%	7.16%	2.90%

数字来源:中国人民银行网站

那么,何为货币供应量?其层次如何划分?

经济学原理

货币供给量是全社会在某一时点承担流通手段和支付手段的货币总额,它主要包括机关团体、企事业单位和城乡居民所拥有的现金和金融机构的存款等各种金融资产。货币供给量是一个存量指标。

人们一般根据货币流动性的大小,将货币供应量分为不同的层次。我国现阶段将货币供应量划分为三个层次,其含义分别是:

M_0是指流通中的现金,即在银行体系以外流通着的现金。这类货币与消费变动密切相关,最为活跃。

M_1是指狭义货币,即流通中的现金加上商业银行的活期存款。这类货币具有很强的流动性,随时可以用来进行支付。

M_2是广义货币,即在狭义货币M_1的基础上再加上商业银行的定期存款和储蓄存款。一般来说,由于定期存款和储蓄存款都不能随时支付,所以它的流动性稍差些。

它们三者之间的关系可以用公式表示如下:

$$M_0 = 流通中的现金$$
$$M_1 = M_0 + 非金融机构公司的活期存款$$
$$M_2 = M_1 + 非金融机构公司的定期存款 + 储蓄存款 + 其他存款$$

在日常生活中,M_0数值高说明老百姓手头宽裕、富足,衣食无忧的情况下M_0数值高可能性更高。M_1流动性仅次于M_0,反映居民和企业资金松紧变化,是经济周期波动的先行指标。M_2流动性偏弱,但反映的是社会总需求的变化和未来通货膨胀的压力状况。通常所说的货币供应量,主要就是指M_2。

我们一般可以通过M_1和M_2的增长率变化来揭示宏观经济运行状况。将M_2和M_1的增长率进行对比,有很强的分析意义。如果M_1的增长率在较长时间高于M_2的增长率,说明经济扩张较快,货币存款之外的其他类型资产收益率较高。这样更多的人会把定期存款和储蓄存款进行投资或购买股票,大量的资金表现为可随时支付的形式,使商品和劳务市场普遍受到价格上涨的压力。影响M_1数值的原因很多,例如股票市场火爆就会影响到M_1的数值变化,很多人会将定期存款和部分资产变现投放到股市,加速M_1的上扬。反之,如果M_2的增速在较长时间内较M_1的增速高,则说明实体经济中有利可图的投资机会在减少,可以随时购买商品和劳务的活期存款大量转变为较高利息的定期存款,货币供给中流动性较强的部分转变为流动性较差的部分,这无疑将影响到投资进而影响到经济增长。

身边的经济学

我国于 1952 年开始统计货币存量指标,当年的货币存量(M_2)为 101.3 亿元,1952—1957 年 M_2 基本上是以每年 12 亿~15 亿元的速度增加,货币增长速度保持在 10% 左右,比较正常。但是从 1958 年之后,每年货币供应平均增速达 25.0%,开始了"大跃进",导致新中国成立后的第一次通货膨胀。

1961—1964 年我国发生第一次出现通货紧缩。M_2 由 1961 年的 439.8 亿元下降到 1964 年的 434.7 亿元,降幅不大。1965—1968 年,货币供应平均每年新增 56 亿元,年增速达到 14.0%,1968 年达到 666.9 亿元,出现了第二次冒进。1969—1970 年,出现了第二次通货紧缩,每年货币减幅 7 亿元。

1970—1979 年,中国开始了第三次温和的通胀,每年平均新增货币 90 多亿元,增速达 15.0% 左右。1952—1979 年,中国货币供应增长控制在百亿元以内,增速控制在 20.0% 以内,可谓是"高增长低通胀"的经济发展时期。

改革开放后,货币增长量上了新台阶,1981—1983 年我国每年平均新增货币 400 多亿元,货币增长速度为 22.0%,还属正常,但 1984—1989 年,平均每年新增货币 1 500 多亿元,1989 年货币存量更是达到了 12 000 亿元,货币供应量的大幅增加引发了新中国成立后的第四次通胀,这次通胀也可以称为是奔驰的通胀。

1990—1993 年,我国的货币增长量每年还是控制在数千亿元之内,没有超过万亿元。1990 年比 1989 年新增货币 5 253 亿元,1991 年比 1990 年新增货币 4 100 亿元,1992 年比 1991 年新增货币 6 100 亿元,1993 年比 1992 年新增货币 9 400 亿元,增长速度达到 39.0%,1993 年的货币存量达到 34 879 亿元。

1994 年开始我国的货币供应增长又上了一个新台阶,年增长量超过万亿元。1994 年比 1993 年新增 12 100 亿元,1995 年比 1994 年新增 14 000 亿元,1995 年比 1994 年新增 16 000 亿元,1997 年比 1996 年新增 15 000 亿元,1998 年比 1997 年新增 13 500 亿元,1999 年比 1998 年新增 15 400 亿元,2000 年比 1999 年新增 15 600 亿元,2001 年比 2000 年新增 18 200 亿元,货币存量达到 152 888 亿元,年平均增长量为 15 100 亿元,年平均增长速度在 39.0%,货币供应的大幅增长引发了新中国成立后的第五次通货膨胀。2002 年货币供应增长再接再厉,开始突破 3 万亿。2002 年比 2001 年新增货币 31 000 亿元,2003 年比 2002 年新增 36 000 亿元,2004 年比 2003 年新增 34 000 亿元,货币存量达到 253 207 亿元。这一时期货币供应量加大了,但是同期的货币增长速度却下降了,年均增速在 33.3%。这一阶段,发生了我们可以称之为"第六次比较稳定的通货膨胀"。

近年来,我国 M_2 增长呈现出逐渐加速的态势。2000 年年底,我国 M_2 余额约 13 万亿元,到 2008 年年底,M_2 余额为 47.52 万亿元,而在次贷危机后,自 2009 年起我国 M_2 余额每年跨越一个"10 万亿"台阶,4 年间增长了近一倍。2010 年之后的货币供应量数据,前文表 1-4 中已经给出了,前文中也提到 2013 年 3 月我国货币供应量首次突破 100 万亿元,居世界第一。与此同时,M_2 占 GDP 比重也在迅速上升,2013 年年末这一数值达到 1.95。由此,货币超发引起物价上涨的讨论又此起彼伏。中国的货币供应增长 10 年翻了 6 倍多,2002—2012 年上海房价涨了 5 倍多,很多人指出中国房产泡沫是由货币超发引起的。

中国在 2012 年年末 M_2 占 GDP 比重为 188%。从横向比较看,在当今的四大经济体中,2012 年年末美国的 M_2 占 GDP 比重为 73.2%,欧元区为 102.5%,日本为 158.5%,中国比上述三国中最高的日本还高出 30 个百分点。从世界银行提供的截至 2011 年的数据来看,该比例全球平均为 126%,中国处于世界第 10。同时期,中国的货币发行量是美国的 1.6 倍,而 GDP 是美国的 0.5 倍。所以说中国用 1.6 倍于美国的货币来推动 0.5 倍于美国的 GDP。

相比其他国家,中国的货币化速度也过快。统计数据显示,我国 M_2 占 GDP 比重从 1978 年的 32% 增长到 2013 年的 195%,在 35 年间扩大了5倍。虽然巴西、俄罗斯这些新兴经济体货币化走势也是上升的,但其上升速度远不及中国。

中国在经济货币化提高的过程中埋下了不少隐患。具体表现形式有经济领域泡沫资产的存在、资本运营效率低及落后产能过多、贫富差距越来越大、房价与物价调控陷入两难、经济体制结构改革阵痛等。

资料来源：

中国经济年鉴,2000年、2001年、2002年、2003年、2004年、2005年；中国货币市场年鉴,2000年、2001年、2002年、2003年、2004年；赵留彦、王一鸣,货币存量与价格水平：中国的经验数据

第三节　为什么贷款容易,提前还贷却难
——国家利率

利率这个经济杠杆在使用时需要考虑它的利弊,在什么时间、以什么幅度去调整是很有艺术的。

——周小川

故事中的经济学

关于利率,香港大学教授、经济学家张五常曾举过这样一个例子。

假定年轻人选择职业的时候,只考虑收入因素,哪里收入高就去哪里,现在有两种职业——歌手和医生,同时我们假定从事这两种职业的人一生中的总收入是相同的,那么请问青年人应该如何选择？

歌手这项职业,年轻时收入特别高,但随着年纪增长,收入就会下降,以至最终无人问津。医生这项职业,在求学时收入是零或负数,然后做见习医生时,收入也很少,30岁后,随着经验不断增长,医治的病人数量会慢慢增长,到40岁后,求医的病人便可能会踏破门槛,那时收入也会越来越多。

所以，我们就有了答案：应该选择将未来收入折算成当前的现金价值后，收入总额最大的那种职业。要将未来收入折成现金，就必须考虑到利率。利率高，则未来收入的现金价值低；利率低，则未来收入的现金价值高。因此，职业的选择由利率决定，也就是说，利率高就去当歌手，利率低就去当医生。

歌手的早期收入较高，医生的较低，而因为利息率是正数，同样的收入，越早获得，折合现金后财富越多。如果歌手一生的总收入与医生的总收入相等，若利率过低，那么医生拥有较高的折现财富；如果利率过高，则会使歌手的折现财富高于医生。也就是说，如果医生的终身总收入较高的话，那么就会有一个利率值使歌手与医生的折现财富相等。市场利率若高于此利率，那么选择歌手这项职业收益更大；低于此利率，则应选择医生这项职业。

利率的影响不仅存在于职业的选择之中，可以说，只要与金融有关的现象，都与利率存在着关系。那么，什么是利率呢？

经济学原理

利率是一定时期内利息额与本金的比率，通常用百分比表示，按年计算则称为年利率。利率的计算公式为：

$$利率 = 利息额/本金 \times 100\%$$

从不同的角度利率有不同的分类。① 根据计量的期限标准不同，利率可分为年利率、月利率与日利率；② 根据地位不同，利率可分为基准利率与一般利率；③ 根据决定方式，利率可分为官方利率、公定利率与市场利率；④ 根据借贷期内是否浮动，利率可分为固定利率与浮动利率；⑤ 根据期限长短，利率可分为长期利率和短期利率；⑥ 根据与通胀的关系，利率可分为名义利率与实际利率等。

下面重点介绍几个重要的利率概念。

1. 基准利率

基准利率是金融市场上具有普遍参照作用的利率，也是金融市场上其他利率或金融资产价格决定的参照基准。基准利率具有市场化、基础性和传递性等特征。市场化是指基准利率由市场供求关系决定；基础性是指基准利率在利率体系中处于基础性地位，与其他利率和金融资产价格关联性强；传递性是指基准利率能有效影响其他利率，基准利率发生变化后，能引起其他利率和金融资产价格的变化。

美国、日本、英国、欧盟都以同业拆借利率为基准利率。美国的基准利率是美国联邦基金利率（FFR），即美国货币市场上的隔夜拆借利率，是从货币市场中产生的。英国的基准利率是伦敦银行间同业拆借利率（Libor）。日本的基准利率是东京银行间拆放利率（Tibor）。欧盟的基准利率是欧元银行间同业拆借利率（Euribor）。法国（1W 回购利率）、德国（1W 和 2W 回购利率）和西班牙（10D 回购利率）以回购利率为基准利率。

在中国，以中国人民银行对国家专业银行和其他金融机构规定的存贷款利率为基准利率。具体而言，一般普通民众把银行一年定期存款利率作为市场基准利率指标，银行则是把隔夜拆借利率作为市场基准利率。

2. 名义利率和实际利率

名义利率是指没有剔除通货膨胀因素的利率，也就是借款合同或单据上标明的利率。实际利率是指已经剔除通货膨胀因素后的利率。目前国际上通用的实际利率计算公式：

$$实际利率=(1+名义利率)/(1+物价变动率)-1$$

3. 影响利率的因素

分析利率的决定和影响因素的理论很多，如古典学派的储蓄-投资决定理论、流动性偏好利率理论、可贷资金利率理论、IS－LM 曲线模型的利率理论、马克思的利率决定理论。除了这些理论外，一般我们认为利率还受经济因素、政治因素和制度因素的影响。经济因素包括经济周期、通货膨胀、税收等对利率的影响。政策因素指一国的货币政策、财政政策、汇率政策等经济政策的实施对利率的影响。制度因素主要指利率管制下的利率状况。

身边的经济学

理解利率的基本概念、种类、决定因素后,我们再来看看利率对我们生活的影响。

2014年11月21日中国人民银行决定,自2014年11月22日起下调金融机构人民币贷款和存款基准利率。金融机构一年期贷款基准利率下调0.4个百分点至5.6%;一年期存款基准利率下调0.25个百分点至2.75%,同时结合推进利率市场化改革,将金融机构存款利率浮动区间的上限由存款基准利率的1.1倍调整为1.2倍;其他各档次贷款和存款基准利率相应调整,并对基准利率期限档次作适当简并。

从上述内容来看,2014年的降息针对存贷款利率实行的是非对称降息。降息后的存贷款利率情况如表1-5所示。

表1-5 金融机构人民币存贷款基准利率调整表　　单位:%

	调整后利率
一、城乡居民和单位存款	
（一）活期存款	0.35
（二）整存整取定期存款	
三个月	2.35
半年	2.55
一年	2.75
二年	3.35
三年	4.00
二、各项贷款	
一年以内(含一年)	5.60

续 表

	调整后利率
一至五年(含五年)	6.00
五年以上	6.15
三、个人住房公积金贷款	
五年以下(含五年)	3.75
五年以上	4.25

资料来源：中国人民银行网站，2014年11月24日

自2012年8月央行降息后，时隔2年多央行再次降息，对股市、楼市、债市乃至实体经济来说都有一定的促进作用。就楼市来说，降息对开发商成本、对购房者的成本都有所降低，形成实质性利好。从实际情况看，降息对国内外的楼市投资者影响不同。国外投资者一般在降息时倾向于先还贷，然后再用低的利率贷款。国内购房者加息时一般提前还贷，降息时一般不提前还贷。说到提前还贷，可能有些时候是想说"提前还贷不容易"。很多购房者可能都会有这样的经历，购房贷款后想到银行提前还贷，却遭遇银行说"不"。

这让人深感困惑：为什么当初贷款容易，提前还贷却那么难？

其实，很多贷款者在贷款的时候对诸多条款没有仔细研究，通常银行在贷款时对客户提前还贷是有规定的。

如果要提前还贷，不少银行要求客户必须提前预约。有的银行要求提前一个月预约，有些银行要求提前一周到半个月预约，当然也有银行可以随到随还。另外，各家银行对提前还贷的要求也有所不同，有的银行规定是放款一年后才能提前还贷；有的银行规定提前还贷的数额必须是一万元的整数倍；有的银行则需要收取一定数额的违约金；有的银行规定了一年当中提前还贷的最高次数。

例如，中国银行就规定必须在贷款一年后才能提前还贷，而且提前还贷要提前一个月通知贷款行。如果贷款不满一年提前还款，收取最高不超过六个月利息违约金（按照提前还款日的贷款利率计算），每年

提前还贷不能超过两次。

买房者在买房贷款签协议的时候就要将各银行提前还贷的条款具体内容了解清楚,以方便以后操作。

第四节 如何看待收入分配问题

现在,如果你与普通老百姓聊天,问他对我国收入分配是否公平的看法,很多人马上就会回答我国现在收入分配很不公平,贫富差距过大,并列举各种例子。例如,贪官污吏家中查出现金2亿元;一些上市公司高管年收入上千万元;金融、电信等行业收入很高,电力公司的抄表员年收入过10万元等。当然,普通百姓看到的都是一些社会实情,我国收入分配不公平具体达到什么程度呢?

故事中的经济学

国家公务员考试,亦被称为"国考",近些年来每年都有上百万人报考。2013年国家公务员申论考试热点话题就是有关"收入分配与社会公平"的问题。

其背景链接如下:中国已经成为全球贫富两极分化最严重的国家之一,这不是危言耸听。有关数据表明:中国社会贫富差距由改革开放初期的4.5∶1,扩大到2012年的近13∶1;城乡居民收入差距由1998年的2.52∶1,扩大到2011年的3.13∶1。全国收入最高的10%群体和收入最低的10%群体的收入差距,从1988年的7.3倍上升到2012年的23倍。

合理的收入分配制度是社会公平的重要体现,是推动科学发展、促进社会和谐的重要保障。改革开放以来,我国城乡居民收入大幅度提高,人民生活条件和生活质量明显改善。但是,居民收入在国民收入分配中的比重下降、收入差距扩大等问题仍然比较严重。

这个申论考试的热点话题,在给出背景链接之后,要求考生讨论我国收入分配差距过大的原因、怎样进行改革等。

这虽然只是一道考题,但从中我们也看到了我国收入分配不公平的现状。经济学中一般用哪些指标来衡量收入分配是否公平呢?

经济学原理

国际上一般用洛伦兹曲线和基尼系数两个指标来反映一个社会收入分配公平情况。

1. 洛伦兹曲线

洛伦兹曲线是美国统计学家洛伦兹提出的用来描述社会收入分配状况的一种曲线,它由累积的一定人口数占总人口中的百分比与这部分人口所获得的收入占总收入中的百分比状况来表示。

图1-1中,横坐标代表全社会的人口数,我们将其十等分。纵坐标代表全社会的收入,也将其十等分。图1-1中OL线代表收入分配绝对平等线,OHL代表收入分配绝对不平等线,位于两者之间弯曲的曲线就是洛伦兹曲线。洛伦兹曲线弯曲程度越大,代表收入分配越不公平。

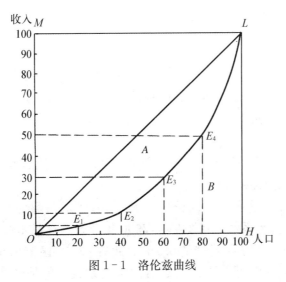

图1-1　洛伦兹曲线

2. 基尼系数

基尼系数是国际上用来综合考察居民内部收入分配差异状况的一个重要分析指标，由意大利经济学家基尼于1912年根据洛伦兹曲线提出。

见图1-1，基尼系数＝A/A＋B

A为实际收入分配曲线和收入分配绝对平等曲线之间的面积，B为实际收入分配曲线右下方的面积。

由于基尼系数可以较客观、直观地反映和监测居民及各阶层收入群体之间的贫富差距，预报、预警居民之间出现贫富两极分化，因此得到世界各国的广泛认同和普遍采用。基尼系数为0，表示收入分配完全平均，基尼系数为1，表示绝对的不平均。在这一区间，该数值越小，社会的收入分配就越趋于平均；反之越大，则表明社会收入的差距正在不断地扩大。

根据联合国有关组织规定，基尼系数低于0.2，代表收入分配绝对平均；位于0.2～0.3，代表收入分配比较平均；位于0.3～0.4，代表收入分配相对合理；位于0.4～0.5，代表收入差距较大；位于0.5之上，代表收入差距悬殊。

身边的经济学

世界银行于2009年发布了一份数据报告，报告给出相关国家最高收入的20％人口的平均收入和最低收入的20％人口的平均收入，这两个收入比在中国是10.7，美国是8.4，印度是4.9，俄罗斯是4.5，日本最低，只有3.4。

全球基尼系数最高的地方是非洲的纳米比亚，我国内地和香港地区的基尼系数都超过0.4。

改革开放前我国收入分配非常平均，基尼系数为0.16。1978年，我国的基尼系数为0.2左右，2000年开始越过0.4的警戒线，之后逐年上升，2004年超过了0.465。此后12年，国家统计局就不再公布国内的基尼系数了。这之后的基尼系数大都是经济学者估计的。中国社科院的一份报告称,2006年中国的基尼系数已经达到了0.496。2010年,新华社两位研究员更判断中国的基尼系数实际上已超过了0.5。

2013年国家重新开始公布我国的基尼系数,根据新的中国统一城乡可比的统计标准分类口径,国家统计局给出2012年我国的基尼系数为0.474。另外,2003—2011年我国居民的基尼系数也一并给出,具体如下:

2003年是0.479,2004年是0.473,2005年是0.485,2006年是0.487,2007年是0.484,2008年是0.491,2009年是0.490,2010年是0.481,2011年是0.477。

2013年1月18日,国务院新闻办公室举行新闻发布会,国家统计局局长马建堂介绍2012年国民经济运行情况。对于基尼系数,马建堂表示,世界银行计算的中国居民收入基尼系数与我国统计局统计数据接近,我国的数据还略高一些。

此次国家统计局公布的数据引起舆论一片哗然。各界普遍认为,其数据存在水分,没有真实反映我国当前收入分配差距过大的社会现实。有极端观点甚至批评称:"童话都不敢这么写。"

我国收入分配差距过大这是不争的事实,究其原因到底有哪些呢?

第一,城乡差距过大。根据国家统计局的数据,1978年我国的基尼系数在0.2左右,从1985年开始不断上升,2000年超过0.4的警戒线,达到0.417。基尼系数超过0.4说明收入分配差距过大,原因之一是我国城乡差距扩大所致。改革开放以来,我国城镇居民家庭可支配收入增长的速度明显快于农村居民人均纯收入。1978年城镇居民家庭人均可支配收入为343.4元,2013年城镇居民家庭人均可支配收入为26 955元。1978年农村人均纯收入为134元,2013年农村人均纯收入为8 896元。1978—2013年城镇居民家庭人均可支配收入增长78.49倍,农村人均纯收入增长66.39倍。

第二,地区差距较大。2014年城镇非私营企业就业人员年平均工资中东部地区为64 239元,东北地区为46 512元,东部地区是东北地区的1.38倍;2014年城镇私营企业就业人员年平均工资中东部地区为39 846元,东北地区为30 548元,东部地区是东北地区的1.30倍。

第三,行业差距过大。国家统计局数据显示,2000年我国行业最高人均工资是行业最低人均工资的2.63倍,2014年扩大到近4倍。2014年人均收入最高的三大行业依然是金融业,人均工资为108 273元,是全国平均水平的2.17倍;信息传输、软件和信息技术服务业,人均工资为100 797元,是全国平均水平的2.02倍;科学研究和技术服务业,人均工资为82 220元,是全国平均水平的1.65倍。人均年薪最低的行业是农林牧渔业,人均工资仅28 356元,是全国平均水平的57%。第一名的金融业与最后一名的农林牧渔业相差近3倍。

第四,岗位差距过大。2014年,企业负责人平均工资最高,中层及以上人员平均工资109 760元,是全国就业人员平均水平的2.20倍;商业、服务人员平均工资最低,平均工资40 669元,是全部就业人员平均水平的81.39%。岗位平均最低与最高之比为2.70倍。

第五,城镇非私营企业和私营企业收入差距较大。2014年,城镇非私营企业单位就业人员年平均工资56 339元,私营单位就业人员年平均工资36 390元,相差1.55倍。

对于如何解决我国收入分配差距过大的问题,很多学者提出以下观点。

1. 充分重视初次分配和再分配

根据国外专家的观点,政府不应在初次分配中发挥作用,只应在再分配领域通过税收和转移支付缩小收入差距,初次分配是由市场决定的。但是,我国政府在初次分配中干预情况非常明显,市场作用较小。例如,国企员工工资尤其是高管工资很难说是市场化的结果,且高管一般是行政指派而非竞争上岗的,他们的工资是既得利益者自行决定的,不是市场竞争的结果,减少和弱化政府的干预使初次分配有益于实现收入分配的公平。从我国近两年来对国企高管薪资的改革已经看出政府对改善收入分配公平的决心。

在再分配领域,通过转移支付手段加大对贫困人群、农村地区和西部的支持力度,加大社保、医疗和教育领域的投入。避免出现再分配

"抽肥减瘦"的现象。

2. 关注收入分配和财产分配

目前我国居民的收入不仅包括工资、薪金收入，还有很大一部分来自财产收入。改革开放 30 多年，在财产领域发生从几乎没有个人财产到个人财产高速积累的显著分化。财产分布的不平均也越来越成为收入不平等的一个重要因素。鉴于此，政府要求官员不仅要申报收入，还要申报财产状况。

3. 实现相关信息的公开化和透明化

相关信息公开化和透明化是实现有效监督的前提。严格控制"三公消费"，即公款吃喝、公款用车、公款出国。各级政府财政预算公开化、明细化。我国目前正在逐步将这些措施落到实处，"三公消费"近两年明显得到遏制。

4. 通过各种税收缩小收入差距

所得税是调节居民收入的直接手段。财产税是调节居民收入的辅助手段。提高个税起征点，减轻低收入群体的税收，采用累进所得税制增加高收入群体的税收，这种做法我国已经实施。另外还要逐步完善房产税和遗产税。房产税有利于遏制住房的投机和囤积行为，也有利于地方从土地财政转到持续的收入财政；遗产税有利于解决财产和收入差距的代际相传问题。

5. 加强对垄断行业的监管

垄断行业一直存在超额利润。解决垄断行业高利润问题，一是要充分发挥《反垄断法》的作用；二是对垄断范围和垄断价格加以限制；三是缩小国家垄断行业的范围，在垄断行业适当引入竞争机制。电信行业、汽车行业都可以引入适当的竞争机制。

公平与效率是人类追求的两大价值目标，也是衡量一个社会文明进步的重要标志。广义上的公平和效率是一个涉及政治、经济、文化和社会等诸多方面的综合问题。收入分配差距过大，容易引发和加剧社会矛盾，甚至危及经济体的安全，不利于我国构建社会主义和谐社会的目标。因此，随着经济的发展，我国还需要进一步完善初次分配制度，注重收入分配政策的公平，以实现社会和谐发展。

第五节 最后贷款者与货币调控者
——中央银行

中央银行首先在西方资本主义国家产生,是由私人商业银行演化而来的。1844年,英国通过《英格兰银行条例》,使英格兰银行集中了货币发行权,标志着中央银行的诞生。

故事中的经济学

从14世纪起,来自意大利北部伦巴第地区的银行家和商人就在伦敦泰晤士河北岸的一条大街上设立字号,经营放款业务,为英国银行业奠定了基础。这条大街名为伦巴第街,几乎成为伦敦货币市场的同义词。当时的伦敦民间借贷非常活跃,老百姓之间经常互相拆借。为筹集更多军费,急需用钱的英国国王和议会迅速采纳了一位叫威廉·佩特森的苏格兰商人的提议——成立一家可向政府贷款的银行。于是,1694年7月27日,伦敦城的1 268位商人合股出资,正式组建了英格兰银行。1694年7月27日,英王颁发了英格兰银行的皇家特许执照,第一家现代银行就这样诞生。此后的短短11天内,英格兰银行就为政府筹措到120万英镑巨款,极大地支持了英国在欧洲大陆的军事活动。

这家私人拥有的银行向政府提供120万英镑的现金作为政府的"永久债务",年息8%,每年的管理费4 000英镑,以全民税收做抵押,由英格兰银行来发行基于债务的国家货币,这样每年政府只要花10万英镑就可以立刻筹到120万英镑的现金,而且可以永远不用还本钱!截至1764年,该银行已借给政府1 168.68万英镑。

英国之所以要举国债,主要原因有二:国王需要对法作战,没有军费,所以要借款;借款没有任何其他有形物品的抵押,因此只能以国王的某些特定的税收作为担保。而对于英国的金匠、商人和其他一些可以出资的人(或许还不能称之为银行家),也需要一个稳定的投资对象。

显然,英国国王是一只极有潜力的"股票"。这样的生意双方都有需要,所以协议很快就达成了,并由英国议会用法律的形式固定下来,伦敦成立英格兰银行就是顺理成章的事情了。

然而,英格兰银行成立之后,其职能也并不只限于给国王贷款,而是逐步发展起来与现代银行有关的所有业务,并最终对英国成为第一个工业化国家发挥了重要作用。

1. 中央银行

中央银行是专门制定和实施货币政策、统一管理金融活动并代表政府协调对外金融关系的金融管理机构。

中央银行是"发行的银行""银行的银行"和"国家的银行"。"发行的银行"是指中央银行垄断货币发行权,对调节货币供应量、稳定币值有重要作用。"银行的银行"是指央行与商业银行的关系,体现在充当最后贷款者,集中管理商业银行的存款准备金,作为全国的票据清算中心及监督和管理全国的商业银行等方面。"国家的银行"即为国家提供各种金融服务、代表国家制定货币政策和处理对外金融关系等方面,具体表现为代理国库、代理发行政府债券、为政府筹集资金及代表政府参加国际金融活动等。

2. 三大货币政策工具的含义及应用

中央银行主要利用三大货币政策工具调节货币供给量,三大货币政策工具是存款准备金制度、再贴现政策和公开市场业务。

存款准备金制度:依照法律赋予的权力,中央银行规定商业银行等金融机构缴存中央银行的存款准备金的比率和结构,并根据货币政策的变动对既定比率和结构进行调整,间接地对货币供给量进行控制,同时满足宏观货币政策的需要,控制金融体系信贷额度的需要以及维持金融机构资产流动性的需要的制度。

再贴现政策:中央银行通过制定、调整再贴现利率和再贴现条件来干预、影响市场利率和货币供应量的政策措施。

公开市场业务：中央银行通过在金融市场上公开买卖有价证券影响货币供应量和市场利率的行为。

三大货币政策工具的运用如下：

在经济萧条时期，总需求小于总供给，经济中存在失业，政府通过扩张性的货币政策来增加货币的供给量，以刺激总需求。扩张性的货币政策包括公开市场方面买进有价证券，再贴现方面降低再贴现利率和放松再贴现条件，以及存款准备金方面降低法定存款准备金比率等。

在经济繁荣时期，总需求大于总供给，经济中存在通货膨胀，政府通过紧缩性的货币政策来减少货币的供给量，以抑制总需求。紧缩性的货币政策包括公开市场方面卖出有价证券，再贴现方面提高再贴现利率和严格再贴现条件，以及存款准备金方面提高法定存款准备金比率等。

3. 最后贷款人

最后贷款人是中央银行维护金融稳定的一项核心制度，是在危急时刻中央银行向出现流动性困难的问题银行（现在已不仅仅限于银行，如欧洲债务危机中，是各个主权国家）提供紧急援助的一种制度安排。

身边的经济学

我们来看一下美国房地美、房利美收购案，在其中美国政府最后贷款者的作用体现得淋漓尽致。

受美国次贷危机的影响，美国房地产抵押贷款巨头房地美、房利美于2008年7月身陷700亿美元亏损困境。为帮助这两家公司摆脱危机，美联储和美国证券交易委员会（SEC）迅速联手出击，对其进行救助。

美国政府于2008年9月7日宣布，从该日起接管陷入困境的美国两大住房抵押贷款融资机构，也就是房利美和房地美。

受美国房地产市场泡沫破裂影响，房利美和房地美两家公司在2008年陷入全面危机。2009年全年，两大机构的损失已超过140亿美元。股价缩水幅度近90%。时任美国财政部长的保尔森表示，房利美和房地美的问题使金融市场面临系统性风险,接管这两大机构是当前保护市场和纳税人的"最佳手段"。

根据接管方案,美国财政部将通过购买优先股向房利美和房地美各注入1 000亿美元资金。两大机构的首席执行官被限令离职,政府相关监管机构接管两大机构的日常业务,同时任命新领导人。

政府注资不符合市场规律,但是没有美国政府的帮助,"两房"如果真的破产,对美国的次贷危机无疑更是雪上加霜。

保尔森曾说:"房利美和房地美规模太大,与我们(美国)的金融体系交织过于紧密,任何一家破产都会导致国内甚至全球的金融市场极大动荡。"

"两房"是美国房产市场的中流砥柱,持有或担保大约5万亿美元住房抵押贷款,占全美12万亿美元抵押贷款总额的42%。"两房"购买各银行和住房贷款机构的住房抵押贷款,为房产市场注入资金,供银行和房贷机构发放新贷款。购入房贷后,"两房"把它们打包成债券,自己持有或出售,以利差方式盈利。美国金融机构持有超过3万亿美元"两房"债券,外国机构持有1.5万亿美元。

试想:如果美国政府没有发挥最后贷款人的作用,没有救助"两房",次贷危机又会发展到什么程度?全球经济受到的冲击会不会更大?

看完了最后贷款人的作用后,我们再来看看央行怎样调控货币供给量。

2015年1月22日,中国人民银行在公开市场进行500亿元7天期逆回购操作,中标利率为3.85%。这是2014年1月以来央行首次重启逆回购。而上一次进行7天期逆回购操作是在2014年1月21日,中标利率为4.1%。

央行的这项操作意味着什么?

正回购是指央行将持有的有价证券抵押给交易商,从而获得融入资金并承诺在到期后回购有价证券并支付一定的利息,是央行回笼资金、锁定资金的一种市场操作手段。

逆回购则是指央行向一级交易商购买有价证券,并约定在一定期限后将有价证券卖还给交易商,是央行向市场释放流动性的行为。

市场有关人士分析认为,此次逆回购主要释放这样的几点信号：

第一,春节前资金的正常投放。每年春节前,央行都要通过逆回购等工具向市场投放资金,以应对节前季节性资金需求,这些投放的资金大部分会在节后被回收。

第二,逆回购利率与市场利率相仿,央行谨慎传递价格宽松信号。央行此次操作,是对2014年10月进行的3个月期MLF(中期借贷便利)操作的续期,意在维持适度宽松的流动性,并继续释放定向调控的货币政策信号。

第三,投放会持续。市场在供需关系的主导下对每一次央行投放资金的消息都反应热烈,节前供给有限,央行会持续投放资金。

中央银行从出现到如今已经有300多年,学者们逐渐认识到中央银行是资本主义生产方式中最精巧和最发达的产物。第一次世界大战后,西方各国普遍出现通货膨胀,各国在当时体会到了中央银行稳定金融的重要性。第二次世界大战之后,西方各国普遍将中央银行收归国有,使其成为干预经济的工具,要求它贯彻国家某些金融政策,体现国家的意志。次贷危机的发生,各国中央银行更是积极发挥"拯救金融市场"的作用。可以说,在现代社会,中央银行在一个国家的作用越来越重要。

第二章

左手福利　右手税收
——关注民生要懂的经济学

第一节　税收到底由谁负担

故事中的经济学

一般认为,所得税创立于18世纪末的英国。实际上,具有所得税性质的税种远在两千多年前的中国西汉末期就已出现,其创始人便是王莽。

西汉哀帝死后,汉平帝继位。因平帝年龄尚幼,完全受大司马王莽的控制。公元9年,王莽自己登上皇帝宝座,把国号改为"新",改元为"始建国"。始建国元年,王莽开始推行他的经济改革措施,设立了对工商业者的纯经营利润额征收的税种——"贡"。《汉书·食货志》中记载:"诸取众物鸟兽鱼鳖百虫於山林水泽及畜牧者,嫔妇桑蚕、织纴、纺绩、补缝,工匠、医、巫、卜、祝及它方技,商贩、贾人坐肆,列里区谒舍,皆各自占所为于其在所之县官,除其本,计其利,十一分之,而以其一为贡。敢不自占,自占不以实者,尽没入所采取,而作县官一岁。"其大意是:凡是从事采集、狩猎、捕捞、畜牧、养蚕、纺织、缝纫、织补、医疗、卜卦算命的人及其他艺人,还有商贾经营者,都要从其经营收入扣除成本,算出纯利,按纯利额的十分之一纳税,自由申报,官吏核实,如有不报或不实者,没收全部收入,并拘捕违犯之人,罚服劳役苦工一年。

从税收制度的构成要素来说,王莽的"贡"已具备所得税的特征,其征税对象为纯盈利额;以从事多种经营活动取得纯收入的人为纳税人;税率为10%;纳税人自行申报,官吏核实;对违法者有处罚措施。但由于王莽的"贡"征收范围广,征收方法繁琐,不仅技术操作上不可行,而且引起了人民的群起反抗,到公元22年王莽不得不下旨免税,但为时已晚。两年后,王莽便国破身死。但是王莽首创的"无所得税之名,而有所得税之实"的"贡",比英国1799年开征所得税早1700多年。

1. 税收的概念

从上面的故事我们可以看出,我国从西汉末年就开始对工商业者的纯经营利润额征收"贡",即现代社会所谓的所得税,来支持国家的建设与发展。税收是现代社会所有国家和地区财政收入的主要来源。它是以实现国家公共财政职能为目的,基于政治权力和法律规定,由政府专门机构向居民和非居民就其财产或特定行为实施强制的金钱或实物课征,体现了一定社会制度下国家与纳税人在征收、纳税的利益分配上的一种特定分配关系,具有无偿性、强制性和固定性三个特征。

税收种类繁多。一般按照课税对象来分,可以分为流转税(增值税及附加、消费税和关税等)、所得税(企业所得税、个人所得税)、财产税(房产税、契税、车船税、船舶吨税等)、行为税(城市维护建设税、印花税、车辆购置税等)和资源税(城镇土地使用税等)。

2. 税收归宿

1990年,美国政府针对游艇、私人飞机、皮衣、珠宝和豪华轿车等商品通过了一项新的奢侈品税,目标是向富人征税以帮助穷人。但结果却出人意料,富人不再消费这些商品而以国外旅游和消费等替代,税收由生产者承担并影响经营能力，只好解雇工人。这项政策似乎帮了"倒忙"，不得不于1993年取消。这是为什么呢？

一般来说，人们往往认为政府向谁征税，谁就承担了这部分税收。但现实生活中的案例却向我们清楚地表明，不是向谁征税，谁就承担了税收负担。下面，我们一起来讨论一下税收归宿，即税收最终的分配问题。

打个比方，政府决定对市场上的一件商品征税。假设向消费者征税。那么是不是消费者承担了所有的税收呢？向消费者征税会使消费者对该商品的需求减少，而此时企业的供给不可能发生变化。需求减少会导致供给过剩，商品价格下降，销量也有所下降。也就是说，因为征税，消费者少买了，生产者卖得也少了，商品的市场规模萎缩了。虽然表面上消费者支付了全部税收，但生产者实际上也分担了征税的税收负担。反过来，如果对生产者征税，最终的结果也是消费者和生产者共同分担了税收。

既然政府征税使消费者和生产者共同分担了税收，那么，双方分摊的比例是否一样呢？在政府的征税行为中，消费者与生产者谁承担的税负更多，往往取决于商品的需求价格弹性和供给价格弹性。当某种商品需求富有弹性而供给缺乏弹性时，则生产者承担了大部分税收负担；当某种商品需求缺乏弹性而供给富有弹性时，则消费者承担了更多的税收负担。换句话说，税收负担将更多地落在缺乏弹性的一方身上。这主要是因为价格弹性大意味着替代品多，一旦某个商品因为征税而价格上升，消费者或者生产者可以比较容易地找到替代品。而缺乏弹性的一方倾向于留在市场，从而承担更多的税收负担。上面提到的美国对奢侈品征税，生产企业和工人承担了更多的税负，就是因为富人的需求弹性比较大，而奢侈品生产企业的供给弹性比较小，使企业和工人承担了更多的税负。

总之，无论政府对谁征税，最终的结果有三种情况：一是纳税人将所缴纳的税款，通过转嫁最终落在负税人身上；二是税负无法转嫁而由纳税人自己承担；三是转嫁一部分，纳税人自己承担一部分。具体是哪一种情况，则取决于供求双方力量的对比。但不管出现何种情形，税负总是要由一定的人来承担。

身边的经济学

　　车船税、关税、购置税……五花八门的税种刺激着人们的敏感神经，而各税种"刺眼"的共同点——上升趋势，更是遭到诸多非议。

　　除了上述的各种税，下面我们来分析一下在二手房买卖过程中的税收负担问题。二手房交易环节涉及转让方的税收有：企业所得税（个人所得税）、营业税及附加（包括城市维护建设税、教育费附加、地方教育费附加）、土地增值税、印花税；涉及受让方的税收有：契税、印花税。

　　按照我国现行法律规定，对于二手房的买卖，自2015年3月31日起，个人将购买不足2年的住房对外销售的，全额征收营业税；个人将购买2年以上（含2年）的非普通住房对外销售的，按照其销售收入减去购买房屋的价款后的差额征收营业税；个人将购买2年以上（含2年）的普通住房对外销售的，免征营业税。个人转让自用5年以上，并且是家庭唯一生活用房，取得的所得免征个人所得税。个人转让房产，以其转让收入额减除财产原值和合理费用后的余额为应纳税所得额，按照"财产转让所得"项目缴纳个人所得税。如果需要交纳所得税，税率为20%。

　　那么，在二手房的实际交易中的各种税，到底是卖方承担还是买方承担？像个人所得税明明是针对卖方征收的税，为什么经常转嫁到买方？在买卖过程中，我们经常听到卖方这样说："我要的是到手价。"这句话的意思是卖方到手要多少，其中的税收部分，他不承担，或者承担很少一部分；换言之，征税的结果是税收很大一部分转嫁到买方。为什么会这样？这也可以从需求价格弹性和供给价格弹性角度解释。二手房买卖中，买方如果真心想买，他的需求价格弹性就较小，而相对来说，如果卖方卖房的金额达不到他的理想价位，他就不急着出售，那么卖方的供给价格弹性就较大，那么，税就由弹性小的一方承担。相反，如果卖方急着出售，而买方可买可不买，那么诸如个人所得税这些税费，卖方要么全部承担,要么承担大部分。

第二节 拉弗曲线——减税富民得大于失

故事中的经济学

《论语·颜渊》记载,鲁哀公曾问孔子的门生有若:"今年闹饥荒,国用不够,怎么办?"有若回答说:"为什么不什一而税呢?"哀公说:"现在什二而税,我还不够,怎么还能什一而税呢?"有若答:"百姓富足了,陛下怎么会不足?百姓不足,陛下怎么会足?"这其实反映了儒家学派的经济思想,其核心是"富民"思想:如果没有民富,税收的总量不可能增加。

一般情况下,税率越高,政府的税收就越多,但税率的提高超过一定的限度时,企业的经营成本提高,投资减少,收入减少,税基就会减小,反而导致政府的税收减少,描绘这种税收与税率关系的曲线叫拉弗曲线。

经济学原理

1. 拉弗曲线的含义

拉弗曲线是描述政府的税收与税率之间关系的曲线。一般情况下,税率提高有利于政府税收收入的增加,但税率超过一定限度时,再提高税率反而会使政府税收收入减少。因为税率过高,将抑制经济的增长,使税基减小,税收收入下降,反之,税率降低可以刺激经济增长,扩大税基,税收收入增加。

2. 拉弗曲线的产生

1974年的某一天,经济学家拉弗和一些著名的记者与政治家在华盛顿的一家餐馆里吃饭。拉弗拿来一块餐巾并在上面画上了一个图来说明税率对税收收入的影响。然后拉弗提出，美国已处于这条曲线向下的一边。他认为，税率如此之高，以至于降低税率实际上会增加税收收入。

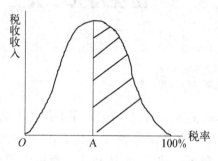

图2-1　拉弗曲线

图中原点表示税率为零，政府税收为零。随着税率的增加，税收收入呈抛物线形的变化。当税率达到A点时，政府税收最多，一旦税率超过A点，政府税收开始下降。当税率达到100%时，政府税收又为零，因为税率太高，没有人愿意工作了。

拉弗曲线表明了这样一个观点：税率不是越高越好。当税率低于某个水平时，会激发个人和企业的工作热情，从而促进社会供给，政府的税收也因此增加；当税率高于某一水平时，人们的工作热情降低，从而社会供给减少，政府税收也会跟着减少。政府为了取得更多的税收，最佳方案不是一味提高税率，恰恰相反，而是使税率处于一个适当的水平。

身边的经济学

1980年里根当选总统时，就采用了拉弗的观点，减税就是他政策的一部分。因为他对此深有体会。第二次世界大战期间里根拍过电影，赚过大钱。在那时，战时的附加所得税高达90%，只要拍四部电影就达到最高税率那一档了，当时的里根拍完四部电影就停止工作，回到乡下度假。高税率百姓少工作，低税率百姓多工作，里根的亲身经历告诉他拉弗曲线是正确的。里根认为减税会给人们一定的工作激励，这种激励又会提高经济福利，甚至可以增加税收。由于降低税率可以鼓励人们增加劳动供给的数量，因此拉弗和里根的观点就以供给学派经济学而闻名。

受拉弗减税理论的影响，从20世纪80年代起，世界上许多国家持续实行减税政策，美国、英国、德国、加拿大、意大利、印度、沙特、巴基斯坦等国家推出了减税方案，形成了世界性的降低税率浪潮。而据统计资料显示，这些国家并没有因为降低税率而减少了税收，相反，税收呈上升的态势。

拉弗理论在美国的实际运用却与理论上差距较大。里根入主白宫后，听过拉弗讲课，结合自己的亲身经历，实施了美国历史上最大规模的减税。但实际情况是，美国经济虽然增长了，但政府税收却下降了，这造成了里根时代的巨额财政赤字。

20世纪80年代美国政府对税率进行了改革，采取了大幅度的减税政策，至1989年里根总统离任时，联邦政府征收个人所得税由70%下降到28%，公司所得税由48%下降到24%，这些减税措施使美国拥有现今主要的大型经济体中最有效率的经济体系。20世纪60、70年代，美国经济表现并不抢眼，而里根政府的政策使美国经济有了一个飞跃，作为一个大型的发达经济体它开始有了快速的增长。拉弗以及将其思想运用于实践的人，使美国在20世纪80年代生产率有了很大幅度的提高，经济得到了快速增长。

美国在1973—1982年出现了"滞胀"现象。里根政府的减税政策改善了"滞胀"问题，但其代价却是巨额的财政赤字。在里根的实践中，宣称减税与预算平衡兼得的拉弗曲线实际上遭到了失败。里根总统第一个任期(1981—1985年)内创造了累计高达6 002亿美元的赤字，超过1933—1980年美国历届总统任内赤字总和。但1983—1984年的强劲经济增长在很大程度上来自庞大预算赤字所创造的需求，不自觉中运用了凯恩斯学派的理论。

第三节　提高税收能有效禁烟吗
——对香烟征税

故事中的经济学

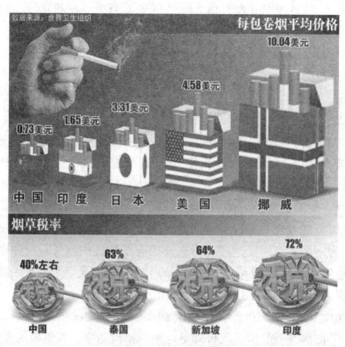

图2-2　各国烟草税率

2015年5月8日，财政部、国家税务总局联合发布《关于调整卷烟消费税的通知》，从2015年5月9日起，我国卷烟批发环节从价税税率由5%提高至11%，并按0.005元/支加征从量税。此次烟草税价调整影响广泛。统计显示，除了超过3亿多烟民，目前我国还有160多万户烟农，520多万家烟草零售商，从生产到销售全链条与烟草行业相关的人群多达 2 000 多万人。

据《北京青年报》记者了解,烟草消费税的征收包括生产环节和消费环节,此次调整后,生产环节征收的甲类卷烟税率为 56% 加 0.003 元/支,乙类卷烟为 36% 加 0.003 元/支,雪茄 36%、烟丝 30%,批发环节征收的税率为 11% 加 0.005 元/支。所谓甲类卷烟,是指调拨价为每条 70 元(含 70 元)以上的烟草产品,主流厂家的中高端产品应该都属于这一范围;所谓乙类卷烟,是指调拨价为每条 70 元以下的烟草产品,其在市场上所占比例大约在 70% 以上。

与以往调整相比,此次调整最大的特点是实现了烟草调税与调价的同步推进。

根据国家烟草专卖局相关人士介绍,卷烟批发环节的消费税率上调后,全部卷烟批发价格统一提高 6%,同时按照零售毛利率不低于 10% 的原则,同步提高零售指导价。

资料来源:张钦,烟草消费税 6 年来首上调:烟草业今年征税将超万亿,搜狐新闻

经济学原理

在第一节中我们已经讨论过税收归属的问题。

香烟属于典型的需求弹性小于供给弹性的商品,所以对香烟征收的税收主要由消费者承担。

身边的经济学

我们都知道吸烟有害健康,随着对香烟危害性的重视,世界上很多国家都加强了关于禁烟的立法,如禁止向未成年人出售香烟、公共场所越来越多的地方禁止吸烟等。禁烟的法律是从法律角度出发加强对吸烟的控制,从经济学角度看,又该如何禁烟呢?提高税率、提高价格效果显著吗?

世界上公认的最具有成本效应的控烟措施是提高烟草的税收和价格,这也是世界卫生组织推荐的最为有效的单项控烟策略。我国上调烟草税

率的初衷也正在于此，相关报道称"提高烟草税凸显出我国以重税控烟的决心"。为调查增税对禁烟的效果，新华网组织了网络调查，调查结果显示有一半以上的人反对烟草税提高，同样有一半以上的人表示不会因为价格提高而戒烟，而相对应的是，参加网络调查的人中，烟民占了65%以上。这似乎说明，单纯用价格杠杆戒烟，在中国并不会有多少实际效果。

为什么提高税率对禁烟没有显著的效果呢？

这可以先从香烟的特点进行分析。吸烟易成瘾，而且很难戒掉。这是因为吸烟时人的大脑和体内会产生脑啡肽和内啡肽，会使人产生一种兴奋，形成短暂的快乐，这已经为科学研究所证实。久而久之，吸烟就会使人成瘾，就像酒瘾一样，烟瘾一旦形成也很不容易戒掉。另外，从经济学角度讲，香烟属于需求弹性小于供给弹性的商品，税收提高后，虽然香烟价格上升，但是烟民对价格反应不敏感，涨价后需求量减少的幅度会小于价格上涨的幅度。

以印度为例，2001年2月，印度由于地震救灾资金的压力，将卷烟税增加了15%，结果2001年，印度人大约购买了780亿支卷烟，比2000年的920亿支下降了140亿支。然而，这并不是说这个国家的吸烟量下降了，烟民们转向了价格相对便宜的比迪烟。比迪烟与卷烟不同，焦油含量比大多数卷烟高出30毫克，对人身体的危害更大，但是由于价格便宜，烟民们采用了"商品替代"的办法继续吸烟。

所以，基于烟草这一消费品的特殊性，价格机制调节绝非是禁烟的最佳策略，不能因过于相信价格的调节功能而忽视其他调节手段的重要性。在控烟问题上，应注重强化行政、法律等各种手段的综合运用，譬如进一步加强吸烟危害的普及教育，出台制度全面维持办公场所、公共区域禁烟，严禁公务人员"烟酒往来"等，切切实实在社会活动领域中压缩吸烟空间，这或许比单纯相信价格机制有效得多，而如何合理增加烟草税收收入则必须以合理控烟为前提。

提高烟草税禁烟效果可能并不明显，但是国家税收增加却是不争的事实。

据统计，中国是全球最大的烟草生产国和消费国：全球约1/3的烟草（243.5万吨烟叶）来自中国，中国生产并消费了全球1/3的卷烟

(1 700亿支)。巨大的市场往往意味着巨大的利润空间,反映到国家财政上,税收往往是最直接的体现。烟草业近20年连续成为"纳税大户",贡献近1/10的国家财政收入。

事实上,自1987年起,烟草行业就一直是中国的纳税大户。在与烟草经济相关的每一环——从烟叶的种植、卷烟的生产到香烟的批发和零售,烟草都为中央财政贡献着可观的税收。中国针对烟草业征收的税一般被通称为"烟草税",但实际上,所谓的"烟草税"可分解为烟叶税、增值税、消费税(包括从量税和从价税)三大部分。而卷烟增值税和消费税,则是中央政府对烟草业所征税收的最重要来源。1994年,中国对税制进行了改革,烟草首次被纳入到消费税之中,而按照国家的相关规定,这笔消费税是100%归中央财政所有的。

前瞻产业研究院提供的烟草市场报告指出,2014年我国烟草行业工商利税达到10 517.6亿元,同比增长10.02%;全年上缴财政总额9 110.3亿元,增长11.63%。在其他经济产业疲软的情况下,烟草行业工商利税突破万亿元,似乎是一重大利好,然而业界有人却直言由烟草行业带来的国民收入增长是"黑色"与"肮脏"的。

有人做过统计,目前国家由烟草行业带来的收入,20年后都将全部用于烟民的医疗健康,且花费的数字是从烟草行业所获收入的2.8倍。如此看来,目前纵容烟草行业发展是得不偿失、饮鸩止渴的做法。

因此,提高烟草消费税,控制烟民数量就显得非常重要。虽然短期内国家能从烟草行业提供的税收中受益,然而长久以往将遭受烟草危害。目前中国禁烟事业虽然困难重重,但通过逐步提高烟草消费税或许能成为禁烟事业的好的开端。

第四节 安得广厦千万间——保障性住房

故事中的经济学

提起古代平头百姓的住房,多数人会如此联想:"有能力你就盖房,没有能力,就算挖窑洞、钻地穴、搭草棚,和政府没关系!皇帝老儿军国大事、三宫六院都操心不过来,怎么会操心穷人的住房呢?"其实,如此想象不无道理,起码"秦汉魏晋南北朝",要论政府去解决穷人的住房问题,史料上确实少有记载,但自唐代以来,还真有些为"穷人住房问题"动"真格"的!

　　唐朝的"廉租房",主要由寺观经营,土地由政府划拨,建房资金由民众捐献,房产维护可以从香火钱里冲销,僧尼道士理论上讲不以营利为目的,再加上信仰需要,正适合执掌这项半慈善业务。大都市的庙宇常有上千间客房,供去应试的学生、出门的商旅和遭了天灾的百姓临时居住。

　　据史料考证,唐朝应该是较早为穷人盖"廉租房"的,但要说政府重视"廉租房"并建成系统,而且成效最好的,当属宋朝!

　　北宋初年,宋高祖就强令各地建"福田院",每家"福田院"都有几百间住房,凡是逃荒入京的流民、赤贫破家的市民、无人奉养的老人,都有资格在里面免费居住,而且提供免费伙食和免费医疗。

　　南宋初年,大量流亡人口涌进京城临安,临安城一度住有100万人。因人多房少租金高,除了大规模公房出租外,南宋朝廷还出台了专门针对穷人的住房救济体制:一是凡遇到灾年,对租公房的市民减免房租;二是政府出资建房,免费安置流民和赤贫民众,而且各类住房功能十分明确,建"安济坊"是为了慈善医疗,建"漏泽园"是用于安葬无人认领的尸体,建"居养院"则是免费供赤贫穷人居住;三是修建比公房条件要差的简易房,但是租金更低,堪称"廉租房"。

　　中国几千年的封建王朝,真心为穷人着想的,当数明朝开国皇帝朱元璋。朱元璋当过乞丐,深知穷人无立锥之地的窘迫,因此他一当上皇帝,就把解决穷人的住房问题提上了日程。

　　朱元璋让南京的官员找一块闲置土地,盖了260间瓦房,供没有住房的南京人居住。圣旨颁布后,南京的官员很快执行了。一个月后,朱元璋又给华亭县的官员下了一道圣旨,让他们对宋朝留下来的居养院进行翻修,修好后让没有住房的人居住。华亭县的地方官也很快地执行了。

　　试点成功,朱元璋龙颜大悦,认为可以在全国复制"南京模式"了。

当年年底,他又给中央的官员下了一道旨意:"全国范围内,没饭吃的,国家给饭食;没房子住的,国家给房子。"

朱元璋的想法固然很好,但明王朝刚建立,财力并不充足。于是,官员找朱元璋解释,朱元璋一听生气了:"你们在我手下当官,就得体会我的心情,我可不想让我的百姓没饭吃、没房住,哪怕是一个百姓也不行!"

朱元璋或许是历史上第一个逼着官员在全国范围内给穷人盖房的皇帝,当然也是唯一的。然而,理想毕竟是理想。朱元璋死后,各城市房价还是扶摇直上,他的"居者有其屋"的梦想也随之破灭……

资料来源:李志刚,古时保障房趣谈,《江西日报》,2011年10月4日

1. 保障性住房的概念

从上面的故事我们可以看到,中国从唐代开始就已经有保障房了。那么,什么是保障房?它与商品房又有何区别呢?

一般来说,世界各国将住房大多分为公房和私房。公房是由政府买单的保障性住房,而私房则是私人拥有不享受政府买单优惠的自建或市场化的商品房。保障性住房是指政府为中低收入住房困难家庭所提供的限定标准、限定价格或租金的住房,一般由廉租住房、经济适用住房和政策性租赁住房构成。而商品房是指经政府有关部门批准,由房地产开发经营公司开发的,建成后用于市场出售、出租的房屋,包括住宅、商业用房以及其他建筑物。

保障性住房与商品房是有明确区别的。第一,来源不同。保障房由政府组织建设,商品房由开发商筹建。第二,购买条件不同。保障房必须达到一定条件、要当地政府部门审核批准才能购买或租用;而商品房只要有足够的钱就可以买了。第三,产权性质不同。保障房中的廉租房只能居住,只有使用权,不能处理;经济适用房是不完全产权,5年内不得买卖,5年内确需出卖的,由政府回购,5年后可以出卖,但需要上交一定比例的收益金给政府;而商品房的购买人拥有完全产权,可以自由处理。

2. 建设保障性住房的意义

保障性住房建设是一项重大的民生工程,它能实现朱元璋提出的"居者有其屋"的梦想。政府加快保障性住房的建设,对于改善民生、促进社会和谐稳定具有重要意义。

第一,安居保障。保障房主要是面向中低收入者阶层的,对于这些群体,即使房价大幅度下降,也未必买得起房子,所以他们只能依靠保障房。政府加大保障房的建设,可以满足许多中低收入阶层的购房需求,使人人都有房子住。因此,大规模建设保障房,有利于社会稳定,对改善民生具有重要意义。

第二,带动经济发展。加快保障房建设,对相关产业具有很强的带动效应。权威部门发布的数据显示,2010年新增的75亿元廉租房建设投资,可以拉动钢材消费量65万吨,水泥消费量50万吨。同时,国家还安排了17亿元中央投资用于棚户区改造及基础设施工程建设,可以拉动铸铁消费量2万吨,钢材消费量10万吨,水泥消费量30万吨。因此,保障房的建设会拉动1~2个百分点的GDP,这对于推动经济增长的作用是巨大的。此外,政府主导的大规模保障房建设,以民生为导向,可以给畸形发展的房地产市场降温,引导社会投资方向,鼓励更多企业和资本投入实体经济和科技创新,有利于中国经济的良性发展。

第三,扩大内需,刺激消费。大规模地增加保障房的建设,就意味着住房供给的扩大。由于保障房的价格比市场价格低,从长期来看,持续的保障房供给的增加能给中国居高不下的房地产市场降温,使房价的重心降低。保障房的大量推出,将让数量庞大的中低收入者以较低的成本购买到适合的房子,而不必为了买一套商品房而节衣缩食,从而可以腾出钱来改善生活,释放出更多的消费力,扩大内需。此外,房价重心的降低,使老百姓在商品房上的支出也相应地减少,这也有利于扩大内需,刺激消费。

除夕之夜,刚刚从棚户区搬进保障性住房的白银市白银区惠民小

区的居民丁永强、妻子王彩红和亲戚朋友一起吃年夜饭,欢度新春佳节。惠民小区是白银市首个保障性住房小区。小区里有 10 多栋楼房,排成两列,墙面刷为红色,看上去既整齐又醒目。

王彩红一家原先在白银区棚户区的平房里住了 13 年。平房是土坯房,冬天在室内炉子上做饭,满屋的油烟;夏天在室外做饭,一刮风沙子就飞进饭菜里。吃水要到附近的水房去挑。水房下午 6 时关门,如果回家晚就挑不到水了……

王彩红想住楼房,可家庭收入太低。她家是低保户,还有个儿子在上学。王彩红给人带孩子挣钱,丁永强在建筑工地上打小工。一年下来,全家收入也不过六七千元。

一年多前,王彩红一家人感到实在住不下去了,准备回丈夫的山西老家种地。就在这时,他们听说政府出台了保障性住房政策。丁永强抱着试一试的想法,报名申请住房。在公开摇号时,丁永强中了惠民小区的一套保障性住房。住房有 50 平方米,两室一厅。附近地段住房的市场价格在每平方米 3 000 元以上,政府以每平方米 1 080 元的价格出售给王彩红家,王彩红应为这套房付 5 万元左右。根据优惠政策,王彩红付了 2.5 万元,住上了新房。

王彩红说:"现在和以前比,好像是天上和地下。再不操心挑不上水,不害怕下大雨,不闹心上厕所。做饭也用上了天然气,又快又干净。以前一两个月才洗一次澡,如今家里有了热水器,随时可以洗。如果不是政府的政策好,我这辈子不可能住上楼房。"

今年过年,王彩红买了两瓶葡萄酒、三大瓶饮料。天渐渐黑了,鞭炮声更加密了。王彩红端出了热腾腾的三大盘饺子,摆上了香喷喷的四盘凉菜。她一个劲儿地招呼来家里的客人:"好好吃,今年饺子多得很。"王彩红的丈夫频频举杯给客人敬酒。13 岁的儿子说:"我要好好学习,将来盖更多更大的房子。"

走出王彩红温暖快乐的家,在惠民小区墙外,可以看到又一批新建的楼房已封顶。白银区房产局住房保障办公室主任张生明说,那是悦民小区,也是保障性住房小区。不远的将来,又有一批困难家庭的住房会得到改善。

白银区房产局局长张兰浩介绍说,白银区住在棚户区和其他地区的"双困家庭"(即住房困难、收入困难家庭)共有6 700户,目前约有2 400户有了保障性住房。政府正在竭尽全力,要让全部"双困家庭"早日住进保障性住房。

我国人口众多,土地稀少,贫富差距较大,这是基本国情。在房价日趋上涨的今天,推广建设保障型住房是大势所趋。在过去,一户普通居民家庭,辛苦一辈子的钱往往不够买房,随着保障性住房的推出,"广厦千万间,百姓俱欢颜"的梦想离我们应该越来越近。

资料来源:李峰、李保荣,房子的故事,《甘肃日报》,2011年2月4日

第五节　从此不再害怕看病
——医疗保障问题

故事中的经济学

老李的老家在魏县,家里有个患有青光眼的妹妹总让他放心不下。每次劝她去治,她总说那首顺口溜:"救护车一响,一头猪白养;脱贫三五年,一病回从前;做个阑尾炎,白耕一年田。"没有"新农合"[①]以前,农民看病主要靠自费,经济负担沉重。我国从2003年起在全国部分县(市)试点,到2010年逐步实现基本覆盖全国农村居民。

老李的妹子从2008年开始每年缴纳30元,各级财政每年补助200元,每年她的筹资标准就有230元。有了这笔钱,2010年,几乎失明的妹子,终于大胆地走进了县中医院。她清楚地记得,治疗青光眼手术花了1 600多元,"新农合"报了近一半。

---

① 新型农村合作医疗,简称"新农合",是指由政府组织、引导、支持,农民自愿参加,个人、集体和政府多方筹资,以大病统筹为主的农民医疗互助共济制度。采取个人缴费、集体扶持和政府资助的方式筹集资金。

她不知道,在这几年间,她所在城市的市、县、乡三级新农合定点医疗机构全部实现"出院即报";16个县实现了门诊统筹,在门诊吃药打针都能报销;6个县开展了按病种付费等付费方式改革,大处方乱收费从此终结。她也算不清,县级起付线从500元降到了300元,县级补偿比从40%升到了65%,这一降一升,意味着省了很多钞票。

从上面的故事我们可以看出,政府医疗保障制度的建立和完善,使老百姓从此不再害怕看病,生病了也不会因为没钱而得不到及时的治疗。

经济学原理

1. 医疗保障制度

医疗保障制度是指一个国家或地区按照保险原则为解决居民防病治病问题而筹集、分配和使用医疗保险基金的制度。它是居民医疗保健事业的有效筹资机制,是构成社会保险制度的一种比较进步的制度,也是目前世界上应用相当普遍的一种卫生费用管理模式。

西方国家医疗保障制度的建立,大多是从医疗保险起步的。医疗保险最早可追溯到中世纪。之后资产阶级革命的成功使近代产业队伍出现了,但工作环境的恶劣使疾病、工伤事故经常发生,工人因此要求获得相应的医疗照顾。可是他们的工资较低,个人难以支付医疗费用。于是许多地方的工人便自发地组织起来,筹集一部分资金,用于生病时的开支。但这种形式范围小,稳定性差,抵御风险的能力很低。1883年,德国颁布了《劳工疾病保险法》,规定某些行业中工资少于限额的工人应强制加入医疗保险基金会,基金会强制性征收工人和雇主应缴纳的基金。这一法令标志着医疗保险作为一种强制性医疗保障制度产生了。目前,所有发达国家和许多发展中国家都建立了医疗保障制度。

2. 我国的医疗保障制度

新中国成立以来一直实行企业职工的劳保医疗制度及党政机关事业单位的公费医疗制度,20世纪50年代末到70年代中期又在农村发展了农村合作医疗制度。在计划经济条件下这些都对保障职工健康、促进生产力的发展起了积极的作用,但也导致医疗费用不合理支出越来越多,企业和国家的负担越来越重,最终使国家、企业和职工都受到损害。

  1994年,国家开始进行医疗保障改革的尝试,在九江市和镇江市试点进行以个人账户与社会统筹为基础的社会医疗保险制度。1996年,在全国57个城市扩大试点。1998年,国务院发布了《国务院关于建立城镇职工基本医疗保险制度的决定》(以下简称《决定》),1999年、2000年,国务院以及国家有关部门又陆续出台了一系列文件,进一步完善了医疗保险政策体系,初步形成以《决定》为主体,以10多个密切相关配套政策为支撑的政策体系,标志着我国基本医疗保险制度已初步形成。

  2009年,国家又进行了新的一轮医药卫生体制改革,提出了"有效减轻居民就医费用负担,切实缓解'看病难、看病贵'"的近期目标,以及"建立健全覆盖城乡居民的基本医疗卫生制度,为群众提供安全、有效、方便、价廉的医疗卫生服务"的长远目标,使我国的医疗保障体系得到不断的完善和发展。

  目前,我国已形成以城镇职工医保(即"城镇职工基本医疗保险")、新农合(即"新型农村合作医疗")、城镇居民医保(即"城镇居民基本医疗保险")为主体,城乡医疗救助为兜底,其他多种形式医疗保险和商业健康保险为补充的全民基本医保制度框架。根据人社部的统计,2014年城镇职工医保、城镇居民医保、"新农合"三项基本医疗保险制度参保人数已经超过了13亿人,全民医保体系已经基本形成。

  保障房的建设,使许多低收入家庭拥有了自己的房子。医疗保障体系的建立与完善,使许多生病尤其是患有重大疾病的老百姓得到了有效的治疗。保障房、医疗保险、养老、教育,这些都是国家福利体系建设的主要内容,政府为此投入了很多资金和资源。而政府投资的资金是从哪里来的呢?主要靠的就是税收。所以说,税收取之于民,用之于民。老百姓通过缴税,也享受到了政府提供的很多福利。

身边的经济学

  "免费医疗"是一个热点话题。世界卫生组织官员在北京接受媒体采访时指出,世界上没有完全免费的医疗,政府有责任建立医疗卫生服务体系,但个人也有责任。

免费不免费,是指患者在接受服务时是否缴费。天下没有"免费的午餐",即使是号称实施免费医疗的国家,患者看病时也许是免费的,实际上医疗费用已经在个人、企业的税收或缴纳的保险中体现了。俄罗斯的医疗保障制度,沿袭了苏联的公费医疗制度,也并非完全的"免费医疗":居民看病不要钱,但买药需自付;公立医院资源短缺,排队等候现象严重。对此,民众褒贬不一,"免费"之饼并不那么香甜。

随着我国保障和改善民生的力度不断加大,编织起了世界上最大的医疗保障网,实现了基本医保制度全覆盖,人们对医疗服务的期望值也越来越高,让人人享有基本医疗卫生服务,成为医改重要目标。

但是,我国依然是世界上人口最多的发展中国家,人均收入水平低,城乡差异大,经济社会发展不平衡,"这里像欧洲,那里像非洲"的情况并不少见。俗话说:看菜吃饭、量体裁衣。任何一个国家的医疗制度,都必须与经济社会发展相适应,与国家经济承受能力相适应,不能过分超前或滞后。符合国情、量力而行、尽力而为的医疗制度,才是最好的。

从国际看,美国是全球最富的国家之一,医疗卫生总费用约占 GDP 的 18%,每年人均医疗费用支出超过 8 000 美元。沉重的医疗负担,已经成为美国经济的绊脚石。其他发达国家也存在类似困扰。这说明,医疗保障必须考虑到财政的可持续增长能力,不能盲目追求高福利,否则会骑虎难下。

但凡稀缺资源,只要免费,必然存在浪费,经济学称之为"公共品的悲哀"。资源是有限的,需求是无限的,尤其是医疗消费,更是具有无限趋高性。这种趋高冲动,既来自患者,也来自医生。在医疗监管制度不到位的情况下,医患双方很容易结成"利益同盟",过度使用和消耗医疗资源,从而催生"浪费医疗"。实践证明,缺乏必要的利益制衡,个人就不再关心医疗支出多不多,而只关心自己使用得够不够。其结果就是,医疗资源难以支撑,患者只能排队等候,真正有需求的人无法得到资源,导致新的不公平现象产生。国际研究认为,在医疗费用支出中,个人自付比例在两至三成之间最为合理,最有利于节约资源。

一般来说,医疗卫生服务分为基本和非基本两大类。政府主要为基本部分"兜底",个人主要承担非基本部分,社会也要承担一部分责任。在医疗卫生服务上,应体现共同但有区别的责任,建立政府、社会和个人的合理分担机制,才能兼顾公平和效率。

医改是一道世界难题,对有着13亿多人口的中国来说,从国情和实际出发,坚持"保基本、强基层、建机制"的路径,努力实现全体人民病有所医,这才是最负责、最务实的做法。

资料来源:白剑峰,"免费医疗"不是最佳答案,人民日报,2013年11月5日

第三章

百姓要知道的经济学常识
——通货膨胀和失业问题

第一节 通货膨胀产生的原因及影响

2015年8月,全国居民消费价格指数(CPI)同比上涨2.0%(创下了2014年9月以来的新高,之前最高值为1.6%),接下来的CPI会怎么样?物价未来变化的趋势会如何?

故事中的经济学

2008年2月,中国CPI同比上涨8.7%,当国人正在为通胀压力担忧时,是否可以想象,164 900%的通胀率意味着什么?这意味着,8年前可以购置一栋豪宅的钱,到2008年1月、2月只够买一听可乐,而到了4月,它只能买四分之一听可乐了。这不是科幻式的疯狂想象,而是2008年非洲南部的国家——津巴布韦的居民们每天的生活。

津巴布韦自2000年就开始出现恶性通货膨胀,当年的通货膨胀率为55.9%,2001年上升到71%,2002年则达到133.2%,到2004年1月更是达到了622%。自此以后,津巴布韦国内的通货膨胀问题便一发不可收拾,通货膨胀率一路飙升。根据津巴布韦中央统计办公室的数据,2007年4月,津巴布韦通货膨胀率达到3 700%,而2007年8

月,其通货膨胀率则达到了令人咂舌的 7 600%(折算为年通货膨胀率),9 月份的通货膨胀率更是达到了 8 000%。即便如此,一部分学者仍然认为,官方所提供的数字低估了通货膨胀的实际水平,真实的通货膨胀率很可能超过了 10 000%。其中,津巴布韦消费者委员会甚至认为,2007 年 6 月,该国实际的通货膨胀率达到了 13 000%。

2008 年 2 月份津巴布韦统计局公布的数据显示,截至 2007 年 12 月该国的通胀率是 66 212.3%,比 2006 年了上涨 39 745 个百分点。国际货币基金组织(IMF)认为津巴布韦真实的通胀率达到100 580%。而根据津巴布韦一份外泄的官方文件统计显示,津巴布韦 2007 年的通胀率已达到 164 900%。但这还仅仅是噩梦的开始,到 2008 年 6 月津巴布韦的通货膨胀率达到 11 270 000%,远远超过 5 月份的 2 200 000%。津巴布韦中央银行 2008 年 7 月 20 日前宣布,将发行单张面额 1 千亿津元的钞票,以对付失控的通货膨胀。据津巴布韦中央银行行长说,发行新钞是为了方便消费者,让他们免受购物时携带大量纸币之苦。但一千亿津元仍买不了一个面包,或支付一天的公交车费。

极度的通货膨胀让津巴布韦——20 世纪 80 年代被称为非洲的"菜篮子"和"米袋子"的非洲最富裕的国家之一,沦为世界最穷的国家,2008 年人均 GDP 仅为 0.1 美元。恐怖的通货膨胀率让这个国家的经济垮掉了。据统计,2002 年,津巴布韦 GDP 增长率为负的 11.9%,2007 年为负的 4.4%。而 2001 年津巴布韦人均 GDP 为 258 美元,2007 年则仅为 130 美元。2006 年津巴布韦的失业率在 60% 以上,而 2007 年这一比率更是达到了 80% 以上。同时,受居高不下的通货膨胀的影响,国民的生活水平迅速下降,物价每 1.1 天就会翻倍。举个例子,如果周一一个苹果卖 1 美元,那么到星期天这个苹果就会卖到 64 美元,一个月后同样的苹果就会卖到 1 百万美元。货币的急速贬值,使津巴布韦币成了烫手山芋,人们一有货币,就想方设法把它变成商品。

从上面的例子我们可以看出,通货膨胀无论是对国家的经济发展、社会稳定,还是老百姓的日常生活,都带来了深远的影响。那么,到底什么是通货膨胀呢?是不是鸡蛋、蔬菜或者水果的价格上涨了就叫通货膨胀,还是我们手上的钱不值钱了叫通货膨胀?

经济学原理

1. 通货膨胀的含义

经济学界对于通货膨胀的解释并不完全一致,一般经济学家认可的概念是:通货膨胀是指一段时期内物价水平普遍而持续地上涨。这一定义包括两点:① 通货膨胀是一般物价水平即全社会所有的商品和劳务的平均价格水平的普遍上涨,局部的或个别的商品和劳务的价格上涨不能视为通货膨胀;② 通货膨胀是物价在一定时期内(通常指半年以上)持续上涨的过程,而不是暂时的物价上涨。另外,通货膨胀与高物价水平是不同的,高物价水平并不意味着存在通货膨胀,只有物价水平不断地持续上涨,才存在通货膨胀。所以,上面提到的鸡蛋、蔬菜、水果的价格上涨了是通货膨胀,或者钱不值钱了叫通货膨胀,这类说法都是不全面的。综上所述,物价上涨不一定是通货膨胀,而通货膨胀时必定物价上涨,从而使人们手中货币的实际购买力下降,严重时会影响到我们的生活水平。那么,导致通货膨胀出现的原因又是什么呢? 通货膨胀具体又会给我们的工作和生活造成怎样的影响呢?

2. 通货膨胀的成因

通货膨胀是一个十分复杂的经济现象,经济学家们对通货膨胀产生的原因也持不同的观点。有的认为是需求过旺引起通货膨胀,有的认为是货币超发引起通货膨胀,还有的认为是成本方面的原因导致通货膨胀……下面我们从几个方面分析通货膨胀产生的原因。

(1) 需求拉上的通货膨胀

需求拉上的通货膨胀理论认为通货膨胀是由社会总需求的过度增长所引起的,即整个社会对商品和劳务的总需求超过按现行价格可以得到的总供给所引起的一般物价水平的上涨。换句话说,当消费者、企业、政府这些主体的总需求大于总供给,造成整个社会商品和劳务供不应求时,就会产生需求拉上的通货膨胀。

既然需求拉上的通货膨胀是由于总需求大于总供给引起的物价上涨,那么导致总需求过旺的因素主要有哪些呢? 具体来说,导致社会总需求过旺的因素可以分为实际因素和货币因素。引起需求拉上的通货膨胀的实际因素主要有三个：① 政府财政支出超过财政收入而形成财政赤字,并主要依靠财政透支来弥补；② 国内投资总需求超过国内总储蓄和国外资本流入之和,形成所谓的"投资膨胀"；③ 国内消费总需求超过消费品供给和进口消费品之和,形成所谓的"消费膨胀"。上述三个因素中任何一个发生作用,在其他条件不变时都会导致总需求与总供给的缺口,这种缺口只能通过物价上涨才能弥合,这就引起了通货膨胀。

需求拉上的通货膨胀还可能由货币因素引起。由实际因素引起的过度需求虽然最初在非金融部门中产生,但若无一定的货币量增长为基础,便不可能形成有支付能力的需求,换言之,过度的需求必然表现为过度的货币需求,从而使货币供应增加。那么,在社会总供给不变,或总供给增加但仍少于总需求的情况下,必然引起"过多的货币追逐过少的商品",从而导致物价上涨。

(2) 成本推动的通货膨胀

成本推动的通货膨胀理论认为供给或成本方面的原因是导致物价上涨和通货膨胀的根源,即使总需求不变,但是由于生产成本增加,供给减少,也会推动物价上涨。既然成本的增加能引起物价上涨,那么,导致企业生产成本增加的因素又有哪些呢？

① 工资推动的通货膨胀。工资推动的通货膨胀是工资过度上涨造成的成本增加而推动的价格总水平上涨。在这类通货膨胀中,首先是企业员工的工资上涨使企业生产成本增长,在既定的市场价格水平下,厂商愿意并且能够供给的产品和劳务的数量减少,导致整个市场的供给减少,而在市场需求不变的情况下,就会出现供不应求的状况,从而物价上涨,造成成本推动的通货膨胀。当工资提高引起物价上涨,而商品价格上涨使工人觉得工资不够用,又进一步要求加工资,从而形成"工资—价格—工资"螺旋式上升。

需要指出的是,尽管货币工资率的提高有可能成为物价水平上涨的原因,但绝不能由此认为,任何货币工资率的提高都会导致工资推动的通货膨胀。如果货币工资率的增长没有超过边际劳动生产率的增长,那么,工资推动的通货型膨胀就不会发生。而且,即使货币工资率的增长超过了劳动生产率的增长,如果这种结果并不是由于工会发挥作用,而是由于市场对劳动力的过度需求,那么,它也不是产生通货膨胀的原因,其实际原因是需求的拉上。

② 利润推动的通货膨胀。利润推动的通货膨胀是由于垄断企业为了赚取更多的利润,利用其操控市场价格的能力所导致的物价水平持续明显的上涨。利润推动的通货膨胀理论的前提条件是存在着商品和劳务销售的不完全竞争市场,如煤气、电力、电话、铁路、通信等行业。这些行业多数属于公用事业领域,都存在着垄断经营的情况。在完全竞争市场上,商品价格由供求双方共同决定,没有哪一方能任意操纵价格。但在完全垄断和寡头垄断市场条件下,卖主对价格的控制能力较强,企业可以通过削减产量减少总供给的手段来提高产品价格,使产品价格增幅超过其成本增加的幅度,以赚取垄断利润。如果这种行为的作用大到一定程度,就会形成利润推动的通货膨胀。较为典型的利润推动的通货膨胀是在1973—1974年,石油输出国组织(OPEC)历史性地将石油价格提高了4倍,到1979年,石油价格又被再一次提高,引发"石油危机"。

③ 进口推动的通货膨胀。进口推动的通货膨胀产生的重要原因在于进口商品价格的上涨。如果一个国家生产所需要的一种或几种重要原材料主要依赖于进口,那么进口商品的价格上升就会造成厂商生产成本的增加,导致成本推动的通货膨胀,其形成的过程与工资推动的通货膨胀是一样的。在这种情况下,一国的通货膨胀通过国际贸易渠道会影响到其他国家,如20世纪70年代的石油危机期间,石油价格急剧上涨,而以进口石油为原料的西方国家的生产成本也大幅度上升,从而引起通货膨胀。

④ 供求混合推动的通货膨胀。在现实生活中,单纯只由需求拉上或成本推动的通货膨胀并不常见。从长期来看,现实中出现的通货膨胀多是需求和供给两方面的因素共同作用的结果,即所谓的"拉中有推,推中有拉"。通货膨胀可能最初是由过旺的需求引起的,需求过旺必定带来物价上涨。人们觉得物价上涨过快就会要求加工资,这样,

通货膨胀的原因就会从最初的需求拉上演变到成本推动,从而引发更大的通货膨胀。另外,通货膨胀也有可能是由成本推动引起的,如在工会的压力下企业提高工资,或是企业为了追求更大的利润提高产品价格,导致成本推动的通货膨胀发生。而企业提高工资使人们货币收入水平增加并刺激其消费需求的话,就会使物价水平持续不断地上涨。

⑤ 结构性因素引起的通货膨胀。除了上面提到的需求拉上和成本推动因素会引发通货膨胀以外,还有部分经济学家认为即使整个经济中的总需求和总供给处于平衡状态,但由于社会经济结构方面因素的变动也会引起物价水平在一定时期内持续普遍的上涨。这种类型的通货膨胀一般在发展中国家较为突出。结构性通货膨胀主要表现为三种情况:一是国内各部门劳动生产率发展不平衡,当劳动生产率提高较快的部门货币工资增长后,其他部门的货币工资也跟着增长,然后引起价格上涨,从而使一般物价水平普遍上涨;二是国内某些部门,甚至某些大宗关键产品需求大于供给,导致价格猛涨,且只涨不跌,进而扩散到其他部门产品的价格,从而使一般物价水平持续上涨;三是开放型经济部门的产品价格,受国际市场价格水平影响而趋于提高时,会波及非开放型经济部门,从而导致一般物价水平的普遍上涨。

3. 通货膨胀的影响

世界各国经济发展实证分析表明,通货膨胀所带来的效应总是弊大于利,但也不能一概而论,这需要具体情况具体分析。一般来说,温和的通货膨胀(通货膨胀率在 2.5%～5%)并未较大地减少经济体系的真实收入,只是把某一集团的收入重新分配到另一个集团,因此仅在收入和财产分配上有较少的影响。而奔腾式的通货膨胀(通货膨胀率在 10%～100%)或恶性通货膨胀(通货膨胀率在 100%以上)所带来的后果就严重得多。通货膨胀率越高,物价上涨速度越快。物价的高速增长将会使人们采取各种措施保护自己,如把更多的精力用在如何尽快花钱上而忽略财物的生产,倾向于囤积商品而不持有货币,这样会伤害经济的发展。

此外,未预期的通货膨胀和可预期的通货膨胀所带来的影响也完全不同。如果通货膨胀是可以预期的,则政府、企业和居民可以根据对通货膨胀的预期,在价格、收入等方面进行相应的调整,从而大大减弱它的影响。但如果通货膨胀是不可预期的,则它对一国经济会产生多种影响。下面我们具体分析通货膨胀对社会经济的影响。

(1) 通货膨胀对收入和财富分配的影响

① 影响工人和雇主之间的财富分配。通货膨胀的存在会使工人受损而雇主受益。工人是按照劳动合同领取固定工资的。当发生通货膨胀时,货币的实际购买力人人降低。虽然工人拿到手的名义收入没有变,但是实际收入,即他用货币收入所能买到的货物和劳务的数量明显减少。所以,在通货膨胀期间,以工资为主要收入来源的工人往往遭受损失,而雇主由于给工人支付固定工资而从中获益。

同理,固定收入阶层都是通货膨胀的受害者,如领取退休金和救济金的人、靠福利和转移支付维持生活的人、政府雇员等,因拿固定工资,他们的生活水平会随着通货膨胀而相应下降。相反,那些靠变动收入维持生活的人,则会从通货膨胀中得益,这些人的货币收入会随着物价的上涨而上涨,从而避免通货膨胀之苦。

② 影响债权人和债务人之间的财富分配。通货膨胀会使债权人受损而债务人受益。在通常情况下,借贷的债务契约都是根据签约时的通货膨胀率来确定名义利率,当发生了通货膨胀之后,债务契约无法更改,从而使实际利率下降,财富从债权人向债务人转移,导致债务人受益,而债权人受损。

③ 影响纳税人和政府之间的财富分配。通货膨胀会使税收体系发生扭曲,因为所得税是根据名义收入而不是实际收入征收,而且个人所得税一般实行累进所得税制。当发生通货膨胀时,所得税增加的速度快于收入上升的速度。所以当名义工资随着通货膨胀提高时,达到纳税起征点的人增加了,而且有部分人进入了更高的纳税等级,这样政府的税收也增加了。但公众纳税数额增加,实际收入却减少了。政府由通货膨胀中所得到的税收称为"通货膨胀税"。有经济学家认为,通货膨胀税实际上是政府对公众的掠夺。此外,政府一般是净债务人,所以是通货膨胀的受益者,而纳税人则成为通货膨胀的

受害者。

(2) 通货膨胀对经济效率的影响

在市场经济中,价格是一种市场信号。消费者和生产者都会根据价格信号的变动调整自己的消费行为和生产行为,从而使资源配置发生改变。例如,当人们预期房产的价格在今后几年还会继续上升时,他们现在就会购买一套住房。而生产者也会根据房产价格的变动增加房子的供给量。这样市场机制就能有效地调节消费和生产。但是,当通货膨胀爆发以后,作为市场信号的价格会发生扭曲,无论是消费者,还是生产者,都无法从频繁变动的价格信号中对市场需求和供给的变动趋势作出准确的判断,因此,消费者的消费行为和生产者的生产行为都可能发生紊乱,从而使资源无法得到最优配置,导致经济效率下降。

(3) 通货膨胀对产量和就业量的影响

对于未达到充分就业的经济来说,通货膨胀可以使产量扩大和失业减少。这主要是因为在通货膨胀初期,物价上涨并未立即引起工资上涨,生产者从价格上涨中受益,于是扩大生产,就业也随着增加。即便工资跟着物价开始上升,只要工资上涨的幅度低于一般物价水平上涨的幅度,生产者仍能获益,而且工资上涨使市场需求充足,生产仍会扩大。但这种生产和就业伴随着通货膨胀而扩张的效应是有条件、短暂的。长期内,通货膨胀总会被预期到。当人们意识到通货膨胀实际发生率时,其降低实际工资、增加实际利润的作用就会丧失,从而就不会有刺激生产的效应了。

(4) 通货膨胀对经济增长的影响

通货膨胀对一国经济的影响,不同的经济学家有不同的观点。有经济学家认为通货膨胀在短期内对经济增长有促进作用。当经济处在有效需求不足、生产要素尚未得到充分利用、劳动者未充分就业的情况下,政府可以通过增加财政赤字刺激内需,使整个经济产出增加。此外,在通货膨胀情况下,产品价格上涨的速度一般快于名义工资增长的速度,因此企业利润会增加,并促使企业扩大投资,带动经济增长。所以说在短期内,国民收入与通货膨胀率存在正相关关系。

还有经济学家认为通货膨胀与经济增长负相关,不仅不会促进经济增长,反而会损害经济增长。较长时期通货膨胀带来的物价上涨,会使价格信号失真,容易使生产者误入生产歧途,导致生产的盲目发展,造成国民经济的非正常发展,使产业结构和经济结构发生畸形化,从而导致整个国民经济的结构失调。当通货膨胀所引起的经济结构畸形化需要矫正时,国家必然会采取各种措施来抑制通货膨胀,结果会导致生产和建设大幅度下降,出现经济萎缩的现象,因此,通货膨胀不利于经济的稳定、协调发展。

(5) 通货膨胀的社会后果

通货膨胀除了产生以上经济后果外,还会造成严重的社会后果。当发生通货膨胀导致货币大幅度贬值时,人们会倾向于增持具有保值功能的非货币资产,而减少货币资产的持有量。由于社会中的富人的财产多为非货币资产,而穷人主要持有货币资产,所以,通货膨胀的存在会使穷人更穷,而富人更富,导致社会两级分化的形势更加严峻。此外,通货膨胀也会使产品和劳务的相对价格不平衡,使社会摩擦增加,社会不稳定因素增加。

身边的经济学

津巴布韦的通胀发生在 21 世纪,离我们很近。下面我们再来看一个发生在 20 世纪初期的通货膨胀经典案例。

20 世纪 20 年代的德国发生了一场历史上最为严重的通货膨胀。1923 年年初,1 马克能兑换 2.38 美元,而到夏天的时候,1 美元能换 4 万亿马克!早上能买一栋房子的钱,傍晚只能买一个面包。有一个小偷去别人家偷东西,看见一个箩筐里装满了钱,他把钱倒了出来,只把箩筐拿走;一位家庭主妇正在煮饭,她烧的是那些可以用来买煤的纸币,而不是煤。一到发工资的时候,领到工资的人就以百米冲刺的速度冲到商店,跑得稍微慢一点,东西就又会大涨。

德国在第一次世界大战失败后,丧失了 1/7 的领土和 1/10 的人口,各种商行及工业产品均减少。战争本就使德国经济凋零,但战胜国又强加给德国非常苛刻的《凡尔赛合约》，使德国背负巨额的战争赔偿款。德国最大的工业区——鲁尔工业区1923年还被法国、比利时军队占领，可谓雪上加霜。德国政府出于无奈，只能日夜赶印钞票，通过大量发行货币来筹集赔偿款，结果是陷入灾难的深渊。从1921年年初到1924年年底，德国的货币和物价都以惊人的比率上升。以报纸为例，1份报纸在1921年1月是0.3马克，1922年5月是1马克，1922年10月是8马克，1923年2月是100马克，1923年9月是1 000马克，1923年11月17日是7 000万马克。

这样史无前例的恶性通货膨胀使德国人民遭受了巨大的苦难。没有粮食，没有工作，走投无路。由于国民对本国政府和外国帝国主义极其不满，德国各地斗争、骚乱不断发生，德国处于严重的动荡之中。

改革开放以来，我国先后经历了四次较为严重的通货膨胀。第一次发生在1979—1980年，第二次发生在1983—1986年。改革开放初期，我国由计划经济体制向市场经济体制转变，当时是短缺经济，商品供给匮乏，国家对农副产品价格、工人工资、农村税收进行了改革，企业改革也逐渐开展，企业及地方政府的自主权扩大了，这直接导致了企业和地方政府的投资扩张。另外，政府制定的大规模现代化计划，导致财政支出膨胀，也刺激了物价水平的上涨。国家采取了直接的计划行政调控和控制贷款总额的办法来治理当时的通货膨胀。

第三次通货膨胀发生在1987—1991年。虽然第二次通胀刚结束，但是，价格体制改革还要进行下去，使人们对物价上涨产生预期，所以说第三次通货膨胀是源于预期造成的。1988年居民开始抢购商品，消费需求膨胀，造成物价上涨。国家通过对三年定期存款实行保值储蓄、名义利率大幅提高等措施，控制了当时的通货膨胀。

第四次通货膨胀发生在1993—1994年。这一时期的通胀率是较高的，1993年为13.2%，1994年高达21.7%。当时投资需求和消费需求急剧扩张，房地产热、股票热和开发区热随处可见，货币领域表现为大投放，金融秩序混乱，乱集资、乱拆借、乱提高利率现象严重，在多种因素作用下，这一时期物价上涨幅度较大。为治理通胀，政府先是采取行政和法律手段治理混乱的金融市场，随后在货币政策方面开始收紧，货币政策中介目标也由信贷规模转向货币供应量，金融监管加强，发展货币市场，通货膨胀成功治理，国民经济实现"软着陆"。

次贷危机后，我国为应对经济下滑趋势，大幅增加了货币投放，这导致了2010年的通胀。2008年11月前，我国实施的是适度紧缩的货币政策，在此之前的10年间，全国发放了20万亿元的贷款，年均2万亿元。次贷危机后，2008年11月至2010年年末两年多的时间，全国共投放贷款18万亿元，几乎与前10年相当。再加上我国3万亿的外汇储备相应投放了近20万亿的人民币。过快的信贷增长和过多的货币投放导致了通胀的发生。为治理通胀，国家实施了积极的财政政策和稳健的货币政策，成功治理通胀。

面对通货膨胀，居民怎么样避免自己的财产损失？大家经常会听到这样一句话：你可以跑不过刘翔，但是你一定要跑赢CPI。如果发生通货膨胀，我们怎样跑赢CPI？

通货膨胀情况下，存款是个不明智的选择。通胀率越高，实际利率就越低，存款就意味着货币资产在缩水，所以，通胀情况下应尽量减少存款数量。其次，要考虑利用闲散的资金进行投资，从根本上实现财富的保值、增值。通胀发生的时候，对于个人来说投资固定资产是个不错的选择，如房产等。如果没有投资固定资产的能力，可以根据自己的风险承受能力作适当的投资。如果是老年人，抗风险能力差，可以考虑投资银行理财产品的比例高些，然后以适当比例的资金投资国债，股票和投资基金这些风险较大的品种可以少投资或者不投资。收入稳定的中年人，有一定的抗风险能力，可以作适当比例（如50%）的股票和基金投资。股票投资需要专业的经验，不适合没有经验的人操作，这时可以作基金定投，收益应该也可以跑赢CPI。年轻人抗风险能力强，但是积蓄有限，可以在开源的基础上节流，用节流的钱作基金定投等，也可以实现货币资产的保值。总之，通货膨胀发生时，一定要把自己的货币资产运作起来，不要只是放到银行中"睡觉"。

第二节　如何治理通货膨胀

故事中的经济学

2008年，津巴布韦以 2 200 000% 的通货膨胀率震惊世界。其实从 21 世纪初津巴布韦就开始经历恶性的通货膨胀，通胀率从 2004 年初的 624% 攀升至 2006 年 4 月的 1 042.9%。2007 年 6 月通货膨胀率已从早先估计的 9 000% 上升到 11 000%，到 2008 年 6 月通货膨胀率高达 11 270 000%。

造成津巴布韦恶性通货膨胀的原因之一是因为粮食等生活必需品的供应减产，导致了最初的通货膨胀。而粮食减产主要是 2000 年实行的土地改革导致土地废弃造成的。粮食短缺，加上连续 4 年遭遇旱灾，粮食歉收，食品价格上涨过快造成高居不下的通货膨胀率。雪上加霜的是，该国自 2000 年起因土地改革受到以英美为首的西方国家对其实行的经济封锁，要求其尽快偿还外债，从而造成该国外汇、燃油和电力的严重短缺。另一个原因在于津巴布韦政府出现了巨额财政赤字。为了弥补财政赤字，政府发行了更多的货币，新增的货币导致新一轮的物价上涨。物价上涨使工人要求加工资，而且物价上涨带来的货币贬值也增加了人们对大额货币的需求，因此政府又发行大额货币，如此恶性循环，最终导致津巴布韦居高不下的通货膨胀。

针对高居不下的通货膨胀率以及经济面临崩溃的局面，津巴布韦政府采取了一系列的措施。津巴布韦国家统计局 2010 年 1 月 15 日公布的数据显示，该国从 2009 年 2 月份联合政府成立以来，通货膨胀率大幅下降。新成立的联合政府采取了一系列经济举措，制定了一项国民经济发展优先计划，包括增加对农业发展的投入以确保粮食安全、逐步减少粮食进口以增加外汇储备等。分析师认为，津巴布韦联合政府的成立为有效遏制通胀创造了良好的政治环境，而政府制定的短期经济恢复应急计划以及所采取的废除当地货币、引入多种外币是遏制通胀的关键。

在津巴布韦出现持续的通货膨胀并愈演愈烈之后,该国政府根据造成本国通货膨胀的原因采取了相应的对策,使其通货膨胀率在2009年大幅下降。下面,我们一起来看看治理通货膨胀主要有哪些措施。

治理通货膨胀的措施

1. 减少总需求的政策

如果通货膨胀的根本原因在于社会总需求大于总供给,那么政府可以采用压缩总需求的政策来治理通货膨胀,而紧缩性的财政政策和紧缩性的货币政策都能达到减少总需求的目的。

(1) 紧缩性财政政策

紧缩性财政政策是指政府通过增加税收或减少财政支出来抑制社会总需求增长,从而降低物价水平。其中,减少财政支出的措施主要有减少购买性支出和转移性支出。

(2) 紧缩性货币政策

紧缩性货币政策是指中央银行通过减少流通中的货币供应量来减少社会总需求,从而降低物价水平。一般来说,中央银行可以采取的紧缩性的货币政策工具包括提高法定存款准备金比率、提高再贴现利率、在公开市场上卖出政府债券等。由于我国还不是利率市场化的国家,因此,中国人民银行还可以通过直接提高利率的方式来紧缩银根。

2. 紧缩性收入政策

收入政策可称为"工资—价格政策",主要针对成本推动引起的通货膨胀。该政策主要通过对工资和物价上涨进行直接干预来抑制物价水平,降低通货膨胀率。收入政策主要包括以下几种措施:

(1) 工资—物价指导线

政府根据长期劳动生产率的平均增长率来确定工资和物价的增长标准,并要求各部门将工资—物价的增长控制在这一标准之内。20世纪60年代,美国肯尼迪政府和约翰逊政府都相继实行这种政策,但是由于指导线政策以自愿性为原则,仅能进行"说服",而不能以法律强制实行,所以其实际效果并不理想。

(2) 工资—价格管制

政府颁布法令强行规定工资、物价的上涨幅度,甚至在某些时候暂时将工资和物价加以冻结。例如,我国 1984—1985 年出现的通货膨胀,其原因为固定资产投资规模过大引起社会总需求过旺,工资性收入增长超过劳动生产率增长,引起成本上升,导致成本推动的通胀。为了抑制高通胀,当时政府采取了控制固定资产投资规模、加强物价管理和监督检查等一系列措施。1987—1989 年通货膨胀期间,国内各大中城市均发生了严重抢购风潮。在突如其来的冲击面前,中央迅即作出反应,采用行政手段来控制价格。

(3) 以税收政策对工资增长率进行调整

政府规定一个恰当的物价和工资增长率,然后运用税收的方式来处罚物价和工资超过恰当增长率的企业和个人。这种形式的收入政策仅仅以最一般的形式被尝试过。例如,在 1977—1978 年,英国工党政府曾经许诺,如果全国的工资适度增长,政府将降低所得税。澳大利亚也于 1967—1968 年实行过这一政策。

3. 积极的供给政策

若通货膨胀中的物价上涨是由商品供给不足引起的,那么在抑制总需求的同时,可以积极运用刺激生产的方法增加供给来治理通货膨胀。其主要措施有:减税;削减社会福利开支;适当增加货币供给,发展生产;降低成本,减少消耗,提高经济效益;提高投入产出的比例,同时调整产业和产品结构,支持短缺商品的生产。

4. 其他治理措施

为治理通货膨胀,在一些国家还采取了收入指数化、币制改革等政策措施。

(1) 收入指数化

由于通货膨胀具有普遍性而又难于遏制,弗里德曼等许多经济学家提出了一种旨在与通货膨胀"和平共处"的适应性政策——收入指数化政策。收入指数化政策是指将工资、利息等各种名义收入部分地或全部地与物价指数相联系,使其自动随物价指数的升降而升降。如政府规定工人工资的增长率等于通货膨胀率加上经济增长率。我国在1988年所实施的对城乡居民个人3年以上定期储蓄存款实行保值贴补的措施,就可以算是一种特殊的收入指数化政策。收入指数化政策虽能减轻通货膨胀给收入阶层带来的损失,但不能消除通货膨胀。

(2) 币制改革

为治理通货膨胀而进行的币制改革,是指政府下令废除旧币,发行新币,变更钞票面值,对货币流通秩序采取一系列强硬的保障性措施等。它一般是针对恶性通货膨胀而采取的,如1948年德国实行的币制改革。第二次世界大战结束后,德国经济遭受严重破坏,通货膨胀日趋恶化,马克形同废纸。为此,德国政府推行了币制改革。币制改革的第一个法律《通货法》于1948年6月通过,同时通过相关的西柏林《货币条例》。法律规定,从6月20日起发行新货币"德意志马克",即DM,原帝国马克等旧币从6月21日起不再流通,并规定每年居民的旧马克按10∶1的比率兑换60个DM,居民在金融机构的存款,也按10∶1的比率兑换,但只能将其中的半数转入自由账户自由支取,另一半转入国家账户冻结。后来冻结存款中有70%作废,20%转入自由账户,10%被强制购买公债。币制改革后,德意志联邦银行一直推行紧缩或偏紧的货币政策,有效地控制了社会总需求,排除了通货膨胀的压力,稳定了货币,为国民经济的发展提供了条件。

针对恶性通胀进行币制改革的国家还有津巴布韦,但其币制改革却成了世界笑话。由于通货膨胀严重,津巴布韦政府印出十亿津币钞票,却只能买一条面包。于是津巴布韦政府决定从2008年8月1日起,将把钞票上的数字删除十个零,把一百亿津币钞票变成原来的一元津币。津巴布韦央行稍早发行的大面额钞票,流行到年底就停止使用。但2009年1月,该国中央银行又发行一百万亿面值大钞,在1后面有14个零,创下货币史世界纪录。全球最穷的津巴布韦一下成了亿万富翁最多的国家。然而2月2日又决定去掉12个零,这样一来,一万亿钞票只相当一元。货币巨升巨降,薪水连上班乘坐公交都不够,日薪只挣两块面包。最严重时,一摞货币买不回等量白纸,人们只能用钱糊墙,政府被迫取消津币,改用美元流通,成为全球唯一没有本币的国家。

总之,通货膨胀是一个十分复杂的经济现象,其产生的原因是多方面的,需要有针对性地根据原因采取不同的治理对策,对症下药。而且还需要将各个治理方案相互配合才能取得理想的效果。

身边的经济学

自信用货币产生以来,通货膨胀就是世界各国经济发展过程中面临的一大难题。纸币流通规律表明,纸币发行量不能超过它代表的金银货币量,一旦超过了这个量,纸币就要贬值,物价就要上涨,从而出现通货膨胀。通货膨胀只有在纸币流通的条件下才会出现,在金银货币流通的条件下不会出现此种现象。

2010年我国通货膨胀压力明显。2010年我国居民消费价格指数(CPI)同比上涨3.3%,比上年高4.0个百分点,5月份突破3%的警戒线后,一路保持上涨趋势,2011年第三季度同比上涨6.3%,创下2008年以来的新高。

关于此次通货膨胀的原因,国内著名经济学家厉以宁认为属于成本推动引起的通货膨胀,与之前发生过的通货膨胀的成因都有所不同。中国在计划经济时代有通货膨胀,可那是隐蔽的通货膨胀,有钱买不到东西,表面上物价没上涨。后来改革开放过程中出现了通货膨胀,主要是需求拉动的通货膨胀。所以,当时对需求拉动的通货膨胀采取了紧缩政策,紧缩政策是有效的,但后来也过了头,以致在20世纪90年代后期的时候又发生了通货紧缩的现象。2010年发生的通货膨胀是成本推动型的。成本推动的通货膨胀主要是由四种原因造成:第一,原材料短缺,因为短缺而价格上涨。第二,农产品供不应求,农产品的供不应求引起了整个成本上升。第三,因为劳动力成本的上升而引起了物价的上涨。第四,土地价格和房产价格上升,使成本增加,但是这种类型的通货膨胀既是成本推动的,可也是需求拉动的。因为需求拉动以后,对土地消耗量、需求量大了,所以它是交织在一起的。

针对2010年这一轮通货膨胀,我国使用的对策多为紧缩性的货币政策，主要有加息、提高存款准备金率和公开市场操作，并辅之以一些其他的政策，如汇率的调整、通胀预期的引导等。2010—2011年，中国人民银行4次加息，11次提高存款准备金率，抑制了2009年、2010年以来楼市的价格的疯涨，打压了2011年开始的物价高企，但是随着利率和存款准备金率的提高，也造成了市场资金链紧张，金融市场借贷困难，一度使中小企业举步维艰，为此从2012年开始我国又开始逐步有条件地降息，降低存款准备金率。此外，2010年以来中国人民银行灵活开展公开市场操作，发行央行票据4.2万亿元，开展正回购操作2.1万亿元，票据发行力度加大。经过两年的努力，我国CPI指数从2011年5.4%下降到2013年的2.6%。

2010年的通货膨胀治理好后，这两年我国经济又出现了新的问题。截至2016年8月，PPI（生产者价格指数）连续54个月下降，CPI又回到了"1时代"，经济下行压力增大，外媒唱空中国论又开始出现。中国经济又在经历着结构转型的阵痛，很多国际知名学者，如基辛格就指出，一个国家在从投资、出口拉动经济增长的模式向依靠消费拉动经济增长的转变过程中，经济增长放缓是正常的，中国经济没有大问题，7%的年增长率依然是全球第一。没有通货膨胀的经济增长始终是我们追求的目标。

第三节　失业的种类和危害

故事中的经济学

我们出生于1984—1986年，不算冰雪聪明，却绝对不笨。在过高考独木桥时，我们稍微地用了些力，就进了这所中原的大学。我们来自六个不同的省市，北三中一南二，会说东北话、京片子、闽南语和云南方言，精通中文，略懂日语，差不多能听懂韩剧中的爱情对白。当然，更重要的是仗着还算不错的英语进了商学院当时红极一时、分数最高的国贸专业。这样,因为缘分吧,我们六个住在了同一个寝室。

2007年到了,我们猛然间就成了这所校园里的毕业生。情同姐妹也好,再舍不得也好,我们有自己心爱的城市,有要奋斗的事业。在那年的7月,我们在月台挥手告别,有伤感也有对未来的期待。随着火车不同远去的方向,六个天南海北不是自己家乡的城市从此成了我们暂时的归宿。

外贸的增长不断创出新高,形势一片大好,我们顺利登船航行在巅峰的经济浪潮中,不断眺望美好的未来。可我们还来不及欣赏成功的曙光,却迎来了恶劣的天气,在一场叫"金融海啸"的浪潮中我们乘坐的船不断地摇摆。因为还不具备掌舵的能力,我们成了企业的鸡肋。2009年春节过后,我们六个先后失业了。QQ群成了我们避风的小港,大家的联系空前地紧密起来。"抱团取暖",群原来的名字"飞扬的青春"被替换了……

那么,到底是什么原因导致了这六个人的集体失业呢?在了解失业的原因之前,首先要了解什么叫失业?又有哪些指标来衡量社会的失业状况呢?

1. 失业的概念与衡量指标

(1) 失业的概念

在经济学范畴中,一个人愿意并有能力为获取报酬而工作,但暂时或较长时期尚未找到工作的情况,即认为是失业。我们这里所指的人是指处于法定劳动年龄阶段且具备工作能力的劳动者。对于法定劳动年龄阶段,不同国家往往有不同的规定,美国为16～65周岁,中国为年满16周岁至退休年龄,这里的退休年龄一般男60周岁,女干部身份55周岁,女工人50周岁。而对于没有劳动能力的人则不存在失业问题。

按照国际劳工组织(ILO)的统计标准,凡是在规定年龄内,在一定时期内(如一周或一天)属于下列情况的均归为失业人口:① 没有工作,即在调查期间没有从事有报酬的劳动或自我雇佣;② 当前可以工作,即当前如果有就业机会,就可以工作;③ 正在寻找工作,即在近期采取了具体的寻找工作的措施,如到公共的或私人的就业服务机构登记,到企业求职或刊登求职广告等方式。

失业者一般都可领取一定的失业救济金,但其数额少于就业时的工资水平,因而生活相对恶化,促使其重新就业。从这一点上来说,不少经济学家认为,一个合理的失业率及其失业现象的存在,是促进社会发展所必需的条件之一。

（2）失业的衡量指标

衡量失业最常用的标准是失业率,它是失业者人数与就业人数加上失业人数之和的比,即

$$失业率 = 失业人数 \div (就业人数 + 失业人数) \times 100\%$$

此外,我们也可以通过失业持续期来反映失业的程度。失业持续期是指失业者处于失业状态的持续时间,一般以周(星期)为时间单位。平均失业持续期的计算公式为

$$平均失业持续期 = (\Sigma 失业者 \times 周数) \div 失业人数$$

再者,年失业率也是衡量失业状况的指标之一。年失业率取决于该年中有失业经历的人数,以及他们失业时间的平均长度。年失业率的计算公式为

$$年失业率 = \frac{该年有失业经历的人占社会劳动力总额的比例} \times (平均失业持续期 \div 52 周)$$

2. 失业的种类

根据不同的标准,失业可以分成不同的种类。最常见的分类就是将失业分为非自愿失业和自愿失业。

（1）非自愿失业

非自愿失业,又称"总需求不足的失业",是指有劳动能力、愿意接受现行工资水平仍找不到工作的现象。此类失业主要是由于客观原因造成的,因此可以通过经济手段和政策手段来消除。一般经济学中的失业多数指的就是非自愿失业。非自愿失业包括以下几种类型:

① 摩擦性失业。摩擦性失业是指在劳动力正常流通过程中所产生的失业。在经济发展过程中，产业结构不断变化，原有的工作不断消失，新的工作不断产生，而劳动者在转换工作时需要时间，因而就产生了临时性的失业，即摩擦性失业。这种失业在性质上是过渡性的或短期性的，通常起源于劳动力供给方。例如，人们搬到一个新城市后需要寻找工作；一个人由于某种职业不够理想而想寻找其他职业所引起的暂时性失业；大学毕业生寻找一份工作时需要花费一段时间，从而导致暂时性失业；妇女在生完孩子后可能需要重新寻找工作等。

② 结构性失业。结构性失业是指由于经济结构（包括产业结构、产品结构、地区结构等）发生了变化，现有劳动力的知识、技能、观念、区域分布等不适应这种变化，与市场需求不匹配而引发的失业。例如，在2008年金融危机中，美国底特律市大量的汽车工人失业，而市场需要的专业服务人员岗位却缺少大量合适的从业人员，造成一方面有活无人干，一方面有人无活干。

在经济发展过程中，有些部门发展迅速，而有些部门规模收缩，有些地区正在开发，而有些地区经济正在衰落，这也会引起一部分人失去工作。而有的公司对年龄、性别和外来人口的歧视也会造成结构性失业。在结构性失业的情况下，往往会出现"失业与空位"并存的现象。

与摩擦性失业的短期性、临时性不同，结构性失业在性质上是长期的，而且通常起源于劳动力的需求方。而造成市场中劳动力需求不足的原因主要有：第一，技术变化，即原有劳动者不能适应新技术的要求，或者是技术进步使得劳动力需求下降；第二，消费者偏好的变化，即消费者对产品和劳务偏好的改变，使某些行业的规模扩大而另一些行业的规模缩小，处于规模缩小行业的劳动力因此而失去工作岗位；第三，劳动力的不流动性，由于流动成本的存在，制约着失业者从一个地方或一个行业流动到另一个地方或另一个行业，从而使结构性失业长期存在。

③ 季节性失业。季节性失业是指某些行业的生产受季节变化的影响而形成的失业。例如，有些行业或部门对劳动力的需求随季节的变动而波动，如受气候等季节性因素的影响，使某些行业出现劳动力的闲置，

从而产生失业,主要表现在农业部门或建筑部门,或者是旅游业。

④ 周期性失业。周期性失业又称为总需求不足的失业,是由于总需求不足而引起的短期失业。它一般出现在经济周期的衰退和萧条阶段。此时,由于对商品和劳务的有效需求不足,从而引起对劳动力的需求不足,而一个社会的劳动力供给在短期内是不变的,这样就会出现劳动力供大于求的失业。20世纪30年代经济大萧条时期的失业以及2008年次贷危机引起的失业就属于周期性失业。周期性失业的失业人口众多且分布广泛,使经济发展面临严峻的局面,通常需要较长时间才能有所恢复。

⑤ 隐蔽性失业。隐蔽性失业是指虽有工作岗位但对生产并未作出实际贡献的失业,或在自然经济环境里被掩盖的失业。第一种情况大多发生在衰退时期,由于企业开工不足,即使未被解雇的工人也无法有效地使用,甚至在繁荣时期,过分膨胀的就业也会出现人员臃肿的现象。后一种情况主要表现在发展中国家。在这些国家里,人口压力问题是发生在货币工资经济发展之前的自给经济环境里的。由于大家庭制度的存在,许多家庭成员依靠有限的土地产品在低于自给的水平下也可以生存下去,许多在工资体系下本来要挨饿的人受亲属的维持而处于隐蔽性失业状态。

在上面提到的失业类型中,摩擦性失业、结构性失业、季节性失业均属于自然失业,是由于经济中某些难以避免的原因所引起的,因此是必然存在,不能完全消除的。而周期性失业主要与经济运行周期有关,主要发生在经济萧条阶段,是可以消除的。一个社会只要消除了周期性失业就实现了充分就业,因此,经济学家们更关注周期性失业及其治理。

(2) 自愿失业

自愿失业的概念是由英国经济学家阿瑟·塞西尔·庇古提出的,是指工人由于不接受现行的工资,或在现行的工作条件能够就业但不愿接受此工作条件而未被雇佣所造成的失业现象。造成自愿失业的原因归纳起来主要有下列几种情况:① 人们过分挑选工作种类和工作条件;② 准备升学以便将来得到更优越的工作;③ 贪图闲暇与安逸;

④ 工人的个性执拗；⑤ 为失业者支付的失业救济金过高,有的甚至比他们在职时获得的纳税后收入还要多,致使一些人宁愿失业,靠救济金生活；⑥ 工资福利方面进行的集体谈判不能达成协议；⑦ 社会风俗习惯；⑧ 立法方面的原因等。

目前,在中国大中城市也出现了一些青年自愿失业者,年龄都在二三十岁。他们不是找不到工作,而是主动放弃了就业的机会,赋闲在家,不仅衣食住行全靠父母,而且花销不菲。社会上称之为"啃老族",也叫"傍老族"。

3. 失业的危害

就整个社会而言,失业意味着人力资源的浪费,从而影响到一个国家的经济产出。对个人来说,失业意味着生活水平的下降和心理上的痛苦。所以失业的人更容易犯罪,或形成身体上或心理上的病态,形成严重的社会问题。因此,失业的危害不容忽视。下面从经济和社会两方面分析失业的危害。

(1) 失业造成产量损失,不利于经济发展

一个社会并不存在完全的就业,最理想的状态是实现充分就业。所谓充分就业,就是指在某一工资水平之下,所有愿意工作的人都获得了就业机会。处于充分就业状态下的失业率是合理的,若失业率高于这个水平,就将会对国家的经济产生重大影响,它将会造成资源的浪费,造成国民经济的巨大损失,严重的话甚至引起经济的衰退。因为随着失业率的上升,产出将会下降,厂商的劳动投入会减少。这时一部分有工作的人被解雇,新的人更难找到工作。而失去了工作,人们没有稳定的收入来源,消费水平随之下降,造成大量生产资源(产品)闲置,厂商只能进一步减少生产……如此循环往复,失业最终导致经济的不断衰退。

对于失业率与潜在 GDP(国内生产总值)的关系,最经典的解释便是奥肯法则：失业率每上升1个百分点,实际 GDP 将低于潜在 GDP 2个百分点。例如,实际失业率为 8%,高于 6%的自然失业率(即充分就业时的失业率)2个百分点,则实际 GDP 就将比潜在 GDP 低 4%左右。通过奥肯法则,我们能够更加直观地看出失业对经济的影响。

(2) 失业给人们带来重大的财富损失和精神损失,不利于社会

稳定

失业会对整个社会造成不可估计的影响,给人们带来重大的财富损失和精神损失,自我价值无法在社会中得以实现,这种对人性的压抑最终会引发一系列社会问题,其带来的损失是无法用金钱来衡量的。

首先,失业者没了收入来源,家庭收入和消费水平随之下降,尤其在没有失业保障制度的情况下,失业者将面临更加悲惨的状况。如果一个工人长期没有稳定的职业,还会丧失某种劳动技能和自我肯定。有学者实地调查发现,失业和下岗人员尤其是女性失业下岗人员中,有60%因闲极无聊而只得整天"垒方城"或找人闲谈。这些人中有的在下岗失业前,多少还有那么一点操作技能和实用技术,但下岗失业时间长了,一些人就开始自暴自弃、心灰意冷。由于他们对生活丧失信心,因而不仅不愿意学习提高,且久而久之连过去仅有的一点知识和技能也渐渐变得生疏了。

其次,失业给人们带来了巨大的心理创伤,而长期失业时所受的伤害更大。据英国《每日邮报》报道,英国卡迪夫大学社会心理与残疾研究中心主任艾尔沃德教授最新研究发现,工作是人们快乐健康之源,而失业则威胁着人们的身心健康。艾尔沃德教授称:"大范围内,失业的人自杀的可能性是工作的人的6倍,而失业的年轻男子自杀的倾向比同龄有工作的人高40倍。短时期不工作的人面临着轻微的危险,而失业达6个月以上的人则面临严重的健康威胁,相当于一天抽20包,也就是400根烟。"

身边的经济学

2013年在网络上被戏称为"史上最难就业年"。究其原因,一是毕业生规模创下历史新高。根据教育部公布的数据,2013年全国高校毕业生达699万人,比2012年增加19万,刷新纪录。二是计划招聘岗位数的下降。据2月初对近500家用人单位的统计,2013年岗位数同比平均降幅约为15%,北京毕业生签约率总体不足三成,上海不足三成,广东不足五成。三是观望者多。由于企业给出的工资薪金与毕业生的期望值有一定差距,导致他们观望心态浓厚。除此之外,还与经济增长率的降低有关。严峻的就业形势像雾霾一样,成为人们无奈却无法回避的话题。

据知名社会调查机构麦可思研究院的跟踪调查,2013届毕业生求职难度增加。该机构从2012年12月12日开始到2013年1月11日结束的问卷调查结果显示,本科毕业生签约率为38%,低于上届同期8个百分点。

尽管毕业生一直嚷嚷着就业形势严峻,投了几百份简历仍未落实工作,可实际上,不少毕业生并非无业可就,而是在他们眼中,只有考上公务员、进入国企或事业单位,那才是体面的就业,中小型民营企业虽有大把的岗位等人应聘,并且拿出足够的诚意和诱人的待遇,却仍招不来优秀的人才。此外,来自前程无忧的"应届毕业生面试爽约"调查报告显示,应届生面试爽约率再创新高。四分之三的雇主遭遇爽约率超过25%,近二成的雇主面临超过75%的面试爽约率,主要原因是求职者"职位申请太多、答应的面试太多"。而出现这一局面主要是由于如下原因:一是"广撒网"导致面试撞车;二是工作不难找,只是比较挑;三是待遇低看不上眼。

刚刚毕业的学生,工作经验有限,如果一味追求高收入又安逸的工作,失业就不可避免了。毕业生可适当调整职业方向,就业会简单得多。另外,近些年来,国家一直鼓励大学生自主创业,并提供相应的优惠措施。刚刚毕业的学生,风华正茂,可以尝试自主创业,成就自己辉煌的人生,也是一条不错的道路。

第四节　如何治理失业

胡英曾经长期失业在家,意志消沉,政府的再就业工程让她重获新

生,对工作机会的珍惜让她由一个普通员工"打拼"到公司管理层,并深受很多员工的尊敬和爱戴。

胡英失业在家的日子,家里的情况也是一片惨淡:两个小孩先后考上大学,光学费就是好大的一笔开支,家里还有重病卧床的老母亲,丈夫在建筑公司上班,工资很低,日子过得很艰难。后来在深圳市人力资源和社会保障局、福田区劳动局的帮助下,胡英被推荐进入了家家乐家政公司。

胡英非常珍惜这个来之不易的工作机会,在新的岗位上,兢兢业业、勤勤恳恳,爱公司如家,尽职尽责,受到同事们的好评。平时有加班的时候,胡英总是第一个要求参加,对加班没有一丝怨言。勤快的胡英在工作中成长得很快,在很短的时间里,她就成为家家乐家政公司非常得力的一名员工,并获得晋升机会。升职后的胡英还是一如既往地敬业爱岗,对下属和蔼耐心,受到很多员工的尊敬和爱戴。

新工作让胡英对生活充满了信心,她告诉记者:"这份工作太适合我了,上班的地方离我家非常近,就在我们竹子林小区里,这样我既可以照顾家里病重的老母亲,又可以安心上班,算是一举两得。"

对于自己下岗再就业的经历,胡英说:"我要感谢政府,给我们这些既无文化又无技能年龄又偏大的人一个重新就业的机会,要知道现在就业的情况非常不好,在这样困难的时刻,政府还能想着我们这些人,帮我们推荐工作,我一定会珍惜这个岗位,用我的工作表现回报社会。"

资料来源:十个就业困难人员实现再就业的故事,深圳特区报,2008年1月9日

从上面的故事我们可以看出,针对社会中出现的失业及就业困难问题,政府都采取了各种措施来解决,以保证老百姓能够安居乐业,生活幸福。那么,政府治理失业的措施具体有哪些呢?

经济学原理

1. 失业的治理

失业现象在社会中是普遍存在的,但失业率过高将会影响到一个

国家经济的发展和社会的稳定。因此,当一个国家出现失业问题并有进一步恶化的趋势时,政府都会采取积极的措施来治理失业,以减少失业的影响。具体来讲,治理失业的措施一般包括以下几项。

(1) 积极的财政政策

如果失业是由于经济形势恶化、经济衰退等因素造成的,那么实行扩张性的财政政策是一种不错的选择。扩张性的财政政策即积极的财政政策,包括增加政府购买支出、增加转移支付、减少税收等。在2008年年末开始的国际金融危机的袭击下,我国经济一度出现衰退风险,失业率出现猛涨迹象,此时政府提出了"四万亿扩内需的政策",在外需萎靡的情况下力保内需,维持了总需求的基本不变,成功实现了经济的"保八增长",也将失业率控制在可接受范围之内。这便是积极的财政政策治理失业的成功例子。

(2) 宽松的货币政策

治理由于经济形势不好引发的失业问题,除了使用积极的财政政策,还可以配合使用宽松的货币政策。宽松的货币政策即扩张性的货币政策,使用的货币政策工具包括降低法定准备金率、降低再贴现率、在公开市场上购买政府证券等。通过扩张性的货币政策,中央银行可以向市场提供足量的流动性,加大货币的供给量,一定程度上可以扩大总需求,这在短期内对于刺激经济非常有效。只要经济形势好转,企业开工增加,失业问题就能得到一定程度的缓解。例如,我国央行在2008年金融危机的严峻形势下,降低了准备金率以及基准利率,同时大量发放信贷,从而较为成功地拯救了下滑的经济以及攀高的失业率。

(3) 降低税率

如果造成就业问题的根源在于过高的边际税率扼杀了人们对工作和投资的积极性,造成人们用闲暇替代工作,用消费替代储蓄,那么,政府可以采用减税的措施来解决失业问题。例如,里根政府于1981年和1986年曾两度大幅度降低个人所得税税率和企业所得税税率;英国在1984年取消了对固定装置和设备投资的税收支出,用由此增加的收入支持将公司所得税税率从50%降至35%。此外,加拿大、法国、日本、荷兰、印度、秘鲁、委内瑞拉等国也不同程度地降低了公司所得税税率。减税客观上给企业松了绑,减轻了负担,增强了激励和活力,特别是鼓励和刺激了高新技术产业的蓬勃发展,促进了就业的增加。

(4) 调整经济及产业结构

西方发达资本主义国家普遍认为提高生产力能够有效抑制失业率的增加,所以一直致力于通过经济增长来解决失业问题。发达国家普遍从优化产业结构入手,重点改造与重组钢铁、建材、纺织、煤炭等夕阳产业,大力发展电子信息、通信、能源、新材料、医药和生物技术等新兴产业,使之成为新的经济增长点,并带动相关产业的发展,从而创造出许多新的就业机会。我国在改革开放以后,大力发展劳动密集型产业和企业,大力发展中小企业、非公经济、第三产业和社区服务业,鼓励劳动者自谋职业、自主创业、灵活就业等,使人们有了更多的就业机会。

(5) 强化职业技能培训,提高劳动者职业技能

现代科技的发展对劳动者素质的要求越来越高,缺乏一定文化、科技素质的劳动者将越来越难以找到工作。因此,许多国家都把加大职业培训作为解决失业问题的重要措施。美国从十几年前就开始注意职业人员的再培训问题,专门颁布了许多职业教育和职业培训的法律,动员全国力量加强职业培训。与此同时,还改革培训管理体制,调动私人企业和团体的积极性。近几年来,美国政府每年用于职业培训的活动经费高达 70 亿美元,每年培训失业人员达 100 多万,约有 70% 的失业者经过失业培训后重新找到了工作。我国国务院也在 2010 年 10 月发布了《关于加强职业培训促进就业的意见》,以此来促进就业和经济发展。

(6) 加强就业指导,为失业者提供再就业服务

许多国家都通过劳动部门和职业介绍机构,利用先进的技术手段,为失业者提供就业指导。例如,芬兰就通过劳动部门和职业介绍机构为失业者提供失业指导并进行劳动力安置等方面的工作,具体包括:第一,做好求职和失业人员的登记和统计工作,工作人员将根据不同对象和要求,从全国联网的计算机上调阅用人单位的需求信息;第二,做好求职人员的择业心理指导工作,有心理学家为求职者提供启发性和有针对性的咨询和指导,并提供可供选择的不同方案;第三,区分不同

情况对求职人员提供经济资助和特殊服务①。

身边的经济学

　　每到一年毕业季,大学生就业就成为一时热点,2013年被称为"史上最难就业年"。一方面是来自699万大学毕业生的压力,另一方面是愈发低迷的就业市场和环境。着急的不只是毕业生和家长,还有中国领导人。

　　此前,国家为解决大学生就业问题,先后出台了诸如"岗位拓展计划""大学生创业引领计划""就业服务与援助计划"等一系列相关政策以鼓励大学生多方式就业。我国的一些地区实行了大学生"进农村、下基层"的政策,也在一定程度上减缓了大学生就业的压力。

　　但面对2013年就业环境低迷、大学毕业生就业困难的难题,国务院又开始允许毕业生更长时间地利用培训中心,降低毕业生创业的成本,并向多个省的政府提供一次性补贴,以便其根据当地情况安排支出,地方上也增加招聘会场次,希望通过这些措施改善大学毕业生就业困难。此外,北京一直在税收等政策方面向服务业倾斜,以期通过提高服务业,从而创造更多就业岗位。

　　政府希望通过这样的措施可以提升毕业生就业,保持社会稳定,因为低失业率和工资增长是社会稳定的基础。同时,强劲的就业市场可以弥补人口老龄化的劣势,也是实现经济再平衡的一个关键先决条件,可以帮助提高国内消费在拉动经济增长方面发挥的作用。

---

① 王鹏程,西方国家的反失业措施对我国的启示,商丘师范学院学报,2006年第22卷第1期。

第四章

投资理财中的经济学

理财其实是一种个人或者家庭的人生规划,根本上是指我们要善用钱财,尽量使个人及家庭的财务状况处于最佳状态,从而提高生活质量。如何有效地利用每一分钱,如何及时地把握每一个投资机会,是理财的关键所在。

如果你有十万元闲钱,你打算如何投资呢?是存银行,买国债,还是买基金、股票、保险?无论你打算做何种投资,是否应对所要作的投资方式有所了解呢?

第一节 常见投资方式及比较

相比发达国家,我国居民可以选用的投资理财方式相对有限。但相比20年前或者10年前,居民可选的投资理财方式还是增加了许多。在各种投资方式中,如果你在2008年前买了房,收益应当很可观。如果在2006—2007年你投资了中国股市,你应该赚钱了。如果你是黄金下跌中"中国大妈"中的一员,就可能被套了。面对日益纷繁复杂的投资理财方式,你打算投资什么?

某市在一家事业单位工作的韩女士最近整理办公桌抽屉时,在角

落里发现一张邮政储蓄银行卡和一张交通银行卡。这两张卡派啥用场？她想不起来，向好几个同事打听后才想起，原来这两张卡是单位5年前为职工办理的，每月发的300元通信费和200元交通费分别打进这两张卡。韩女士近日到银行一查，两张卡里的钱累积已经超过了3万元，感觉就像捡了个皮夹子一样，但不久，这种惊喜就被一种胸闷代替，原来单位里一个理财达人早就用这两张卡开通了基金定投，本金加收益翻了近2倍。

其实，像韩女士这样的人大有人在。在不少单位，职工工资和奖金分成两部分，工资每月打进银行卡，而奖金是现金发放。由于工资是小头，扣除四金后，每月多则1 000多元，少则几百元。有些单位还给职工办了好几张卡，每月的交通费、通信费分别打进不同的卡里。由于金额小，很多职工往往是到了年底或者是卡里的钱到了一定金额之上才一次性取出。还有人向韩女士一样，根本忘记了。

那么，本案例中提到的基金定投是怎么回事，如何操作呢？除了基金，普通百姓还适合参与哪些投资？下面我们来详细介绍一下各种投资方式。

经济学原理

一般来说，常见的投资方式主要有如表4-1所示的几种。

表4-1 常见投资方式及其特点

类　　型	投资工具	特　　点
现金及其等价物	短期存款、国库券、货币市场基金、CD存单、短期融资券、央行票据、银行票据、商业票据等	风险低，流动性强，通常用于满足紧急需要、日常开支周转和一定当期收益需要
固定收益证券	中长期存款、政府债券和机构债券、金融债券、公司债券、可转换债券、可赎回债券	风险适中，流动性较强，通常用于满足当期收入和资金积累需要

续 表

类　型	投资工具	特　点
股权类证券	普通股(A股、B股、H股、N股、S股)、优先股、存托凭证等	风险高,流动性较强,用于资金积累、资本增值需要
基金类投资工具	开放式基金、封闭式基金、指数基金、ETF和LOF	专家理财,集合投资,分散风险,流动性较强,风险适中,适用于获取平均收益的投资者
衍生金融工具	期权、期货、远期、互换等	风险高,个人参与度相对较低
实物及其他投资工具	房地产和房地产投资信托(REIT)、黄金、资产证券化产品、艺术品、古董等	具有行业和专业特征
实业投资	生产型企业、矿山等	产生社会财富

以上投资方式,本章重点介绍股票投资、基金投资和黄金投资。

身边的经济学

谈到投资理财,很多人会说:"我没有钱,也不会投资。"言外之意,就是平时根本不关心投资理财这回事。投资理财,对普通百姓到底有多大影响?

俗话说:"你不理财,财不理你。"如果你每天赚100元,这100元你1分钱都不用,一个月可以储蓄3 000元,每年储蓄36 000元。如果你想成为百万富翁,需要27年。如果你每年年底投资36 000元,假如投资收益率每年为6.0%,要成为百万富翁,只需要17年,整整提前10年。由此可见,理财的魅力有多大。

理好财,不是一件容易的事情。我们身边不乏理财失败的案例。大家都知道香港楼市1991—1997年都是在上涨的,在这6年中买进去的人都是赚钱的,但是如果买到了楼价的顶峰会如何?香港演员张卫健在1997年香港楼市顶峰的时候,将其全部积蓄都用来买楼,原本指望以房养老的张卫健,在楼市剧烈下跌后,所有的房产都成了负资产。之后的六七年中,张卫健拍戏所赚的钱都用来还债。在股市中也一直流行着这样一句话:"散户永远是站在喜马拉雅山顶的哨兵。"其中的含义不言而喻:股市中输钱的大部分是散户。

在上述理财方式中,存款相对来说是比较安全的,但是随着利率的下降,存款的收益也是越来越低的。债券包括国债、金融债券、企业债券等,其中国债是中国中老年人群比较偏爱的投资品种。但是,老百姓有时需要排队才能买到国债,而且国债的收益率并不是很高,有时也跑不赢CPI。对于股票市场,说其为过山车应该不为过。2007年大牛市冲高到6 124点后,一路下跌,最低跌到了1 664点,一路下跌过程中,股市中"无数英雄尽折腰"。基金应该好点吧,不是专家理财吗?在股市狂泻的过程中,基金也是纷纷落水。黄金投资在2012年前,应该是比较好的时期。但是2012年后,黄金从1 900多美元/盎司跌到2015年年底的1 100美元/盎司左右,很多投资客,包括疯抢黄金的中国大妈都深套其中。2015年的楼市,尤其是一线城市的房产价格又上涨了,但是投资又有种种限制,即便没有限制,高高在上的房价还能投资吗?

面对种种投资,我们应该怎样选择?

第二节 股票投资

1984年11月18号,上海飞乐音响公司首次向社会公开发行股票。被股民们称为"小飞乐"的股票见证了中国的多个第一:它是新中国第一只名副其实的股票,上海第一批柜台交易的股票;上海证券交易所第一批上市流通的股票;它也是第一张被外国人拥有的股票(图4-1)。

2007年1月17日,《南京晨报》报道南京有一位股民执着"喝"茅台,持有的股票市值已突破2亿元。此事于2007年1月16日在申万

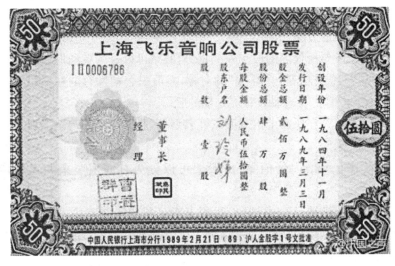

图4-1 上海飞乐音响公司股票

证券交易部得到证实:"他是一位每天挤公交车来炒股的亿元大户。"

该位大户持有200多万股贵州茅台,如果以当时100元/股计算,市值已高达2亿元。一位与该大户接近的客户经理向记者透露:"该位大户是一位老先生,仅投资贵州茅台一只股票,就已获利亿元。""他当初投入这只股票,仅花了千把万。2001年贵州茅台刚上市不久,他在30~40元一线,吃进约40万股。他对贵州茅台情有独钟,无论该股票如何波动,就是不放手。贵州茅台经过了5次送股,他手上的股票从40万股变成了200多万股。""2006年2月,我们看到贵州茅台一个月涨一倍,建议其抛掉股票套现,但被他拒绝。他还质问我们:'请给我一个理由。'"

这位老先生对股票投资有自己的见解,因此成为股票市场的大赢家。

经济学原理

股票是一种有价证券,是股份公司发行的、用以证明投资者的股东身份和权益,并据以获得股息和红利的凭证。股票是股份公司发行的所有权凭证,而非债权凭证。

1. 股票的分类

① 按股票所代表的股东权利划分,股票可以分为普通股股票和优先股股票。优先股是"普通股"的对称,是股份公司发行的在分配红利和剩余财产时比普通股具有优先权的股份。

② 按是否在票面上记载股东姓名划分,股票可以分为记名股票和不记名股票。

③ 按有无票面价值划分,股票可以分为有面值股票和无面值股票。

④ 按上市地点分类划分,我国上市公司的股票有 A 股、B 股、H 股、N 股、S 股等的区分。这一区分主要依据股票的上市地点和所面对的投资者而定。

2. 影响股票价格的因素

影响股票价格的因素很多,并且错综复杂,主要影响因素有如下几个方面:

第一,宏观经济政策因素,主要包括国家经济增长情况、经济周期、货币政策、财政政策、市场利率、通货膨胀情况、汇率变化、国际收支情况等。

第二,政治因素,主要包括是否有战争威胁、国家重要法律法规颁布、国际社会政治情况、国际关系等。

第三,所处行业因素,主要包括所处行业竞争结构、行业可持续发展情况、行业周期性、行业税收、政府扶持情况、行业估值水平等。

第四,上市公司经营状况,包括上市公司治理水平、管理质量、行业竞争力、财务状况等。

第五,市场各投资者心理对股票价格的影响,包括个人投资者、自营券商、保险资金、基金等市场参与者的投资心理等。

3. 股票投资的分析方法

股票投资分析的主要内容包括股价基本面分析和技术分析两种方法。影响股价的基本因素主要包括经济性因素、政治性因素、人为操纵因素和其他因素等。基本面分析是指把对股票分析研究重点放在它本身的内在价值上。基本面具有比较系统的理论,受到学者们的青睐,成为股价分析的主流。

技术分析法是不考虑经济形势,凭借历史经验进行分析的方法。技术分析法必须使用组合指标进行分析,才具有参考性,因为每种单独的指标都会出现指标失效的时候。比较常用的指标有移动平均线(MA)、乖离率(BIAS)、威廉指标(WMS%R)、随机指标(KDJ)、相对强弱指标(RSI)、布林线(BOLL)、指数平滑异动移动平均线(MACD)等。

身边的经济学

我国内地目前有两家证券交易所,即上海证券交易所和深圳证券交易所。上海证券交易所创立于1990年11月26日,同年12月19日开始正式营业。截至2017年1月20日,1 235家公司在上海证券交易所上市,其中A股1 183只,B股52只。深圳证券交易所成立于1990年12月1日,截至2017年1月20日,深圳证券交易所有1 890家A股上市公司,49家B股上市公司,833家中小板上市公司,597家创业板上市公司。2004年5月,中小企业板正式推出;2006年1月,中关村科技园区非上市公司股份报价转让开始试点;2009年10月,创业板正式启动,我国多层次资本市场体系架构基本确立。

2014年中国部分上市公司陆续推出优先股方案,广汇能源抢得优先股"第一单"。根据广汇能源披露的方案,公司拟向不超过200名合格投资者发行不超过5 000万股优先股,募集资金总额不超过50亿元,其中15亿元用于红淖铁路项目,剩余部分用于补充流动资金。优先股种类为浮动股息率、非累积、非参与、不设置赎回和回售条款、不可转换。

众所周知,发达国家的股票一般分为普通股和优先股,而我国长期以来只有普通股一种。其实,证券市场开始之初,就有些公司尝试发行优先股。例如,1990年,深圳发展银行发行优先股1 148万股,占总发行股票约24%。然而,由于1993年《公司法》中没有明确规定优先股制度,优先股发展陷入了沉寂。万科公司在1997年《证券法》实施之时也发行过优先股,但因为我国《公司法》《证券法》不认可优先股的地位,这些优先股先后被赎回注销。由于优先股制度在法律上的空白,我国优先股制度一直都没有得到确立。

2014年我国开始优先股发行,意义重大。市场人士普遍认为,优先股发行意义主要在以下几个方面:

首先,将大小非限售的股份转化为优先股,可以缓解市场减持压力。

其次,限制了大股东的股权霸主地位,将大股东股权转成优先股,不仅是与国际股市接轨,而且还能有效地解决"一股独大"问题。

再次,优先股可以缓解国有控股和市场化之间的矛盾。将国有股转为优先股,一方面能使国家获得丰厚的股息收入,另一方面可以减少国家对公司日常经营的干预;既保证国有资产的保值增值,又可以把公司的自主经营权落到实处,推动上市公司经营市场化进程。

资料来源:经济日报,2013年5月27日

自成立以来,中国证券市场是个相对封闭的市场,2014年11月17日沪港通的开始打破了这一局面。沪港通,即沪港股票市场交易互联互通机制,指两地投资者委托上交所会员或者联交所参与者,通过上交所或者联交所在对方所在地设立的证券交易服务公司,买卖规定范围内的对方交易所上市股票。沪港通包括沪股通和港股通两部分。沪股通,是指投资者委托联交所参与者,通过联交所证券交易服务公司,向上交所进行申报,买卖规定范围内的上交所上市股票。港股通,是指投资者委托上交所会员,通过上交所证券交易服务公司,向联交所进行申报,买卖规定范围内的联交所上市股票。沪股通总额度为3 000亿元人民币,每日额度为130亿元人民币;港股通总额度为2 500亿元人民币,每日额度为105亿元人民币。2016年12月5日,深港通正式推出。

沪港通推出后,市场反应不如预测的乐观,每日额度的上限基本没有用完。2014年12月沪股通总买入成交金额106.39亿元,总卖出成交金额39.07亿元。当月日均买入成交金额5.91亿元,当月日均卖出成交金额2.17亿元。从买入和卖出的成交数据看,远未达到每日130

亿元的上限,说明外资对内地市场的参与程度有限。

股票市场中不乏传奇人物,这当中最有代表性的应该是沃伦·巴菲特。他是价值投资的代表人物,也被誉为"股神"。在2008年的《福布斯》排行榜上财富超过比尔·盖茨,成为世界首富。在第十一届慈善募捐中,巴菲特的午餐拍卖到263万美元。巴菲特在11周岁时就购买了人生第一张股票。1947年,巴菲特进入宾夕法尼亚大学攻读财务和商业管理。两年后,巴菲特考入哥伦比亚大学金融系,拜师于著名投资理论学家本杰明·格雷厄姆。在格雷厄姆门下,巴菲特如鱼得水。1956年,他回到家乡创办"巴菲特有限公司"。1964年,巴菲特的个人财富达到400万美元,而此时他掌管的资金已高达2 200万美元。1965年,35岁的巴菲特收购了一家名为伯克希尔-哈撒韦的纺织企业,1994年年底已发展成拥有230亿美元的伯克希尔工业王国,由一家纺纱厂变成巴菲特庞大的投资金融集团。他的股票在30年间上涨了2 000倍,而标准普尔500家指数内的股票价格平均才上涨了近50倍。多年来,在《福布斯》一年一度的全球富豪榜上,巴菲特一直稳居前三名。就是这样的巴菲特,已经决定把他财富的99%捐赠出来用于慈善事业。

巴菲特在投资方面有两句话值得所有做投资的人借鉴。第一句话是"保住本金",第二句话是"永远记住第一句话"。股票市场中投资者非常不容易战胜的是"贪婪和恐惧",巴菲特曾说过"在别人恐惧时进发,在别人贪婪时恐惧"。大家仔细体会一下这些话,对今后投资一定会有很大的帮助。

第三节 基 金 投 资

中国的投资基金起步于1991年,并以1997年10月《证券投资基金管理暂行办法》的颁布实施为标志,分为两个主要阶段。

1991年10月,在中国证券市场刚刚起步时,"武汉证券投资基金"和"深圳南山风险投资基金"分别由中国人民银行武汉分行和深圳南山区政府批准成立,成为第一批投资基金。此后仅1992年就有37只投资基金经各级人民银行或其他机构批准发行。1992年11月,我国内地第一家比较规范的投资基金——淄博乡镇企业投资基金——"淄博基鑫"正式设立。截至1997年10月,全国共有投资基金72只,募集资金66亿元。

1997年10月《证券投资基金管理暂行办法》出台,中国投资基金进入规范发展阶段。1998年3月,南方基金管理公司和国泰基金管理公司分别发起设立了规模为20亿元的两只封闭式基金——基金金泰和基金开元,标志着规范的证券投资基金开始成为中国基金业的主导方向。2001年中国内地第一只开放式基金——华安创新投资基金成立,标志着中国基金业的发展又进入了一个新时代。截至2016年年底,我国共有96家基金公司。

故事中的经济学

张先生是一个基金投资者,有一段时间他对开放式基金频繁进行短线操作。下面我们来计算一下张先生频繁买卖开放式基金的收益为多少?

某年年初,张先生买了净值为1.20元/份的开放式基金A 40 000万份,短期持有后,该基金净值上升到1.25元/份;张先生随即将其售出。张先生又买了净值为0.90元/份的开放式基金B 40 000份,在该基金净值上升到0.94元/份时将其售出。张先生的收益是多少呢?

不考虑手续费,张先生的收益为=(1.25−1.20)×40 000+(0.94−0.90)×40 000=3 600元。

我国开放式基金申购和赎回的手续费一般为1.5%和0.5%(没考虑打折的情况),如果按照这个标准我们来算一下张先生的手续费。

基金A:申购费用=40 000×1.20×1.5%=720元

赎回费用=40 000×1.25×0.5%=250元

基金B:申购费用=0.90×40 000×1.5%=540元

赎回费用=0.94×40 000×0.5%=188元

费用总计:1 698元

张先生实际收益＝3 600－1 698＝1 902 元。

大家可以计算一下,张先生收益的 47.17%(1 698/3 600)是交易费用。

上述案例实际上给出大家一个启示:基金投资切忌短线操作。

 经济学原理

1. 基金的概念

基金有广义和狭义之分。广义上,基金是指为了某一特定目的而设立的一定数量的资金。人们通常所说的基金,即狭义上的基金,主要是指证券投资基金,除此之外基金还包括信托投资基金、保险基金、退休基金、公积金及各种基金会的基金。

2. 证券投资基金的分类

根据不同标准,证券投资基金有不同的种类:

① 根据基金是否可增加或赎回,可将基金分为封闭式基金和开放式基金。证券投资基金开始于封闭式基金,但是从全球看,封闭式基金目前数量非常有限,97%以上的基金都是开放式基金,我国也不例外。封闭式基金有固定的存续期,一般在证券交易场所上市交易,交易价格与基金资产净值不存在必然的联系。开放式基金规模不固定,一般不上市交易,而是通过银行、券商、基金公司申购和赎回,投资者申购和赎回价格与基金资产净值存在必然的联系。

② 根据组织形态的不同,证券投资基金可分为公司型基金和契约型基金。公司型基金是按照公司法组成以营利为目的的股份有限公司进行运营。契约型基金是根据一定的信托契约原理组织起来的代理投资制度。基金管理人负责运作资产,基金托管人负责保管信托财产,投资成果则由投资者享有。我国的证券投资基金均为契约型基金。

③ 根据投资收益与风险的不同,可分为成长型基金、平衡型基金和收入型基金。

④ 根据投资对象不同,可分为股票基金、债券基金、期货基金、货币市场基金等。

3. 分级基金

分级基金是我国资本市场上近几年出现的基金"新品种"。

分级基金也叫"结构型基金",是指在一个投资组合下,通过对基金收益或净资产的分解,形成两级(或多级)风险收益表现有一定差异化基金份额的基金品种。分级基金的主要特点是将基金产品分为两类份额,两类份额的基金收益分配并不相同。从目前已经成立的分级基金情况看,通常分为低风险收益端(优先份额)子基金和高风险收益端(进取份额)子基金两类份额。

根据分级母基金的投资性质,母基金可分为分级股票型基金(其中多数为分级指数基金)、分级债券型基金。分级债券型基金又可分为纯债分级基金和混合债分级基金,区别在于纯债基金不能投资于股票,混合债券基金可用不高于20%的资产投资股票。

根据分级子基金的性质,子基金中的A类份额可分为有期限A类约定收益份额基金、永续型A类约定收益份额基金;子基金中的B类份额又称为杠杆基金。杠杆基金可分为股票型B类杠杆份额基金(其中多数为杠杆指数基金)、债券型B类杠杆份额基金。

4. 合格的境内机构投资者

合格的境内机构投资者(QDII)是在一国境内设立,经该国有关部门批准从事境外证券市场的股票、债券等有价证券业务的证券投资基金。和合格境外投资者的首字母缩写(QFII)一样,QDII 也是在货币没有实现完全可自由兑换、资本项目尚未开放的情况下,有限度地允许境内投资者投资境外证券市场的一项过渡性的制度安排。

5. 交易型开放式指数基金

交易型开放式指数基金(ETF),是一种在交易所上市交易的开放式证券投资基金产品,交易手续与股票完全相同。ETF 管理的资产是一揽子股票组合,这一组合中的股票种类与某一特定指数,如上证50指数,包含的成分股票相同,每只股票的数量与该指数的成分股构成比例一致,ETF 交易价格取决于它拥有的一揽子股票的价值,即"单位基金资产净值"。ETF 的投资组合通常完全复制标的指数,其净值表现与盯住的特定指数高度一致。上证 50 ETF 的净值表现就与上证 50

指数的涨跌高度一致。

6. 基金投资的特点

① 专家操作管理,具有规模效应;

② 开展多元经营,分散投资风险;

③ 投资基金流动性强,变现性好;

④ 基金投资比较灵活,透明度相对较高。

身边的经济学

我们身边,很多人投资股票亏钱了,投资基金也亏本了。有些人想投资黄金、外汇,又苦于缺乏这方面的知识,不敢贸然行动。于是很多人困惑了,投资到底应该怎么做?有没有一种投资理财计划能出色的管理你的资产,既能实现稳健的收益,又能防止通胀的危害;既有安全性,又有严格的计划保证?好多人想天底下哪有这样的好事?事实上,长期定投就是一个出色、全能的理财计划。下面我们就来跟大家分享一下基金定投的好处。

我们先看这样一个事实,上证指数二十几年来涨跌起起伏伏,假定有甲、乙两位投资者,他们每年用 20 000 元购买指数,购买份数就是用所有资金除以购买的指数。甲是幸运儿,每年买到最低点,乙是倒霉蛋,每年买到最高点。那么二十几年下来两者的收益相差多少呢?我们来计算一下。

表 4-2　27 年定投上证指数最高点和最低点比较

年份	投资额	最低价(元)	最高价(元)	甲的份数	乙的份数
1990	20 000	95.79	127.61	208.79	156.72
1991	20 000	104.96	292.75	190.54	68.32
1992	20 000	292.76	1 429.01	68.32	14.00
1993	20 000	750.46	1 558.95	26.65	12.83
1994	20 000	325.89	1 052.94	61.37	18.99

续 表

年份	投资额	最低价(元)	最高价(元)	甲的份数	乙的份数
1995	20 000	524.42	926.41	38.14	21.59
1996	20 000	512.83	1 258.69	39.00	15.89
1997	20 000	870.18	1 510.18	22.98	13.24
1998	20 000	1 043.02	1 422.98	19.18	14.06
1999	20 000	1 047.73	1 756.18	19.09	11.39
2000	20 000	1 361.21	2 125.72	14.69	9.41
2001	20 000	1 514.86	2 245.44	13.20	8.91
2002	20 000	1 339.20	1 748.89	14.93	11.44
2003	20 000	1 307.40	1 649.60	15.30	12.12
2004	20 000	1 259.43	1 783.01	15.88	11.22
2005	20 000	998.23	1 328.53	20.04	15.05
2006	20 000	1 161.91	2 698.90	17.21	7.41
2007	20 000	2 541.52	6 124.04	7.87	3.27
2008	20 000	1 664.93	5 522.78	12.01	3.62
2009	20 000	1 844.09	3 478.01	10.85	5.75
2010	20 000	2 319.74	3 306.75	8.62	6.05
2011	20 000	2 134.02	3 067.46	9.37	6.52
2012	20 000	1 949.46	2 478.38	10.26	8.07
2013	20 000	1 849.65	2 444.80	10.81	8.18
2014	20 000	1 974.38	3 406.79	10.13	5.87
2015	20 000	2 850.71	5 178.19	7.02	3.86
2016	20 000	2 638.30	3 538.69	7.58	5.65
合计				899.87	479.34

截至2016年年末,两位投资者共计投入的投资本金为54万元,甲先生共获得的投资份数为899.87份,而乙先生累计的投资份数为479.34份。

以2016年12月31日的收盘点数3 103.64来计算,截至当日,甲先生的账户累计总额为2 792 872.53元,而乙先生的投资账户余额为1 487 698.80元。

也就是说,连续27年最好运气下的投资成绩仅仅是最差运气下的1.88倍(2 792 872.53/1 487 698.80)。

结果让很多人跌破眼镜,一直以来,择时都是投资者非常看重的一个因素。可是在长期投资的过程中,择时因素所发挥的作用似乎被淡化了。

原因何在?是坚持!在涨涨跌跌的证券市场中,一时的波动在短期内对于投资者的影响可能是巨大的,但是从长期来看,短期的波幅产生的影响将被逐渐消减。所以,坚持的力量是强大的。基金定投的道理是一样的。

蒋德平先生在新浪微博上分享了他基金定投的经验。

从2008年6月30日到2009年4月10日,蒋先生做了10个月的某只股票基金定投。2008年6月30日,进行了第一期定投款,当天该基金的净值是1.22元,到11月7日,净值是0.827元,四个多月下降了32.2%,也就是说,蒋先生的基金定投"投进去就套牢"。这样的情况让蒋先生有些受挫。但是根据他的判断,市场最坏的情况应当快要过去了,就算1 664点不是底部,离开底部也不远了,并预估了1 400点左右的最糟糕底部。在这个判断的基础上,蒋先生认为上涨的可能性比下跌的可能性要大,因此决定继续坚持把基金定投做下去。11月份之后,在各种因素的综合推动下,沪指开始进入反弹阶段。2009年4月10日,蒋先生投资的基金净值涨到了1.197元,跟2008年6月30日的净值1.22元相比,仍然下降了1.88%。但是通过试算,他发现自己定投的基金竟然是盈利的:10个月内累计投入3 000元,申购的份额是2 837.6份,按照4月10公布的净值1.197元,扣除手续费后获得了381.6元的投资净收益,收益率是12.7%,换算成年化收益率是

15.26%。而从 2008 年 6 月 30 到 2009 年 4 月 10 日，沪指下跌了 10.85%，这说明基金定投在当时的市场状况下仍然获得了比较可观的正收益。

第四节 黄金投资

2013 年全球最红的词将是"中国大妈"。华尔街大鳄在美联储的授意下举起了做空黄金的屠刀，"黑色星期一"一天黄金大跌 20%，世界哗然！不料半路杀出一群"中国大妈"，10 天时间，1 000 亿人民币，300 吨黄金被扫，华尔街卖出多少黄金，大妈们照单全收。多空大战中，世界五百强之一的高盛集团率先举手投降。一场"金融大鳄"与"中国大妈"之间的黄金阻击战"中国大妈"完胜。

4 月 15 日，黄金价格一天下跌 20%，大量中国民众冲进最近的店铺抢购黄金制品，一买就是几公斤，他们被称作是抄底黄金市场的"中国大妈"。

资料来源：东方网，2013 年 5 月 2 日

故事中的经济学

福州市罗女士于 2013 年 11 月初到一家国有银行网点办理业务，银行员工见她账户里有近百万储蓄，建议她购买黄金产品。当天她拒绝了，但她办理了该行的白金卡。几日后，她到这家网点领取白金卡时，银行员工又建议她购买黄金，"银行员工说如果我前几天买了 1 000 克黄金，现在已经赚了 3 000 元了。"

罗女士当时心动了。在银行工作人员的游说下，她买了 1 000 克黄金，两个多月时间，损失了 18 000 元，其中手续费高达 14 000 元。

罗女士说，该网点员工一个劲地宣传黄金收益，但没有告诉她购买 1 克实物黄金，该网点收取的手续费是 14 元，"也就是说每克黄金要涨 14 元，才不亏本，要知道这样，我肯定不会买。"她说，她原以为 1 000 克

黄金手续费不过一两千元。之后,她从别的网点得知手续费一事后,立刻和该网点联系,但该网点只是送给她小电器等礼品,不肯承担她的手续费损失。

采访中,记者发现,理财产品销售纠纷主要有两个原因,一是罗女士购买时没有仔细阅读产品说明书;二是银行员工口头误导,夸大产品收益。

资料来源:新浪财经,2013年1月18日

黄金投资可能赚钱,当然也会亏钱。不管投资者参与哪种黄金投资,都要对其有一定的了解。下面我们就来看一下目前在我国可行的黄金投资方式以及影响黄金投资的因素。

经济学原理

1. 影响黄金价格的因素

黄金价格的影响因素很多,比如国际经济、政治、外汇市场情况及各主要国家的利率和货币政策,各国央行对黄金储备的增减,黄金的供需变化等。

国际黄金市场供求关系决定黄金价格的长期走势。如果需求增加,供给减少,金价将上升;反之亦然。黄金的产量大幅增加、发现新矿、采用新的采金技术或者央行出售黄金等都会增加黄金的供给。金矿罢工或者黄金投资盛行,都会引起黄金需求的变化。黄金供需的变化自然会引起其价格的涨跌。从历史上看,20世纪70年代以前,国际黄金价格比较稳定。布雷顿森林体系解体后,黄金价格波动幅度较大。黄金价格最低达到253.8美元/盎司(1999年7月20日),最高达到1 920美元/盎司。

除供求关系外,还有其他因素影响黄金价格。

(1) 世界主要货币汇率

美元汇率是影响黄金价格的主要因素之一。从很长一段时间看,黄金价格与美元汇率呈反向变化的关系。过去几十年,黄金价格与美元走势大多呈反向相关性。

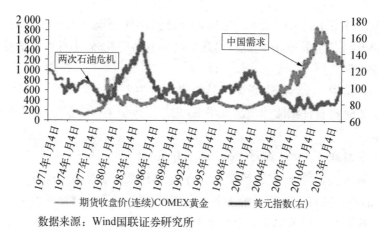

数据来源：Wind国联证券研究所

图4-2　美元指数与黄金价格近些年来价格走势图

（2）石油价格

世界主要石油现货市场和期货市场的标价都是美元。通过对原油价格走势与黄金价格走势的比较可以发现，在过去几十年的时间中黄金价格与原油期货价格的走势基本上是正相关的关系。

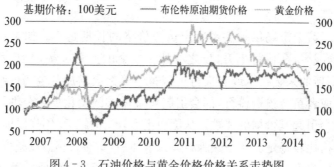

图4-3　石油价格与黄金价格价格关系走势图

（3）战争、国际政局

国际上重大的战争、政治事件都将影响黄金价格。发生战争后或政局不稳时，投资者都会转向避险的黄金投资，黄金需求增加，刺激金价上涨。例如，乌克兰局势动荡，导致国际金价大涨。

（4）其他因素

除了上述因素外，国际金融组织的干预活动，本国和地区的中央机构的政策法规,也会对国际金价的走势产生重大影响。

2. 黄金投资方式

黄金投资的渠道主要有金币、金饰品、实物金条、纸黄金及延期交收合约(T+D)、黄金期货等。

(1) 金币、金饰品

投资金币有一定的收藏价值。在个人黄金业务没有放开的时候,投资纯金币是小额黄金投资的一种主要手段。实物金条、纸黄金业务出现后,金币投资受到一定的冲击。

如果只从投资的角度来看,金饰品并不适合作为黄金投资的主要手段。除了金价外,金饰品价格中还包含加工费用、各种税费,以及制造商、批发商、零售商的利润等。而将黄金饰品变现出售时,即便是全新的金饰品,都会按照二手金饰品来对待,价格最高不超过新品的三分之二。这无疑降低了金饰品的投资价值。

(2) 实物金条

投资实物金条既有优点又有缺点。实物金条很突出的优点是保值功能强。

但是,投资实物金条的缺点也是比较明显的。实物金条的交割和保管,都要有相关的费用,这是需要投资者重视的。实物金条交割要提前几天通知银行,并且支付相应的交割费用。金条的保管,需要租赁保管箱,这笔费用也不可忽视。

(3) 纸黄金

纸黄金,即特别提款权。特别提款权是1969年国际货币基金组织正式通过决议,创设的一种账面资产。目的在于增加国际储备手段,以调节国际收支逆差。在创设初期特别提款权是用黄金定值的,每单位含金量与美元贬值前的含金量 0.888 671 克相当。

黄金非货币化以后,特别提款权定值发生改变。从1974年7月1日改为16种货币定值,1980年改为5种货币定值(包括美元、日元、西德马克、法国法郎和英镑)。2015年11月30日,人民币"入主"特别提款权,占比10.92%。至此,特别提款权的货币构成是美元、欧元、人民币、英镑和日元。黄金非货币化后,特别提款权和黄金已经没有任何联系了,但"纸黄金"的名称却沿用下来。

纸黄金业务是指投资者在自己的账户中上买进和卖出黄金赚取差价的获利方式。纸黄金属于交易类产品,其操作和报价类似外汇宝,虽然黄金市场也有风险,但相比多变的外汇市场却要稳定和容易掌握得多。中国银行上海分行于2003年11月推出的"黄金宝"就属于纸黄金业务,投资者可根据"黄金宝"牌价,通过银行柜面、电话银行、网上银行及自助理财终端,直接买进或卖出纸黄金。相比于实物黄金,纸黄金全过程没有实物黄金提取和交割的二次清算交割行为,从而避免了黄金交易中的成色鉴定、重量检测等手续,省略了黄金实物交割的操作过程,对于黄金投资者来说,纸黄金的交易更为简单便利,获利空间更大。

(4) 黄金现货延期交收业务

黄金T+D是指由上海黄金交易所统一制定的、规定在未来某一特定的时间和地点交割一定数量标的物的标准化合约。其中"T"是Trade(交易)的首字母,"D"是Delay(延期)的首字母,黄金T+D就是黄金现货延期交收业务。

黄金T+D交易采用保证金交易形式,一般保证金比例为10%。黄金T+D可以随时开仓、平仓,当天开仓可以当天平仓,或者第二天、第三天甚至更长时间再平仓都可以。但是,延期交割需要交一定的延期费。

(5) 黄金期货

黄金期货就是买卖黄金期货合约的交易。黄金期货是规定买卖双方在某一特定的时间和地点内交割一定数量标的物的一种标准化合约。黄金期货与其他期货交易一样,也是保证金交易。目前上海黄金交易所规定的黄金期货交易的保证金比例为7.0%。

身边的经济学

按照《布雷顿森林协议》的协定,黄金与美元按照1盎司兑35美元的比价相挂钩,各国货币又按照一定比例与美元挂钩。建立布雷顿森林体系后,美元不停地爆发危机。1971年7月美元爆发第七次危机,尼克松政府于8月15日宣布停止实行"各国美元向美国兑换黄金的义务"的新政策。1971年12月以《史密森协定》为标志,美元对黄金贬值,同时美联储拒绝向国外中央银行出售黄金,至此美元与黄金挂钩的体制名存实亡。1976年《牙买加协议》诞生,宣告了黄金的非货币化,至此黄金的货币化使命结束。

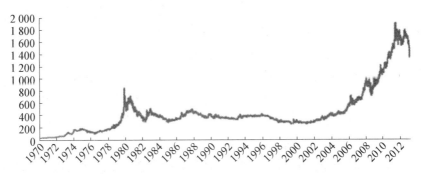

图4-4 黄金历史价格走势图

纵观世界金价三十多年的历史走势,大致经历了四轮大的行情。

第一轮是1971—1980年的大牛市行情,黄金从35美元/盎司上涨到800多美元/盎司。金价的大涨主要有两个方面的原因:一是国际市场上黄金的标价货币为美元,这一期间美元贬值,黄金价格则表现为上涨;二是美元贬值时,黄金是比较理想的保值手段。

第二轮是1981—2001年的大熊市。在这20年的熊市中黄金最低跌到了250美元/盎司左右。1981年里根入主白宫,开始推行以供给学派经济学理论为基础的里根经济学。里根经济学包括四部分:减税、削减非国防财政开支、放松管制和反通货膨胀的货币政策。在货币政策方面,里根政府实行高利率等紧缩的货币政策,使刚刚经历20世纪70年代外汇市场危机的美元得以喘息,美元步入了一个长达5年的强势周期。受此影响,黄金价格迅速走低,并经历了长达20年的大熊市。

第三轮是2001—2011的牛市行情。网络经济泡沫破灭及"911"事件后,美联储连续13次降息,美元对主要货币不断贬值。美元贬值黄金涨价,2001年以后,黄金重拾升势,尤其是2005年下半年以来,黄金加快了上涨步伐,并很快创下了历史高点。前文已经提到过,黄金在

2011年创下了1 920美元/盎司的历史高价。

第四轮是2012年至今，黄金在2011年创下1 920美元/盎司的高价后，开始了下跌的走势，这一轮下跌到什么时候结束还不可知，但是从以往黄金涨跌的周期看，都比较长，可能这轮跌势也会超过10年。2013年5月底世界黄金协会（WGC）表示2012年全球黄金需求自2009年以来首度下滑。印度及中国的珠宝需求下降且美国和欧洲的金币及金条投资大幅走低，导致黄金需求的下降，从而引起金价下跌。

从上面的介绍中大家应该已经看出，黄金价格的涨跌行情周期持续时间比较长，一旦确立某种趋势，便会持续多年时间。所以投资者在进行黄金投资的时候要把握好投资周期，一旦黄金进入下跌周期，不可盲目买进，否则就会像"中国大妈"一样，买进不到10天就被套牢。

以上几节重点介绍了股票、基金和黄金投资。不管何种投资方式，在投资中大家要选择自己熟悉的投资方式，切忌发生所谓的"鳄鱼法则"和"羊群效应"。

鳄鱼法则是经济学交易技术法则之一，它的意思是：如果有一只鳄鱼咬住你的脚，那么，在你用手去试图帮助你的脚摆脱时，鳄鱼会同时将你的脚与手咬住。你愈挣扎，就被咬得越多。所以，一旦鳄鱼咬住你的脚，你唯一的办法就是牺牲一只脚。

鳄鱼法则用于投资方面给我们的启示是：严格遵守止损原则是确保投资者在风险市场中生存的唯一法则。人性天生喜欢追涨，在高位追涨1次吃的大亏，足以输掉前面100次的利润，所以，学会止损是投资的一项基本功。

进行投资时，大多数投资者都会有从众跟风心理，也就是所谓的羊群效应。羊群的组织散乱，平时在一起经常左冲右撞，盲目而无规律，然而一旦有一只头羊带头向前冲，其他的羊也会不假思索地一哄而上，全然不顾前面可能有狼或者不远处有更好的草。因此，羊群效应比喻的就是人的一种从众心理，从众心理很容易导致盲从，而盲从往往会陷入骗局或遭到失败。羊群效应的情况在中国投资市场中体现得又更加突出，但盲目跟从往往没有好的结果，这也是投资者投资时需要练就的另一项基本功。

第五节　神奇的财富增值工具——复利

富兰克林在去世前曾经留下 5 000 美元给波士顿市政府，并且嘱咐未来 100 年都不得动用这笔资金，以确保能有充裕的时间发挥以利滚利、以钱滚钱的效果。100 年之后，这笔 5 000 美元的捐款变成了 42 万美元。

在投资市场中有这样的一句话：复利＋时间＝原子弹

故事中的经济学

打开美国地图，你会发现除美国本土外，隔着加拿大，美国还有一块广阔的"飞地"——阿拉斯加。在 1867 年之前，阿拉斯加属于俄国。1741 年，俄国探险家白令发现阿拉斯加，俄国随即宣布拥有阿拉斯加的主权。阿拉斯加位于北美大陆西北端，1/3 的面积位于北极圈内，气候严寒，年平均温度在零度以下，人烟稀少，纳入俄国版图 100 多年，阿拉斯加没有为俄国带来任何金钱的贡献，因派驻军队沙皇还要贴很多钱。

1853—1856 年，俄国在克里米亚战争中受到英法联军沉重打击，军费开支几乎使国库一贫如洗。所以在美国南北战争期间，遭遇财政危机的沙皇亚历山大二世决定卖掉"不毛之地"阿拉斯加，预出售对象为其盟友——美国。美俄于 1867 年 3 月 30 日正式签订购买阿拉斯加的条约。阿拉斯加总面积达 171.79 万平方公里，720 万美元的售价占美国当年一年支出的 2.6%，相当于每平方公里 4 美元 2 美分（平均每英亩只值 2 美分）。

19 世纪，阿拉斯加的真正价值还无人知晓，如此低廉价格的买卖在美国还遭到强烈的反对。最终，经过激烈的争辩，国会终于批准条约，世界近代史上一笔最大的土地买卖完成了，美国的领土面积暴增，从此美国成为名正言顺的大国。尽管 1776 年美国建国后，领土不断扩大：1803年从法国购得路易斯安那，1819年迫使西班牙让出佛罗里达，1845—1853年夺取墨西哥大块领土，1898年吞并夏威夷，但对美国崛起贡献最大的是占美国领土面积约1/5的阿拉斯加。

在俄国人眼中的"不毛之地"——阿拉斯加拥有丰富的宝藏，森林面积大约14 000万公亩；鲑鱼产量居世界第一位；金、铜、铂、银、煤、石油和天然气等储量极大。据最保守估算，得到阿拉斯加后的50年，美国人就从这块土地上得到超过了7.5亿美元的纯收入。现在，阿拉斯加出产的石油和天然气占美国总产量的1/4；自然资源估计价值5 000亿美元，今天总计"地价"约值3万亿美元。

俄国人一定为自己当初的举动后悔莫及，但是如果俄国人把当初拿到的钱存入银行生息，现在依然能从美国人手中买回阿拉斯加，这足以说明复利作用之强大。

经济学原理

复利就是"利生利"，是指每经过一个计息期后都要将所产生的利息加入本金，每一个计息期后上一个计息期的利息都将成为本期生息的本金，即以利生利，也就是俗称的"利滚利"。

身边的经济学

我们先来看一下简单的复利的例子，这可能是你想不到的。假如期初的投资是1万元，每年的资本增长率是20.0%，10年之后是6.2万元，20年之后是38.3万元，40年之后是1 470万元，100年之后是8 282亿元。大家看到复利的强大了吧。爱因斯坦说过："复利是世界第八大奇迹。"

前面我们提到"复利＋时间＝原子弹"，这句话又怎么理解呢？

假如投资额为1万元，目标是使这笔资金增值到2万元。在不同的收益率情况下，各需要多少时间呢？

表4-3 不同收益率所需要的时间

期限	1年	2年	5年	10年	15年	20年	25年
投资收益率（复利）	100.00%	41.42%	14.87%	7.18%	4.73%	3.53%	2.81%

从表4-3中可以看出在收益率为14.87%的情况下,投资1万元需要5年时间能增值到2万元,在收益率为7.18%的情况下需要10年的时间。在投资市场中,一项投资每年让你的收益率达到14.87%或7.18%都是有可能的。收益率太高风险非常大,太低投资意义不大。在正常收益率情况下,经过时间的积累,投资者可以获得的回报是相当可观的。从上述分析中也可以看出什么是"复利+时间=原子弹"这句话的含义吧。

下面再通过一个例子,我们看看时间因素对投资的影响。

甲先生在25~34岁这10年间每年投资1万元,年利率10%,总投资金额10万元。

乙先生在35~54岁这20年间每年投资1万元,年利率10%,总投资金额20万元。

表4-4 甲和乙先生投资收益

项目	甲先生		乙先生	
年龄	每年投资(元)	年终账户累积(元)	每年投资(元)	年终账户累积(元)
25	10 000	11 000	0	0
...	...	...	0	0
34	10 000	175 312	0	0
35	0	192 843	10 000	11 000
...	0	...	10 000	...
40	0	310 575	10 000	84 872
41	0	341 633	10 000	104 359

续 表

项目	甲先生		乙先生	
年龄	每年投资(元)	年终账户累积(元)	每年投资(元)	年终账户累积(元)
…	0	…	10 000	…
54	0	1 179 409	10 000	630 025

从表4-4的数据可以看出,甲先生投资10年,少投资10万,但是到54岁时却比乙先生多收入55万元,一切皆因投资越早,收益越高。

复利的奇妙之处不仅仅表现在投资理财方面,也体现在日常生活和工作中。每个人职业不同体现出的复利效果也不同。医生、教师这些行业复利效果很明显。他们年纪越大,经验越丰富,价值越高,这表现出人力资源本身的复利;很多模特,年纪轻的时候收入很高,但是一旦年纪稍大一点收入可能就会下降很快,不得不转行,无法把原来的资源和经历转化为后来的收益。

人际关系的复利效果也很明显。一个人从小到大,会结识很多人。从小到大不断成长中,结识的人也在不断丰富。一个人际关系好的人,能够形成了一个复利效果好的网络,这无法用简单的计算法则来计算,但复利结果相当可观。认识并形成良好的人际关系,对自己的将来发展很有帮助,经营得好甚至惠及子孙。

第六节 捕捉低风险赚钱机会——套利

投资者可以通过股票交易、期货交易、基金交易、黄金交易等很多方式赚取利润,当然还可以利用套利的方式赚取利润,套利捕捉的是低风险的赚钱机会。

故事中的经济学

假设沪深300指数为3 500点,而一个月到期的股指期货合约价格为 3 600 点(被高估),那么套利者可以借款 108 万元(借款年利率为 6%),在买入沪深 300 指数对应的一篮子股票(假设这些股票在套利期间不分红)的同时,以 3 600 点的价格开仓卖出 1 张该股指期货合约(合约乘数为 300 元/点)。当该股指期货合约到期时,假设沪深 300 指数为 3 580 点,则该套利者在股票市场可获利 108×(3 580/3 500)-108=2.47 万元,由于股指期货合约到期时是按交割结算价(交割结算价按现货指数依一定的规则得出)来结算的,其价格也近似于 3 580 点,则卖空 1 张股指期货合约将盈利(3 600-3 580)×300=6 000 元。2 个月期的借款利息为 2×108×6%/12=1.08 万元,这样该套利者通过期现套利交易可以获利 2.47+0.6-1.08=1.99 万元。

经济学原理

　　套利,也叫价差交易,是指交易者在买进(或卖出)某种期货合约时,同时卖出(或买进)相关的另一种合约,并在某个时间将两种合约同时平仓的交易方式。交易者买进相对"便宜的"合约,同时卖出相对"高价的"合约,从两合约价格间的变动关系中获利。进行套利,交易者注意的是合约之间的相互价格关系,而不是绝对价格水平。

　　套利一般可分为三类:跨期套利、跨市套利和跨商品套利。

　　跨期套利是套利交易中最普遍的一种,是利用同一商品但不同交割月份之间正常价格差距出现异常变化时进行对冲而获利的,又可分为牛市套利和熊市套利两种形式。例如,在上海期货交易所进行铜期货的牛市套利时,交易者可以买入近月交割的铜期货合约,同时卖出远月交割的铜期货合约,希望通过近月合约价格上涨幅度大于远月合约价格下跌幅度,从而获利。

　　跨市套利是指在不同交易所之间的套利交易行为。当同一期货商品合约在两个或更多的交易所进行交易时,由于区域间的地理差别,各商品合约间存在一定的价差关系。交易者可以在某个交易所买进(或卖出)某一交割月份的某种商品合约,同时在另一个交易所卖出(或买进)同一交割月份的同种商品合约,以期在有利的时机在两个交易所对冲手中的期货合约而获利。例如，伦敦金属交易所(LME)与上海期货交易所(SHFE)都有阴极铜的期货交易，两个市场间每年总会出现几次价差超出正常范围的情况，交易者可以利用这样的机会进行跨市套利。

跨商品套利是指利用品种不同但相互关联的两种商品之间的价差进行套利，即买入某一交割月份某种商品的期货合约，同时卖出另一相同交割月份、相互关联的商品期货合约，以期在有利时机同时将这两种合约分别对冲平仓获利。这两种商品之间具有相互替代性或受同一供求因素制约。跨商品套利包括相关商品间的套利和原材料与成品间的套利。

套利的收益率较直接交易要小，交易者之所以会进行套利交易，主要是因为套利的风险较低，并且可以避免未预期到的损失或为因价格剧烈波动而引起的损失提供保护。普通投资者很难把握瞬间即逝的套利机会，从事套利交易的交易者一般都是专业的机构。

套利的主要作用一是体现在增强市场的流动性；二是帮助扭曲的市场价格回复到正常水平上。

身边的经济学

1997年索罗斯冲击泰铢，获利丰厚。这一事件大家恐怕还记忆犹新。

当时泰国在东南亚各国和地区的金融市场中自由化程度最高，资本进出自由，泰铢紧盯美元。泰国也是"泡沫"最多的国家。泰国银行将外国流入的大量美元贷款到房地产业，造成供求严重失衡，并且银行业出现大量的呆账、坏账，资产质量严重恶化。1997年上半年，泰国银行业的坏账高达9 000亿泰铢（约合310亿～350亿美元）。另外，泰国银行业的海外借款95.0%都是不到1年期的短期贷款，使之借款结构很不合理，这对泰国的银行业来说是雪上加霜。

索罗斯看到了泰国的问题，找到了其薄弱环节，决定首先大举袭击泰铢，进而扫荡整个东南亚国家和地区的资本市场。1997年3月，当泰国央行宣布国内9家财务公司和1家房地产贷款公司存在资产质量不高及资金流动性不足等问题时，索罗斯意识到千载难逢的机会来了。

索罗斯及其他套利基金经理开始大量抛售泰铢，这立即引起泰国外汇市场的巨大波动，泰铢汇率一路下滑，5月份最低跌至1美元兑换26.7泰铢。泰国央行在紧急关头采取各种应急措施，如动用120亿美元买入泰铢，提高隔夜拆借利率，限制本国银行的拆借行为等。这些强有力的措施使索罗斯的交易成本急剧上升，一下子损失近3亿美元。但是索罗斯认为泰国政府坚持不了多久，即使使出浑身解数也阻挡不了他的冲击。1997年6月下旬，索罗斯筹集了更加庞大的资金，再次向泰铢发起猛攻，各大交易所一片混乱，泰铢狂泻不止，交易商疯狂卖出泰铢。泰国政府动用了300亿美元的外汇储备和150亿美元的国际贷款企图力挽狂澜，但是对于索罗斯带来的巨额国际游资来说，区区450亿美元犹如杯水车薪，无济于事。

7月2日，泰国政府再也无力与索罗斯抗衡，不得不改变了维系13年之久的货币联系汇率制度，实行浮动汇率制。泰铢更是狂泻不止。7月24日，泰铢已经跌至1美元兑换32.63泰铢的最低价。泰国政府一下子被国际炒家卷走40亿美元，很多泰国人的腰包也被掏个精光。

上述索罗斯的做法大家如果不是很理解，下面我们再举个货币套利的例子。

1997年初期，交易商可以在泰国外汇市场上进行这样的交易。首先交易商先从一家银行贷款100亿的泰铢，然后该交易商将这100亿泰铢兑换成4亿美元（按1美元＝25泰铢的汇率），如果后来汇率下跌到1美元＝50泰铢，6个月后交易商只需要花费2亿美元买回100亿泰铢，不考虑利息因素，交易商获得100.00％的利润。

当然索罗斯冲击泰国金融市场不仅仅通过货币套现，还有通过股票市场等其他方式，但是在他认为泰铢一定贬值的情况下通过货币套现获利还是相当丰厚的。

第七节　都是贪心惹的祸——庞氏骗局

在金融市场中流传着很多神话，这些神话往往被投资者口口相传，别人的成功也成了后来的投资者不断进入市场、勇于冒险投资的动力,然而,很多时候"贪心"会蒙住投资者的双眼,进而上当受骗。

故事中的经济学

查尔斯·庞齐是一个意大利人,1903年移民到美国。他在美国干过包括油漆工在内的各种工作,一心想发大财。在加拿大他曾因伪造罪坐过牢,在美国亚特兰大因走私人口罪而蹲过监狱。经过十几年美国式发财梦的熏陶,庞齐发现赚钱最快的方法就是金融,1919年庞齐隐瞒了自己不光彩的历史,来到了波士顿。他设计了一个投资计划,向美国大众兜售。

这个投资计划说起来很简单,就是以高额回报为诱饵欺骗投资者投资一种东西。为了成功,庞齐把这个计划故意弄得非常复杂,让普通人根本搞不清楚。第一次世界大战刚刚结束的1919年,世界经济体系一片混乱,庞齐便利用了这种混乱。他宣称,从欧洲购买某种邮政票据,再卖给美国,便可以赚钱。当时,国家之间由于政策、汇率等因素,很多经济行为普通人根本搞不清楚。其实,只要懂一点金融知识,就知道这种方式根本不可能赚钱。为了吸引投资者,庞齐一方面在故弄玄虚,另一方面则设置了巨大的诱饵,他宣称所有的投资,在45天之内都可以获得50%的回报。为了让人们相信他,他还让人们眼见为实:最初的"投资者"在规定时间内确实拿到了庞齐所承诺的回报。巨额的回报让后面的"投资者"蜂拥而上。

在随后一年左右的时间里,差不多有4万名波士顿市民,像傻子一样投资庞齐的赚钱计划,并且大部分是怀抱发财梦想的穷人,庞齐共收到约1 500万美元的巨额投资,而平均每人"投资"几百美元。由于哥伦布发现了新大陆,马可尼发明了无线电通信,而庞齐像哥伦布发现新大陆一样"发现了钱",因此一些愚昧的美国人称其为与哥伦布、马可尼一样,是最伟大的三个意大利人之一。骗得巨额财富后,庞齐开始了挥霍。他住上了有20个房间的别墅,买了100多套昂贵的西装,并配上专门的皮鞋,拥有数十根镶金的拐杖,还给他的妻子购买了无数昂贵的首饰,连他的烟斗都镶嵌着钻石。当时,对于庞齐的骗术并不是没有人指出来。当某个金融专家揭露庞齐的投资骗术时,庞齐还在报纸上发表文章反驳金融专家,说金融专家什么都不懂。

然而,好景不长,庞齐于1920年8月破产了。他所骗得的钱,如果按照他的许诺,可以购买几亿张欧洲邮政票据,事实上,他只买过两张。庞齐被判处5年刑期。出狱后,他又干起了老本行,做了几件类似的勾当,因而蹲了更长的监狱。1934年他被遣送回意大利,回到意大利后,他贼心不死,又想办法去骗墨索里尼,但没能得逞。1949年,庞齐在巴西的一个慈善堂去世。死去时,这个"庞氏骗局"的发明者身无分文。

此后,"庞氏骗局"成为一个专门名词,意思是指用后来的"投资者"的钱,给前面的"投资者"以回报。

经济学原理

庞氏骗局是一种最古老和最常见的投资诈骗,是金字塔骗局的变体,很多非法的传销集团就是用这一招聚敛钱财的。它是指以高资金回报率为许诺,骗取投资者投资,用后来投资者的投资去偿付前期投资者的欺骗行为。

"庞氏骗局"后来虽经过各种演绎,但本质上都沿袭着其"老祖宗"庞齐身上的特征。

1. 低风险、高回报的反投资规律

大家都知道,投资市场中风险与回报是呈正比的,回报率越高,风险越大。但"庞氏骗局"往往反其道而行。骗子们一般都以较高的回报率为诱饵,吸引不明真相的投资者,却从不强调高回报背后的高风险。骗子们设计出来的投资回报率总是远高于市场平均回报率,却坚决不揭示或强调投资的风险因素。

2. "拆东墙、补西墙"的资金腾挪回补特征

由于骗子们承诺的高报酬率根本无法实现,因此只能依靠新客户的投入或其他融资来实现对老客户的承诺。"庞氏骗局"的骗子们需要使出浑身解数来保证其资金的高流动性。骗子们总是想尽办法扩大客户的范围,拓宽吸收资金的规模,以获得资金腾挪回补的足够空间。大多数骗子从不拒绝新增资金的加入,因为蛋糕做得越大,他们赚取的利益越多,资金链断裂的风险越低,骗局持续的时间越长。

3. 投资诀窍的不可预测性和不可复制性

"庞氏骗局"中骗子的目的就是骗钱,他们拿到资金后根本就不可能按照他们宣传的那样投资到真实投资和生产中去,骗子们也根本没有可供仔细推敲的"生财之道",所以尽量保持投资的神秘性,宣扬投资的不可复制性是其避免外界质疑的有效招数之一。

骗子们竭力渲染投资的神秘性,将投资诀窍秘而不宣,努力塑造自己的"天才"或"专家"形象。

4. 投资的反周期性特征

投资者都知道在经济好、市场行情好的时候各种投资容易赚钱。而经济萧条,市场行情差的时候赚钱很难。但是,"庞氏骗局"的投资项目似乎永远不受投资周期的影响,无论是实业投资,还是金融投资,骗子们的投资项目似乎总是稳赚不赔的。

5. 投资者结构的金字塔特征

为了不断吸引后来的人加入,骗子们必须要先支付前期加入的投资者的高额回报,而这些高额回报的来源就是后来者的资金。"庞氏骗局"必须不断地发展下线,他们或是通过利诱、或是劝说等方式吸引越来越多的投资者加入,从而形成"金字塔"式的投资者结构。塔尖的少数知情者通过榨取塔底和塔中的大量参与者而谋利。

身边的经济学

"庞氏骗局"最初发生在1919年,这之后,国内外不断上演各种演绎后的"庞氏骗局"。

在20世纪80年代,我国南方地区曾经出现一种"老鼠会",就是"庞氏骗局"的翻版。2007年"蚁力神事件",也是类似的骗局,利用新加入的购买设备和蚂蚁种的钱来支付之前的投资者。其他如"万里大造林",事实上也是这一"古老"骗局的更新版,只不过"庞氏骗局"45天回报周期,被"万里大造林"改为 8 年。其他如向农民推销种植某种奇怪的农产品或养殖产品,然后许诺高价回收,都属于此类骗局。

上海泛鑫保险代理公司美女老板的诈骗案也是一场"庞氏骗局"。泛鑫曾是上海保险中介龙头企业,2013 年 8 月,美女老板陈怡跑路事件震惊了国内整个保险业。2015 年 2 月 11 日,泛鑫案再度开庭审理,原上海泛鑫保险代理公司实际控制人陈怡及公司高管江杰,因集资诈骗罪分别被判处死刑、缓期两年执行及无期徒刑。

陈怡曾创造了上海保险业的多个"传奇"——不到 10 年就从保险业务员变身为保险代理公司高管,一年就让其所在保险代理公司保费增长 10 倍,成为上海滩最大的保险代理公司。

然而,"传奇"的背后是一场入不敷出、以新还旧的"庞氏骗局"。在 2014 年 7 月份的庭审中,陈怡交代了其创造"传奇"的手法:通过"长险短做"的方式,将 20 年期寿险产品虚构成年收益 10% 左右的 1~3 年期保险理财产品,骗取投资人资金,并将骗得的资金以返还保险公司手续费的方式套现。

2010 年 2 月—2013 年 7 月,陈怡、江杰先后以泛鑫公司、永力公司、中海盛邦公司的名义,与昆仑健康保险上海分公司和浙江分公司,幸福人寿上海分公司和浙江分公司等签订了《保险代理协议》,并在上海、浙江两地招聘了 400 余名保险代理人,组成销售团队。随后,由代理人或银行员工在上海、浙江等地向 4 400 多人推销上述虚假的保险理财产品计人民币 13 亿余元,并利用上述手续费返还的方式套取资金 10 余亿元。至案发,共造成 3 000 余名被害人实际损失 8 亿余元。

值得注意的是,泛鑫欺诈案并非个案,以高收益率为诱饵骗取消费者购买"高端理财"产品,钱到手后卷款潜逃的案例近年来时有发生。2004 年初,某保险公司营销服务部负责人舒某为完成公司下达的保险任务,获取佣金和奖金,与该营销服务部张某共谋,以销售公司真实的保险产品为幌子,以高额利息和钱款可以随要随取为诱饵,向附近 4 个乡镇村民集资 470 余万元,涉及 500 多人。2011 年,保险业务员路某以"1 万元存 3 个月利息 400 元"的高利息,吸引山东省龙口市、招远市两地数百户农民投资"天津亿泓股权投资基金有限公司",致使 130 多户农民的 300 余万元资金无法归还。

"庞氏骗局"不仅发生在国内,在国外也是屡有发生。

2008 年 12 月,美国华尔街传奇人物、纳斯达克股票市场公司前董事会主席伯纳德·麦道夫因涉嫌证券欺诈遭警方逮捕,检察人员指控麦道夫给投资者造成的损失约 500 亿美元。

对投资机构与华尔街上流人士来说,麦道夫的投资一直很有吸引力,其客户平均每月曾有过近 2% 的盈利纪录。

但面对 2008 年的金融危机,麦道夫也无法再撑下去,于 12 月 10 日向儿子坦白称,其实自己"一无所有",一切"只是一个巨大的谎言"。

事件缘起于麦道夫向其中一名儿子透露,客户要求赎回 70 亿美元投资,令他出现资金周转问题;12 月 9 日,麦道夫突然表示提早发放红利。对此,麦道夫的儿子感到可疑,第二天在公司便向父亲询问,当时麦道夫拒绝解释,指示两人到其寓所再谈。

12 月 10 日,麦道夫于寓所向儿子承认,自己炮制的是一个巨型金字塔层压式"庞氏骗局",前后共诈骗客户 500 亿美元。

麦道夫 1960 年成立伯纳德·L·麦道夫投资证券公司。麦道夫非常善于为自己营造神秘的氛围。多年来,麦氏通过这家公司下属的秘密资本管理分支机构,利用广泛人脉,骗取投资。

在众人眼中高尚、敬业的麦道夫,悉心设计了一个惊人的骗局。起诉书中显示,麦道夫公司的资产管理部门和交易部门分别在不同楼层办公,麦道夫对公司财务状况一直秘而不宣,而投资顾问业务的所有账目、文件都被麦道夫"锁在保险箱里"。

想成为麦道夫的客户,有点类似于加入一个门槛很高的俱乐部,光有钱没人介绍是不能进的,在很多人看来,把钱投给麦道夫已经成为一种身份的象征。就算加入后也没有人知道他的投资策略到底是什么,麦道夫从不解释,而如果你问得太多,他会把你踢出局。

据悉,麦道夫的客户包括富豪和对冲基金、大型机构投资者甚至欧洲的一些银行。在很多投资老手们看来,向麦道夫的公司投资,他们担心的不是损失金钱,而是损失赚钱的机会。

麦道夫投资的有关生意,一直由麦道夫独断控制,即使是分别担任董事、总经理及法规部门主管的两个儿子都不容插手。据美国证交会估计,麦道夫2008年年初管理的资产达170亿美元。

检察官的资料说,12月10日,70岁的麦道夫向公司的两名高级职员坦白说,投资顾问业务是金字塔式骗局。消息称,该两名高级职员正是麦道夫的儿子。报道称,麦道夫的两个儿子将该重大事件转告了律师,律师当晚就通知了联邦当局。调查人员11日抵达麦道夫寓所时,麦道夫已知FBI调查人员来意,承认"以不存在的钱支付给投资者",指自己已破产,已有坐牢准备。

面对各种各样的骗局,消费者有时防不胜防。怎样能够防止自己上当受骗呢?上面分析的"庞氏骗局"大家应该看到,实际上漏洞还是很明显的。高息是其共性之一,另外投资的神秘性和不可复制性也是其特征之一。所以,消费者在进行各种投资时,首先切忌贪心。超出市场平均回报率很高的投资,一定是有问题的,试想,如果一项投资年收益率达到50%,甚至之上,那么借钱的人通过什么方式能赚取这么高的利润呢?所以,很多时候都是贪心惹的祸。另外,进行任何一项投资时,投资者需要搞清楚自己到底投资在什么地方,这种投资的可行性是什么,千万不要被骗子忽悠,轻易将自己的血汗钱给别人。

第五章

向左看　向右看
——发生在你身边的那些事

第一节　为什么你总是原地踏步
——内卷化效应

从小到大,我们看到身边的朋友从孩童长大成人,工作在各自的岗位上。幼时的伙伴在成年后发展各异。有些人一年一个样,三年大变样。有些人却十年、二十年一个样,在同一个工作岗位,几乎一成不变。

故事中的经济学

多年前,中央电视台记者到陕北采访一个放羊的男孩,曾留下这样一段经典对话。

记者:"为什么要放羊?"

放羊娃:"为了卖钱。"

记者:"卖钱做什么?"

放羊娃:"娶媳妇。"

记者:"娶媳妇做什么呢?"

放羊娃:"生孩子。"

记者:"生孩子做什么呢?"

放羊娃:"放羊。"

这段对话,非常经典地揭示了一个人陷入了内卷化的境地,这无疑折射出当时陕西许多农民的思想观念。多少年来农民的生存状态没有发生什么根本改变,其原因在于他们根本没有想过要改进。思想观念的故步自封,使他们打破内卷化模式的第一道关卡就变得非常困难。

经济学原理

20世纪60年代末,一位名叫利福德·盖尔茨的美国人类文化学家,在印尼爪哇岛生活过程中,无心观赏诗画般的景致,潜心研究当地的农耕生活。他眼中看到的都是犁耙收割,日复一日,年复一年,原生态农业在维持着田园景色的同时,长期停留在一种简单重复、没有进步的轮回状态。盖尔茨把这种现象冠名为"内卷化效应"。

此后,这一概念便被广泛应用到了政治、经济、社会、文化及其他学术研究中。"内卷化"作为一个学术概念,意指一个社会或组织既无突变式的发展,也无渐进式的增长,长期以来,只是在一个简单层次上自我重复。作为学术概念,其实并不深奥,观察我们的现实生活,就有很多这样的"内卷化现象"。

身边的经济学

放羊娃与记者的对话让我们看到了一个人如果陷入内卷化的境地是一件多么可怕的事情。

然而,现实生活中又有多少人是在原地踏步,停止不前。又有多少企业墨守成规,缺乏创新,最后被市场淘汰。

一个人为什么会陷入内卷化的状态呢?这与一个人的思想状态有很大关系。如果一个人懒惰成性,缺乏斗志,缺乏思考,就只能故步不前,没有进步。因为循规蹈矩,按部就班的生活只能使自己陷入周而复始的轮回状态。很多人身陷内卷化状态,自身却不以为意,做一天和尚,撞一天钟地活着。然而一个民族如果缺乏创新,就会在世界的舞台上被淘汰。一个民族的进步又依赖于这个民族中的每个成员,想想如果一个民族中的人都是慵懒的状态,这是一件多么可怕的事情。

一个人怎样能够摆脱内卷化的状态呢?陷入内卷化的普通人迫切需要改变观念。大家可以看看哪一个成功人士不是创新观念超前的?2003年"非典"时期马云创办淘宝,十几年后淘宝的成功大家有目共睹,没有大胆的创新怎么有马云今天的成功?改革开放之后,我国涌现出很多知名企业家,但是,很多企业又在成立10几年后轰然倒塌。其中一个主要的原因就是这些企业家的思想观念停在原地,没有跟上时代发展的步伐。市场如同逆水行舟,不进则退,倒闭是自然的。

总之,一个人要摆脱内卷化的状态,首先要有上进的志气。在自己的工作岗位上,对工作要认真负责,同时要努力钻研,或者接受各种培训,不断提升自己。另外,还要分析一下自己所处的人际环境。每个人都是社会人,都需要与各种各样的人打交道,良好的人际关系对于一个人的发展也是很关键的。走出内卷化,要靠自身的力量。这种力量来自强烈的求知欲和顽强的上进精神。只要充分发挥自身力量,勇于突破自我,超越自我,就不会陷入内卷化状态。

对于任何一个民族和个人,创新尤其重要。创新是一个民族进步的灵魂,是一个国家兴旺发达的不竭动力。对于企业来说,随着市场竞争的加剧,能否不断创新已经成为其成败的关键。一个人、一个企业如果把创新变成一种习惯,这个人、这个企业就会生机勃勃,潜力巨大。

第二节　如何在进退中胜出
——博弈中的经济学

2006年9月,创维、康佳、海信、长虹、TCL、新科等多家国产彩电企业达成共识,无论家电连锁企业如何强硬,"十一"国庆节期间绝对不参加亏本销售的价格战,宁愿断货也不能让32英寸和37英寸液晶电视出现低于4 999元和7 999元的价格。

但仅仅一周,苏宁电器宣布,目前已经有数款32英寸和37英寸的国产液晶突破这一价格防线,其中就有上述几家彩电企业的特供机型。

国美电器在广告上把一款42英寸液晶彩电降到4 980元。

永乐电器把TCL、康佳、创维、上广电、长虹、海信、海尔、厦华、夏新9家彩电品牌32英寸产品降到5 000元以下。

家电企业的"价格联盟"又一次失败,这是为什么呢?其实彩电厂商之间就是一种"囚徒困境"。

故事中的经济学

田忌赛马的故事想必大家都知道吧。

齐国大将田忌与齐威王约定赛马。他们商量好,把各自的马分成上、中、下三等。比赛的时候,要上马对上马、中马对中马、下马对下马。由于齐威王每个等级的马都比田忌的马强得多,所以比赛了几次,田忌都失败了。就在田忌垂头丧气地离开赛马场时,他的好朋友孙膑过来,拍着他的肩膀说:"我刚才看了赛马,齐威王的马比你的马快不了多少呀。"孙膑还没有说完,田忌瞪了他一眼:"想不到你也来挖苦我!"孙膑说:"我不是挖苦你,我是说你再同他赛一次,我有办法准能让你赢了他。"

齐威王屡战屡胜,正在得意洋洋地夸耀自己马匹的时候,看见田忌和孙膑迎面走来,便站起来讥讽地说:"怎么,莫非你还不服气?"田忌说:"当然不服气,咱们再赛一次!"

一声锣响,比赛又开始了。孙膑先以下等马对齐威王的上等马,第一局输了。接着进行第二场比赛。孙膑用上等马对齐威王的中等马,获胜了一局。齐威王有点心慌意乱了。第三局比赛,孙膑用中等马对齐威王的下等马,又战胜了一局。这下,齐威王目瞪口呆了。比赛的结果是三局两胜,当然是田忌赢了齐威王。还是同样的马匹,由于调换一下比赛的出场顺序,就得到转败为胜的结果。

田忌赛马

	第一次失败	第二次胜利
田忌:	上 中 下	下 上 中
齐王:	上 中 下	上 中 下

这个大家都熟悉的故事背后就体现出了博弈论的思想。

1. 博弈论的含义

博弈论是描述、分析多人决策行为的一种决策理论,是多个经济主体在相互影响下的多元决策,决策的均衡结果取决于双方或多方的决策。博弈论有时也称为对策论,或者赛局理论,是研究具有斗争或竞争现象的理论和方法。如下棋,最后的结果就是由下棋双方你来我往轮流做出决策,决策又相互影响、相互作用而得出的结果。

博弈论是应用数学的一个分支,既是现代数学的一个新分支,也是运筹学的一个重要学科。目前,博弈论在生物学、经济学、计算机科学、政治学、军事战略和其他学科都有广泛的应用。

2. 博弈论的发展历史

博弈论的思想古已有之,我国的《孙子兵法》不仅是一部军事著作,也是一部最早的博弈论专著。

博弈论最初主要研究象棋、桥牌、赌博中的胜负问题,只是停留在经验上,没有向理论化发展,正式发展成为一门学科是在20世纪初。

近代对于博弈论的研究,开始于策梅洛(Zermelo,1913),波莱尔(Borel,1921),后来由冯·诺依曼(von Neumann,1928)和奥斯卡·摩根斯坦(Morgenstern,1944 和 1947)对其系统化和形式化。

1950—1951年,约翰·福布斯·纳什(John Forbes Nash Jr)利用不动点定理证明了均衡点的存在,为博弈论的一般化奠定了坚实的基础。

1994年的诺贝尔经济学奖颁发给美国人约翰·海萨尼和约翰·纳什以及德国人莱茵哈德·泽尔滕三位在博弈论研究中成绩卓越的经济学家。获奖原因是在非合作博弈的均衡分析理论方面做出了创造性的贡献,对博弈论和经济学产生了重大影响。

1996年的诺贝尔经济学奖又授予英国人詹姆斯·莫里斯和美国人威廉·维克瑞等在博弈论的应用方面有着重大成就的经济学家。获奖原因是前者在信息经济学理论领域做出了重大贡献,尤其是在不对称信息条件下的经济激励理论的论述;后者在信息经济学、激励理论、博弈论等方面都做出了重大贡献。

2001年诺贝尔经济学奖获得者是三位美国学者乔治·阿克尔洛夫、迈克尔·斯彭斯和约瑟夫·斯蒂格利茨。获奖原因是在"对充满不对称信息市场进行分析"领域做出了重要贡献。

2005年诺贝尔经济学奖获得者是以色列经济学家罗伯特·奥曼和美国经济学家托马斯·谢林。获奖原因是"通过博弈论分析加强了我们对冲突和合作的理解"做出贡献。

由于博弈论重视经济主体之间的相互联系及其辩证关系,大大拓宽了传统经济学的分析思路,使其更加接近现实市场竞争,从而成为现代微观经济学的重要基石,也为现代宏观经济学提供了更加坚实的微观基础。

身边的经济学

博弈论中非常经典的案例就是"囚徒困境"。

甲乙两名嫌疑犯作案后被警察抓住,分别被关在不同的屋子里受审。每名嫌疑犯都面临坦白和不坦白两种选择。警察对甲说:"乙已经坦白了,如果你还不坦白,你判10年刑,乙不被判刑。"警察对乙说同样的话。如果两人都不坦白,警察证据不足,两人各判刑2年;一人坦白另一人不坦白,坦白的一方会被从轻处罚,不判刑年,不坦白的一方则被重判10年。如果两人都坦白,各判刑8年。如图5-1所示,在不重复博弈的情况下,不论同伙选择什么策略,每个囚徒的最优策略就是"坦白"。

	嫌疑犯乙	
	不坦白	坦白
嫌疑犯甲 不坦白	−2,−2	−10,0
坦白	0,−10	−8,−8

图5-1 囚徒的困境

前述家电企业的价格联盟,就是家电企业之间的博弈。首先我们先来看一下各个企业之间的博弈。

在联盟协约达成之后,两家企业之间进行的是一个类似于囚徒困境的同时行动博弈,无论对于企业甲还是企业乙,违背联盟协约都是最优策略,于是最终在(违约,违约)达到占优纳什均衡。

接着我们再来看一下彩电企业与零售商之间的博弈。

无论销售商选择什么策略,企业都以跟随策略为佳;而降价却是销售商的必然选择,于是企业只好选择接受降价。

在上面的分析中,大家看到了家电企业的无奈,每个企业都在这种"囚徒困境"中苦苦挣扎。有没有摆脱这种困境的办法呢?我们先来看一下"范蠡贩马"的故事。

范蠡看到吴越一带需要好马。他知道,在齐国收购马匹不难,马匹在吴越卖掉也不难,而且肯定能赚大钱。问题是把马匹由齐国运到吴越却很难:千里迢迢,人马住宿费用且不说,最大的问题是当时正值兵荒马乱,沿途强盗很多。怎么办?他通过市场了解到齐国有一个很有实力、经常贩运麻布到吴越的巨商姜子盾。而姜子盾因常贩运麻布早已用金银买通了沿途强盗。于是,范蠡把主意打在了姜子盾的身上。这天,范蠡写了一张榜文,张贴在城门口。其意是:范蠡新组建了一马队,开业酬宾,可免费帮人向吴越运送货物。不出所料,姜子盾主动找到范蠡,求运麻布。范蠡满口答应。就这样,范蠡与姜子盾一路同行,货物连同马匹都安全到达吴越。马匹在吴越很快卖出,范蠡因此赚了一大笔钱。范蠡贩马的故事,可以说是协同竞争、合作双赢的最初案例。

"范蠡贩马"是古代版的合作双赢的案例。格力电器的做法则是现代版的成功案例。

格力电器在目标消费城市选择与当地强势经销商合作,双方以股份形式共同出资成立销售分公司。格力电器严格控制着产品的市场价格,对生产的每一套空调实行"明码标价"而避免在城市流通中出现价格不一致。格力电器"简单营销"中最核心的部分就是重抓工程机市场。

2004年2月中旬,国内家电连锁老大国美开展"空调大战"计划,成都国美分公司几乎对所有空调品牌进行大幅度促销,其中两款格力空调为降价之首,降幅高达40%,此举使格力经销商产生极大的混乱。格力认为国美擅自降低空调品牌价格,破坏了格力空调在市场中长期稳定、统一的价格体系,并有损其一线品牌良好形象,要求国美立即中止低价销售行为。在交涉未果后,格力于2月24日决定正式停止向国美供货。

2004年3月9日,国美向各地分公司下发一份"关于清理格力空调库存的紧急通知",要求各地分公司将格力空调的库存及业务清理完毕。格力总部随即反击:如果国美不按照格力的游戏规则处事,格力将把国美清除出自己的销售体系。3月11日,国美在全国卖场清理格力空调,国美与格力彻底决裂。2005年,格力前董事长朱江洪接受媒体采访的时候,依然坚持对退出国美"不后悔"。

格力电器2004年年报披露,格力电器在竞争激烈的家电行业中取得了销售收入和净利润的双双大幅增长,其中实现销售利润138.32亿元,同比增长37.74%;净利润达到4.2亿元,增长22.74%;净资产收益率为17.24%;每股收益为0.78元。格力电器通过自己的努力在各方家电企业的博弈中胜出。

在博弈论的学习中,"智猪博弈"也是一个经常被提到的例子。

故事说的是:猪圈里有两头猪,一头大猪,一头小猪。猪圈的一边有个踏板,每踩一下,在猪圈的另一边的投食口落下少量的食物。当小猪踩踏板时,大猪会在小猪跑到食槽之前刚好吃光所有的食物;如果大猪踩动踏板,则还有机会在小猪吃完之前跑到食槽,争吃到剩下的食物。在这样的情境下,两只猪各会采取什么样的策略呢?理论的分析告诉我们,小猪将会选择"等待"策略,也就是舒舒服服地等在食槽边;而大猪则不得不来回奔忙于踏板和食槽之间。

如果把"智猪博弈"的思想用在企业技术创新方面,在一个行业中,大企业相当于大猪,中小企业相当于小猪。踩踏板相当于进行技术创新,所得到的好处就是流出的猪食。大企业进行创新,推出一种新产品以后可以大量生产,进行广告宣传,迅速占领市场,获取高额利润。小企业的最优选择就是等待大企业技术创新之后,跟在大企业之后,或抢占份额,或为之服务,从这种创新中获得一点利益。

如果小企业要去进行技术创新会怎么样呢?这就像小猪踩踏板一样,自己花了成本,而好处必定是大猪所得。于是,聪明的小猪学会了等待。我们看到的情况是,大量的中小企业一窝蜂地聚集在成熟的市场领域,结果导致严重的重复投资与激烈的价格竞争,多数企业陷于生存的泥淖,而难以在成长之路上有所突破。

但是,等待不是小猪的唯一选择。一头小猪斗不过一头大猪,但是一群小猪抱团合作,却能从食槽中争抢到更多的食物。

IBM大中华区业务咨询服务事业部合伙人、IBM中国商业价值研究院院长毕艾伦为中小企业指出了一条别样的创新路径——开放、协作,即企业与供货商、用户、合作者甚至竞争对手进行合作创新。

中国浙江的民营企业将这种协作创新进一步演绎成"抱团创新",即由一家企业挑头,其他企业辅助的方式,他们在2006年共投入资金约9.1亿元,联合对90个技术项目进行攻关,仅机电产品出口一项因"破壁"而新增的销售收入约30亿元,利税约3.6亿元。

通过"抱团创新",可以有效地配置资源,一家企业挑头,其他中小企业"拾柴添火","有难同当,有福同享",既有助于增强骨干企业创新的能力,又有利于缓解创新的风险,减少损失。

在中国的中小企业中,"不创新慢死、一创新找死"的心态相当普遍。要解决中小企业怕创新的心态,就需要采取"抱团作战"的方式进行创新。

创新对中小企业来说,是机遇,也是一道坎。越过这道坎,是迷宫尽头,是一片坦途。

博弈论不仅仅存在于数学的运筹学中,在经济学中的地位也越来越重要(近几年诺贝尔经济学奖频频授予博弈论研究者就可以看出),但如果你认为博弈论的应用领域仅限于此的话,那你就大错了。实际上,博弈论甚至在我们的工作和生活中无处不在!在工作中,你在和上司或下属博弈,你也同样会跟其他相关部门人员博弈;而要开展业务,你更是和你的客户以及竞争对手博弈。在生活中，博弈无处不在。博弈论代表着一种全新的分析方法和全新的思想。

诺贝尔经济学奖获得者保罗·萨缪尔森说："要想在现代社会做个有价值的人，你就必须对博弈论有个大致的了解。"

也可以这样说，要想赢得生意，不可不学博弈论；要想赢得生活，同样不可不学博弈论。

《博弈圣经》中也提到：21世纪，应站在博弈论的前沿。尽管博弈经济学家也很少，但其获诺贝尔奖的比例最高。最能震动人类情感的是博弈，对未来最有影响力的还是博弈。评论一个人和一个国家的穷富，就看他分享博弈真理的多少。

第三节　门当户对中的经济学
——帕累托最优

年轻人在谈婚论嫁时，经常听到父母唠叨要门当户对。在小说、电视剧中里，我们也经常看到因为父母讲究"门当户对"，一对相爱的年轻人的爱情故事都以悲情的结局结束。在很多年轻人眼里，"门当户对"就是守旧、势利、等级观念的代名词。但在现实中，无论古今中外这一原则还是被自觉不自觉地遵循着。英国一个金融世家就曾严格规定，该家族的后人，男的只能娶金融家的千金，女的只能嫁金融家的公子。这当然有些过，但我们每个人、每家每户，在为自己找对象时，也都会下意识地寻找能和自己条件相当的人。

故事中的经济学

《简·爱》是很多人都熟悉的一部名著。在这本著作中，有这样一个精彩的对白："你以为，就因为我贫穷、低微、不美、矮小，我就没有灵魂，也没有心吗？——你错了！我跟你一样有灵魂——也同样有一颗心！要是上帝曾给予我一点美貌、大量财富的话，我也会让你难以离开我,就像我现在难以离开你一样。我现在不是用习俗、常规甚至也不是用血肉之躯跟你说话,就好像我们都已离开人世,两人一同站在上帝面前,彼此平等——就像我们本来就是的那样!"

有人对这段对白做了点评,点评如下:

这一大段感情充沛的表白我们都很熟悉了吧!这段被当作是女性自立自强自尊自爱的对白其实是多么无力啊。简·爱只能期望在离开人世后能和庄园主罗切斯特平等地站在上帝面前,在现实的每一天,他和她永远无法平等。简·爱甚至希望上帝给予她财富和美貌,这样她才能主动争取自己的爱人。最后,上帝真的给了她财富(叔叔的遗产),虽然没有让她变美,但让罗切斯特毁了容。好了,这下终于"门当户对"了。

到底门当户对有没有道理呢?

有些经济学家从经济学的角度解释了"门当户对"。下面我们用意大利著名经济学家帕累托提出的资源配置的"帕累托改进"与"帕累托最优"来解释"门当户对"的合理性。

经济学原理

帕累托最优和帕累托改进这两个概念是由意大利经济学家维弗雷多·帕雷托提出的,在经济效率和收入分配的研究中帕雷托最早使用了这个概念。

帕累托改进:如果对于某种既定的资源进行重新配置,至少使一个人的状况变好而又不使任何人的状况变坏,则称这种资源配置为帕累托改进。

帕累托最优:如果对于某种既定的资源配置,所有的帕累托改进均不存在,即在该状态上,任何改变都不可能使至少一个人的状况变好而又不使任何人的状况变坏,则称这种资源配置状态为帕累托最优状态。

帕累托最优状态已经成为评价一个经济体和政治方针非常重要的标准。经常被用在博弈论方面,在经济学等社会科学中也有着广泛的应用。帕累托最优也可以应用在资源、服务行业。

身边的经济学

对于学习经济学的学生来说,帕累托最优往往是一个比较枯燥的概念,理解起来可能有些问题,但是,通过"门当户对"这个问题,这个概念就比较容易理解了。

有的经济学家从经济学角度出发,提出婚配模式理想的状态也应该是婚姻双方都可达到帕累托最优状态。建立一个简单的模型:假设婚前男方的生活质量为 X,女方婚前的生活质量为 Y,婚后一起生活双方共同所得为一个常量 Z,他们共同拥有的资源,婚后所得分别是 $(X+Y+Z)/2$。情况一,如果是男女双方门不当户不对,就是说 X、Y 差距很大,假设 $X=2$,$Y=8$,则婚后的各自所得为 $(2+8+Z)/2$,当 $Z<6$ 时,婚后两人各自所得小于 8,此时女方的状况变差了,她对婚姻是不满意的;当 $Z=6$ 时,婚后两人各自所得等于 8,此时男方得到帕累托改进,女方的情况不变,此时,女方对婚姻的积极性不是很高。当 $Z>6$ 时,婚后各人所得大于 8,此时男方和女方都得到帕累托改进,婚姻让双方皆大欢喜。所以,两人的婚后共同生活所得至少要达到 6,婚姻才能够稳定。情况二:如果男女双方门当户对,也就是男方、女方的婚前生活质量相等,即 $X=Y$,那么,只要 $Z>0$,双方都能得到帕累托改进,从而皆大欢喜,婚姻稳定。

在这个模型中,Z 是很有意思的一个常量。Z 的大小取决于双方搭配的成功与否,如果婚前男女双方都拥有较高的生活质量,那么,两人结合后实现帕雷托改进的可能性极大,越容易实现个人效用的最大化。而与境况稍差的人结合,则可能导致个人效用减少。因此,从经济学角度看,"门当户对"的婚姻是比较合适的。当然,这个 Z 不一定是金钱、地位,而可以理解为每个人期望从婚姻中得到的东西。每个人对婚姻都有自己的期待,例如,富有的男人所期待的对方不一定有钱,但是却要贤惠、善解人意。而女方恰巧是这样的人,他们的婚姻也会很幸福。所以,所谓真正的"门当户对",并不是简单意义上的家境相当,其他条件突出优越,各"娶"所需,也是"门当户对"。对年轻人来说,不论男女,不断提升自身能力、提升自我素质与修养,无疑对未来获得幸福婚姻是非常有益的。

帕累托最优经常被称为是理想的王国。在现实生活帕累托改进有的时候能够实现,有的时候很难。

大家都知道航空公司总是希望上座率越高越好,然而他们也知道总有一部分订票的旅客会临时取消旅行计划,这使航空公司开始尝试超额预售,即在一个合理估计的基础上,让售票数稍大于航班实际座位数。不过,有时候确实可能出现所有旅客都不打算改变行程,要按期出行的情形,这时航空公司售出票实际票数大于承运的座位数,必须决定取消谁的座位才好,几种方法可解决并达到帕累托改进效果。方法一:取消最后到达机场办理登机牌的乘客的座位,此方法于 20 世纪 60 年代在美国实施过,航空公司只是简单取消最后到达机场的乘客的座位,安排他们换乘后面的航班,而那些倒霉的乘客也不会因行程被迫改变而获得任何额外补偿。为了避免不能登机的发生,旅客在登机前争先恐后,像是竞赛一样。为了避免这种情况,于是出现了第二种方法。方法二:由政府出面明令禁止超额售票数,但是这样一来,飞机可能被迫带着空座位飞行,而外面其实还有急于出发的旅客愿意购买这些机票。结果航空公司和买不到票的旅客都受到损失。美国经济学家尤利安·西蒙提出了第三种改进的方案。西蒙这样写道:"办法非常简单,超额售票需要改进之处就是航空公司在售票的同时交给顾客一个信封和一份投标书,让顾客填写他们可以接受的延期飞行的最低赔偿金额。一旦飞机出现超载,公司可以选择其中数目最低者按数给予现金补偿,并优先售给下一班飞机的机票。各方受益,没有任何人受到损害。"实际上,目前各大航空公司采用的超额售票的办法同西蒙的方案非常接近,区别在于通常干脆以免费机票提供补偿(有时提供相当数量的机票折扣)。人们远比估计的更加愿意接受这种安排。航空公司从中受益,因为他们可以继续超额售票,有助于实现航班满员飞行。事实上,免费机票本身可能属于根本卖不出去的部分,航空公司提供免费机票的边际成本接近于零。这是一个发生在真实世界的帕累托改进。其中牵涉的各方均受益,至少不会受到损失。

有这样一道数学题:假定水流速度不变,有一群人提着水桶排队打水,他们的水桶有大有小,怎么样才能使他们的总体排队时间最短。这是一道简单的数学题,聪明的读者一定已经知道答案了。其实就是按照水桶从小到大的顺序依次排列,这样总体的排队时间花费最短。但是这样的方案能实现吗?让拎大桶的人到后面去,虽然很多人会受益,但是拎大桶的人会肯吗?拎大桶的人到后面去,他的排队时间就要变长,尽管这样的改进能够使全体的排队时间缩短,并且拎大桶的人也明白这个道理,可以是以个人的损失带来集体效率的提高,这样的做法不满足帕累托最优,况且也是无法实现的。

第四节 破窗户会更加破——破窗理论

我们经常看到这样的现象:在公交车站,如果大家都井然有序地排队上车,这时就少人会不顾众人的文明举动和鄙夷眼光而贸然插队。与这相反,如果车辆尚未停稳,人们就你推我拥,争先恐后的争抢上车,后来的人就跟着争抢,不会排队上车。在公共场合,如果每个人都举止优雅、谈吐文明、遵守公德,往往能够营造出文明而富有教养的氛围。如果大部分人都举止粗鲁,违反社会公德,则公共场合就会出现举止哗然而缺少教养的氛围。

故事中的经济学

纽约的地铁被认为是"可以为所欲为、无法无天的场所",针对纽约地铁犯罪率的飙升,时任纽约交通警察局长布拉顿采取的措施是号召所有的交警认真推进有关"生活质量"的法律,虽然地铁站的重大刑案不断增加,他却全力打击逃票。结果发现,每七名逃票者中,就有一名是通缉犯;每二十名逃票者中,就有一名携带凶器。结果,从抓逃票开始,地铁站的犯罪率竟然下降,治安大幅好转。他的做法显示出,小奸小恶正是暴力犯罪的温床。因为针对这些看似微小却有象征意义的违章行为大力整顿,却大大减少了刑事犯罪。

在日本,有一种称作"红牌作战"的质量管理活动,主要内容包括以下几个方面。① 清理:清楚区分要与不要的东西,找出需要改善的事、地、物;② 整理:将不要的东西贴上"红牌",将需要改善的事、地、物以"红牌"标示;③ 清扫:有油污、不清洁的设备贴上"红牌";藏污纳垢的办公室死角贴上"红牌";办公室、生产现场不该出现的东西贴上"红牌";④ 清洁:努力减少"红牌"的数量;⑤ 修养:有人继续增加红牌,有人努力减少红牌。在这样一种积极暗示下,久而久之,人人都遵守规则,认真工作。日本的实践证明,这种工作现场的整洁对于保障企业的产品质量起到了重要的作用。

来源:日本新华侨报网,2014年3月11日

经济学原理

美国斯坦福大学心理学家詹巴斗于1969年进行了一项试验,他把两辆一模一样的汽车分别停放在帕罗阿尔托的中产阶级社区和相对杂乱的布朗克斯街区。对停在布朗克斯街区的那一辆,他摘掉了车牌,并且把顶棚打开,结果不到一天就被人偷走了;而停放在帕罗阿尔托的那一辆,停了一个星期也无人问津。后来,詹巴斗用锤子把这辆车的玻璃敲了个大洞,结果仅仅过了几个小时车就不见了。

以这项试验为基础,政治学家威尔逊和犯罪学家凯林提出了"破窗理论"。他们认为:如果有人打坏了一栋建筑上的一块玻璃,而这扇窗户又没有被及时修复,别人就可能受到某些暗示性的纵容,去打烂更多的玻璃。久而久之,这些窗户就给人造成一种无序的感觉。结果,在这种公众麻木不仁的氛围中,犯罪就会滋生、蔓延。

"破窗理论"揭示了这样一个道理,即任何一种不良现象,都在传递着一种信息,这种信息会导致不良现象的无限扩展,同时必须高度警觉那些看起来是偶然的、个别的、轻微的"过错",如果对这种行为不闻不

问、熟视无睹、反应迟钝或纠正不力,就会纵容更多的人"去打烂更多的窗户玻璃",就极有可能演变成"千里之堤,溃于蚁穴"的恶果。正所谓"勿以善小而不为,勿以恶小而为之"。

身边的经济学

破窗理论以及偷车实验告诉我们:人的行为和环境具有强烈的暗示性和诱导性,对于不良行为和环境,我们必须抱有及时修好"第一扇被打碎玻璃窗"的积极警觉态度和雷厉风行的作风。

"破窗"的出现,助长了人们的四种心理。第一种是"颓丧心理"。坏了的东西没人修,公家的东西没人管,很多人对社会的信任度就会随之降低。第二种是"弃旧心理"。既然已破废,既然没人管,那就随它去吧。第三种是"从众心理"。律是大家的律,法是大家的法,别人能够走,我就可以走;别人能够拿,我就可以拿。第四种是"投机心理"。"投机"是人的劣根性之一,尤其是看到有机可乘或者投机者占到"便宜"的时候。

破窗理论为我们提示的重要思想是,不可以忽视小的失误或问题,特别是那些关系企业核心价值理念的倾向和问题。因为对"小奸小恶"不加制止,最终会带来大的隐患。

日本奥达克余公司为防范"破窗效应"提供了典型事例。一天,销售员误将一台没装机芯的样机卖给了一位顾客。经理得知后,立即指令公关部门寻找顾客。他们利用仅有的两条线索:姓名和美籍记者,连夜打了35个紧急电话,终于找到了顾客基泰丝在东京的地址和电话,并做了及时妥善的处理。原来,基泰丝发现唱机无法使用时,非常气愤,已连夜写下了《笑脸背后的真面目》,准备第二天见报。当这个记者了解到该公司处理此事的全过程后,大为感动,便将稿件改为《35个紧急电话》,见报后,奥达克余公司声誉陡增,一时间门庭若市。

破窗理论给我们的以下几点启示。

开始:"勿以恶小而为之"。不要小看"小",不要小看"细节"。"千里大堤,毁于蚁穴。"重视并思考细节对整体的影响。

中途:"亡羊而补牢,未为迟也"。正所谓防微杜渐,及时修复被打碎的第一块玻璃,将改变周遭所有人的心理。

结尾:"旁敲侧击"。用破窗理论来解决问题,通过改善细节来改善整体。

用鲁迅先生的一句话结尾:"世上本没有路,走的人多了,也便成了路。"

抑制"破窗效应",要抓好两手,一手是从根本上提高人的素质,养成良好的习惯。国人在汶川地震和日本人在海啸发生后的表现,让我们看到了两国国民素质的巨大差距,也让我们意识到提高人的素质对抑制"破窗效应"的重要性。二是一旦发生"破窗效应"要及时补救,所谓"亡羊而补牢,未为迟也"。更为高明的是像日本的奥公司那样,积极面对"破窗"危机,发现"有利"因素,尽量避免危机给企业造成的危害和损失,变害为利,推动企业的健康发展。

第五节　穷者越穷,富者越富
——马太效应

在生活中我们经常看到,越是有钱的人越容易赚钱。越是知名教授、专家,得到的科研经费多,社会兼职越多,各种名目的评奖似乎就是为他们设立的。越是名校,得到的赞助越多……

故事中的经济学

进入 21 世纪以来,我们发现互联网对我们的生活影响越来越大。2009 年 6 月中国的网站数达到 306 万,网民规模呈现快速增长态势,达到 3.38 亿人次。根据 2010 年艾瑞咨询的研究报告显示,2010 年中国网络经济规模达到 1 560 亿元,移动互联网产业规模达到 160 亿元。随着计算机技术和网络通信技术的发展,涌现出了一批影响社会发展与变革的成熟的网络服务企业,如百度、腾讯、淘宝网、阿里巴巴等。

　　网络经济的发展具有快捷性的特点,"快鱼吃慢鱼""大鱼吃小鱼"的现象在市场中普遍存在。目前我国网络服务业呈现出"三大三小"的模块特点,在即时通讯、搜索引擎、电子商务"三大"领域,腾讯、百度、阿里巴巴是三巨头企业。在无线增值服务、广告、社区"三小"领域中,中国移动、百度、天涯社区是领跑者。整个网络服务业寡头垄断的特征越来越明显,也就是会出现"强者越强,弱者越弱"的垄断局面,这就是所谓的"马太效应"。

　　"马太效应"对网络服务业的影响是双向的,既有积极的方面,也有消极的方面。对于处于优势地位的大企业来说,"马太效应"促使大企业不断扩大自身影响范围,巩固其垄断地位;对于新生的创新型企业和中小企业来说,则是"夹缝中求生存",在大企业的夹击中如果成功突围,便获得了成长壮大的机会。

　　资料来源:王晨光,中国传媒大学南广学院,浅析网络服务业中的"马太效应"

经济学原理

　　马太效应:强者愈强、弱者愈弱,富者更富、穷者更穷的现象,在社会心理学、金融、教育、企业管理等领域应用广泛。"马太效应"用于反映社会的两极分化现象,是社会学家和经济学家们常用的术语。"马太效应"类似"二八定律",但与"平衡之道"相悖。老子曾提出类似的思想:"天之道,损有余而补不足。人之道则不然,损不足以奉有余。"

　　"马太效应"的名字来自圣经《新约·马太福音》中的一则寓言。《新约·马太福音》中有这样一则故事,一个国王要远行,给三个仆人每人一锭银子,吩咐他们:"你们去做生意,等我回来时,再来见我。"国王回来时,第一个仆人说:"主人,你交给我的一锭银子,我已赚了十锭。"于是国王奖励了他10座城邑。第二个仆人报告说:"主人,你给我的一锭银子,我已赚了五锭。"于是国王便奖励了他5座城邑。第三个仆人报告说:"主人,你给我的一锭银子,我一直包在手巾里存着,我怕丢失,一直没有拿出来。"于是,国王命令将第三个仆人的那锭银子赏给第一个仆人,并且说:"凡是少的,就连他所有的,也要夺过来。凡是多的,还要给他,叫他多多益善。"

1968年,美国科学史研究者罗伯特·莫顿用"马太效应"这一名词概括这样一种社会心理现象:"相比于那些不知名的研究者,越是声名显赫的学者得到的声望越多,即使他们的成就差不多,同样,同一个项目的荣誉,通常给那些已经出名的研究者。"

罗伯特·莫顿将"马太效应"归纳为:任何地区、群体或个体、群体在某一个方面(如名誉、金钱、地位等方面)获得成功和进步,就会产生一种积累优势,进而就可能取得更大的成功和进步。

后来,经济学界经常借用此术语,用以反映收入分配不公的现象。社会心理学上也经常借用这一名词。

"马太效应"的作用要一分为二来看。首先,从积极的角度看,人们经常会有这样的心理暗示,只要努力让自己变强,一个人就会越来越强。另外,从消极的角度看弱者经常也会有这样的一种心理暗示,我再怎么努力,也总比强的人差,索性就不要努力了。这倒成了弱者不努力的借口了。

身边的经济学

在日常生活中,"马太效应"无处不在,无时不有。名声显赫的人,抛投露面的机会更多,因此更加成名;朋友多的人,会借助频繁的交友而结交更多的朋友;一个人受的教育程度越高,就越可能在高学历的环境里工作和生活。

在金钱方面亦是如此。股市里往往是大庄家"兴风作浪",赚得盆满钵满,而小散户往往亏得"血本无归";同样的投资回报率,本钱比别人多十倍的人,收益也多十倍,如此等等。

在经济领域方面"马太效应"也是很明显的。我们可以看到越是富裕的地区发展越来越好,越是收入高的垄断行业其员工会越来越有钱,居民经常抱怨收入差距过大,政府和学者也非常重视这一问题,但是城乡差距、行业差距、地区差距想要缩小还是很困难的。北京申请2022年冬奥会获得成功，这为京津冀地区的发展又带来了良机，而偏远的西部地区却很难获得这样的机会。

在教育领域，"马太效应"体现得也是很明显的。正如前面提到的越是知名的学者越容易获得科研经费资助，越是有名的学校，越容易获得赞助。学习越好的学生越容易受到表扬，这会更加激励他努力奋斗，而学习越差的学生越容易受到批评，这很容易引起这部分学生的逆反心理。诸如此类。

在企业生产方面，"马太效应"也比比皆是。大企业利用人力、物力和财力的优势，不断创新，占领市场，垄断市场；小企业只能在夹缝中求生存，稍有不慎，可能就倒闭出局。

"马太效应"也提醒企业家，要时时刻刻兢兢业业，不可有丝毫疏忽懈怠。因为，商场如战场，你不努力，就很可能发生"赢者全赢，输者全输"的现象，而全盘失利就可能被大企业吞掉。

微软的发展给我们提供了一个很好的互联网时代的"马太效应"案例。目前，在个人电脑操作系统市场没有一家企业能与微软抗衡，从最初的DOS到Windows系统，微软一直掌握着个人电脑操作系统90%以上的市场份额。市场上出现的其他个人电脑操作系统基本上都是"昙花一现"，绝大多数硬件、软件开发商都不会另搞一套与微软"不兼容"的产品或系统，因为那无异于自掘坟墓。网络增值的规律是规模效益递增，用户越多，产品越具有标准性，成本就越低，收益则呈加速增长趋势。电子信息业因为行业较新，许多产品规格尚未标准化，微软的标准化、规模化意味着其社会成本低、经济效益高，它已经成为"马太效应"的获利者。

"马太效应"还告诉我们：想在某一个领域保持优势，就必须在此领域迅速做大。再者，当目标领域有强大对手的情况下，就要另辟蹊径，找准对手的弱项和自己的优势。只有这样，才能在强手如林的市场中生存。

第六章

做生意要懂的经济学

第一节 物以稀为贵——稀缺性

故事中的经济学

在比利时某画廊发生了这样一件事。一位美国画商看中了一位印度人带来的三幅画,标价均为 2 500 美元,画商不愿出此价钱,于是唇枪舌剑,谁也不肯放松,谈判进入了僵局。印度人恼火了,怒气冲冲地当着美国人的面把其中一幅画烧了。美国人看到这么好的画被烧了,当然感到十分可惜。他问印度人剩下的两幅画愿卖多少钱,回答还是 2 500 美元。美国画商见毫不松口,又拒绝了这个价格,这位印度人把心一横,又烧掉了其中一幅画。美国画商只好乞求他千万别再烧这最后一幅。当他再次询问这位印度人愿卖多少钱时,印度人竟然说道:"最后一幅画 7 500 美元。"结果,这位印度人手中的最后一幅画竟以 7 500 美元的价格拍板成交。

在这个故事里,印度人之所以烧掉两幅画,目的是刺激那位美国画商的购买欲望,因为他知道那三幅画都出自名家之手,烧掉了两幅,那么,物以稀为贵,不怕他不买剩下的最后一幅。聪明的印度人施展这一招果然灵验,一笔生意得以成功。而那位美国画商是真心喜欢收藏古董字画的,所以,宁肯出高价也要买下这幅珍宝。

在上面的故事中我们看到,由于稀缺,一件商品卖出了更高的价格。那么,什么是稀缺性呢?

经济学原理

1. 稀缺性的概念

相对于人类社会的无穷欲望而言,经济物品,或者说生产这些物品所需要的资源总是不足的,这种资源的相对有限性就是稀缺性。

为了更好地了解稀缺性的概念,我们还需要知道两种物品——自由取用物品和经济物品。这两种物品都能满足人类的欲望,那么他们到底有什么区别呢?自由取用物品是指现成的、无限的,取用时不需要花费任何成本即可获得的物品,如大自然中的阳光、空气、水等,这类物品在现实中种类是比较稀少的。我们在日常生活中接触到的物品绝大多数都是经济物品,它是人们利用各种资源进行生产得到的,因而需要成本,不可能免费得到。在一定的资源条件下,经济物品的数量、种类都是有限的,只能满足人类一部分的欲望。所以稀缺性是经济物品的显著特征之一。

资源的稀缺性决定了只要把资源用于某一目的就不能把这些资源用在于其他目的,因此每个社会和个人必须做出选择,在众多的目的与用途中进行资源的有效配置,以最少消耗取得最大的经济效果。

2. 稀缺性的几个特征

① 无论对社会还是个人,稀缺性都是普遍存在的;

② 稀缺性是相对的,是相对于人类欲望的无限性而言的;

③ 稀缺性也是绝对的,它存在于人类历史上的各个时期;

④ 稀缺性是人类社会的永恒问题,是经济学的出发点。

身边的经济学

在上面的故事中我们可以看出物以稀为贵。那么,是什么原因导致物以稀为贵的呢？这就要从供求关系说起。在市场交易中，总会存在买方和卖方。买方形成了市场的需求，而卖方形成市场的供给。将买卖双方联系在一起的就是市场价格。当市场中某种产品供给的数量比较少，而想要购买的人又特别的多的时候，商品供不应求，大家争相购买，价格自然就水涨船高了。

沉香就是"物以稀为贵"的最佳例子。沉香自古以来就被世人追捧，在中国已经有两千多年的历史，被历代皇室和王公大臣们喜爱。在宋代，上好的沉香就是"一两沉香一两金"。由于沉香的形成需要特殊的结痂、气候和沉淀过程，因此不仅我国境内稀少，世界范围内也不多见，再经过了我国历朝历代的采伐，特别是近年来随市场行情出现的无节制的滥采，约1~2公分厚油脂的沉香树基本已经绝迹了。产量稀少，而收藏沉香的人越来越多，导致沉香的价格一路飙升。20年前花一两万元可以买到1公斤很好的沉香，到了现在，上好的沉香价格已经远远贵于黄金，变成了奢侈品中的奢侈品。一般可以品用的沉香1克卖到几十元到几千元不等，一件结香较好的沉香木雕件可以卖到几十万元，一串奇楠手珠更是过百万元。所谓的极品白奇楠、软丝绿奇楠据说每克的售价已经达到了1万~3万元。2007年以来，我国高品级沉香的价格每年涨幅都保持在30%左右。

除了一般的商品以外，人也可以"物以稀为贵"。对于影视唱片公司、模特公司、足球俱乐部等而言，歌星、模特、球星就是他们的"商品"，尤其是知名的歌星、模特和球星，更是为公司创造了巨额的财富和利润。同时，他们的收入也不低。无论国内还是国外，知名歌星、模特和球星的收入都是天文数字。在美国，像桑德拉·布洛克、珍妮弗·劳伦斯、安吉利亚·朱莉这样的大牌明星，年收入都在几千万美元。歌星的收入也不低，说唱歌星安德烈·罗米尔·扬2014年年收入高达6.2亿美元。在国内，一线男星年收入在1 000万元以上，一线女星年收入在600万元以上。

既然稀缺性能带来高价格，那么，企业在经营的过程中就可以较好的利用这一经济学规律，在即定市场需求或创造市场需求的前提下，严格控制产品的供给量，使产品售价较高，从而为企业带来更多的利润。

苹果公司与小米公司的"饥饿营销"就是利用稀缺性赚取更多利润的很好的案例。

"饥饿营销"是指商品提供者有意调低产量，以达到调控供求关系、制造供不应求的"假象"，来维持商品较高售价和较高利润率的目的。而苹果公司和小米公司可以说是已经运用"饥饿营销"到了炉火纯青的地步。

乔布斯是个传奇，一方面是因为他创造了苹果这个公司，另一方面因为其对消费者心理敏锐的洞察力。苹果公司在推出 iPhone 系列时，当用户还没有见到产品，你就发现新闻里谈的都是关于 iPhone 与中国联通的合作关系如何紧张，移动因其推出了专门针对联通的剪卡器等信息，引起人们热议并翘首期待这个已经快成为传说的产品。而当 iPhone 出来后，乔布斯并不是像很多企业那样大规模的生产，而是使 iPhone 一直处于"缺货"状态，让消费者有一种以得到一部 iPhone 为荣的感觉。

而小米公司的掌门人雷军在这方面也做得有声有色。在推出小米手机前，雷军就在市场上做足了噱头。他称小米手机是一款专门为国人设计的，符合中国人使用习惯、生理特性的手机，而且小米手机超高的配置更是不逊于苹果手机，更加令人们眼前一亮的是其价格比苹果便宜一半有余。所以这款手机在未上市时就已经被热议的沸沸扬扬了。而在其上市后，"饥饿营销"的手法就展现开来。网上排长队预订，宁肯等几个月也要买到一部小米手机。之后就传出 10 万部小米手机 3 小时售罄的消息，这进一步地调动了购买者的激情。

第二节　价格的决定

临近 2015 年春节，原本是生猪的销售旺季，但山东省禹城市生猪

市场的价格依然不旺,已经连续两周出现下降。该市物价部门监测数据显示,2月11日,生猪价格为5.80元/斤,比上周下降3.33%,月环比下降7.94%,与2014年同期相比下降10.77%。

  生猪市场价格的低迷,让养殖户们苦不堪言,多数饲养户表示无奈。造成生猪价格下降的主要原因:一是经济形势抑制消费,加上屠宰场库存量高,生猪价格难以上涨;二是春节行情的持续低迷,养殖户等价的心理逐步被击碎,出栏心理逐步增强;三是学校已放假,猪肉需求量有所下降,且玉米价格下滑带动饲料价格回落,降低了生猪生产成本;四是随着腊肉、香肠制作高峰的逐渐褪去,各地猪源大量冲击区域内市场。因此,生猪价格短期内想涨也难。

  在上面的案例中分析了猪肉价格下跌的原因,那么,商品价格到底是由什么因素决定的呢?这就不得不提到两个重要的概念:需求和供给。

经济学原理

1. 需求的概念及需求规律

  经济学中所讲的需求指的是在一定的时期内,在每一个价格水平上,消费者愿意并且能够购买的某种商品或劳务的数量。在这里我们需要注意的是,作为需求必须具备两个条件:第一,有购买的欲望;第二,有购买的能力。这两个条件缺一不可,如果仅有购买的欲望,而没有购买的能力,或者有购买能力,却没有购买的欲望,都不能形成需求。例如,我想买一套房子,但是没有足够的钱买,那么就不能构成房子的需求。又或者我有能力买一辆车,可我觉得没那个需要,也不能构成车子的需求。

  一般来讲,在不同的价格水平上会有不同的需求量。那么,商品的价格和对它的需求量之间又存在着怎样的关系呢?对绝大多数的商品而言,随着商品价格的上升,人们就会少买一点,即对它的需求量会不断下降。而商品价格下降的时候,就会多买一些,即需求量增加。所以,在其他条件不变的情况下,商品的需求量随着价格的上升而下降,随着价格的下降而增加,两者之间存在反方向变动的关系,这就是需求规律。

需求规律并不是适用所有商品的。现实生活中存在一些特殊的商品,其价格的变动和需求量之间就不存在反向变动关系。例如,珠宝、黄金、豪华轿车等炫耀性商品或者古董、名画等收藏品,价格越是上涨,购买的人就越多,价格下跌了反而没人买。

2. 供给的概念及供给规律

经济学中的供给是指在一定时期内,在每一个价格水平上,生产者愿意并且能够提供的某种商品或劳务的数量。同样的,作为供给也必须具备两个条件:第一,有生产的愿望;第二,有生产的能力。这两个条件也是缺一不可的。例如,某企业想生产新能源汽车,却没有相应的生产技术,就不能形成新能源汽车的供给。又如,某人会做馒头,可是同地区中卖馒头的人太多,做这个生意不赚钱,同样也不会构成馒头的供给。

一般而言,在不同的价格水平上也会有不同的供给量。对绝大多数的商品而言,随着商品价格的上升,生产者就有动力多生产一些,因为如果生产出来的产品都能卖掉的话,就能赚更多的钱,所以产品的供给量会增加。而商品价格下降的时候,因为赚钱少了,生产者就会少生产,使供给量下降。所以,在其他条件不变的情况下,商品的供给量随着价格的上升而上升,随着价格的下降而下降,两者之间存在同方向变动的关系,这就是供给规律。

供给规律同样只适用一般的商品。而对于某些特殊的商品,是不适用供给规律的。例如,劳动力的供给,随着工资的上涨,劳动力的供给会增加,但是当工资上涨到一定的程度以后,不仅不会引起劳动力供给的增加,反而会下降。因为一天的时间是有限的,当工资高到一定程度以后,对劳动者来说,闲暇相对于工作而言就显得更重要了,劳动者就会用闲暇替代工作,从而使劳动力供给减少。

3. 均衡价格的形成及其变动

(1) 均衡价格及其形成

均衡价格是指商品的需求曲线与供给曲线相交时的价格。换句话说,也就是商品市场的需求量与供给量相等,商品的需求价格与供给价格①相等时的价格。这时的价格称为均衡价格,这时的数量称为均衡数量。

在市场上,商品的价格不是由需求或供给单方面决定的,而是供给和需求双方力量相互作用的结果。由于需求和供给双方力量的相互作用,使市场价格趋向于均衡价格。如果市场价格高于均衡价格,则市场上出现供给大于需求的情况,即超额供给,超额供给会使市场价格趋于下降,回到均衡价格的水平;反之,如果市场价格低于均衡价格,则市场上出现需求大于供给的状况,即超额需求,超额需求同样使市场价格趋于上升直至达到均衡价格的水平。因此,市场竞争会使商品的市场价格稳定在均衡价格水平上。

综上所述,均衡价格是由供求双方共同决定的,市场价格会随着供求状况的变动始终围绕着均衡价格变动,并逐步趋向于均衡价格。

(2) 均衡价格变动

首先,假设供给没有发生变动,只是需求发生变化的情况。如果需求增加,则均衡价格和均衡数量高于原来的水平,而需求减少则使均衡价格和均衡数量低于原来的水平。

其次,假设需求没有发生变动,只是供给发生变化的情况。如果供给增加,则均衡价格低于原来水平,而均衡数量则高于原来水平。反之,供给减少则均衡价格高于原来水平,而均衡数量则低于原来水平。

因此,当需求增加时,均价价格上升,均衡数量增加;而需求减少时,均衡价格下降,均衡数量减少。当供给增加时,均衡价格下降,均衡数量增加;而供给减少时,均衡价格上升,均衡数量减少。这个规律就是供求定理,它支配着市场一切交易活动和价格的变动,推动着市场的运行,所以企业经营要遵循供求定理,根据这个市场规律来调节自己的生产经营行为。

---

① 需求价格是指消费者对一定数量的商品所愿意支付的价格。供给价格是指生产者为提供一定数量的商品所愿意接受的价格。需求规律中提到的价格就是需求价格,供给规律中的价格就是供给价格。

身边的经济学

学习了需求、供给及均衡价格等概念后,我们就会发现供求定理无时无刻不在我们身边发挥作用。

2010年3月31日,中国土地勘测规划院发布的《2009年全国主要城市地价状况分析报告》显示,2009年全国105个监测城市的综合地价增长率为5.05%,较2008年提高4.58个百分点;全国36个重点监测城市的综合地价增长率为5.66%,比2008年提高5.48个百分点。全国房地产开发用地量价齐涨。下面我们来分析一下其原因。

全国房地产开发用地量价齐涨的首要原因是需求的增加。国家"扩内需、保增长"及4万亿元投资等政策措施推动了土地需求的快速增长。为应对全球性金融危机,2008年年末国家出台一系列政策措施,提出"保增长、扩内需、调结构"总体部署,积极的财政政策和适度宽松的货币政策,尤其是4万亿元资金逐步投放,既促进了宏观经济逐步向好,一定程度上也刺激了土地需求,加之房地产市场投资性需求不断增加,土地价格不断上涨。同时一系列区域性规划的发布,也促进了区域性土地需求增加,地价上涨。

另外,潜在的通胀预期、投资性需求不断增长是引起房价、地价快速上涨的直接因素。中国土地勘测规划院全国城市地价监测组分析认为,在后金融危机时期,尤其是全球性救市资金大量投放,潜在的通货膨胀预期成为投资者关心的重点;加之在金融危机时期积蓄的购房需求需要释放,积蓄的流动性资金需要找到投资领域,在实体经济尚不明朗、土地资源有限而房地产需求不断增长背景下,导致全国性房价、地价快速上涨,加上部分持观望态度居民在恐慌心理下购房,房屋销售市场逐渐显现非理性增长,出现了从2008年房价下跌(−1.61%)向2009年房价上涨25.92%历史新高的急剧转换,大大拉动了地价快速上涨。

此外,国家在房地产投资领域的金融政策调整在刺激经济的增长同时,也促进了房地产投资增加,一定程度上推动了地价上涨。2008

年9月16日至2009年年底,央行5次降息和4次下调存款准备金率,2009年,国务院办公厅出台和落实有关信贷、税收系列政策措施,如废止《城市房地产税》、实行首套住房七折优惠贷款利率、将转让个人住房征收营业税的期限从5年调整为2年、首次下调商品房固定资产投资项目比例、支持房地产开发企业应对市场变化等,既鼓励了住房合理消费、增加了内需,也降低房企融资门槛,一定程度上促进房地产开发需求增加,进而引起房价、地价快速上涨。

从以上分析可以看出,导致2009年房地产用地量价齐涨主要的原因是需求的增加,在宏观政策宽松、货币投放增加等一系列背景条件下,房地产用地需求被激活,需求的快速增长导致了2009年房地产用地价格的大幅增加。

资料来源:哪些因素使2009年房地产用地量价齐涨,新华网,2010年3月31日

第三节 价格弹性

故事中的经济学

2015年5月10日,财政部、国家税务总局发文,烟草消费税由5%提高至11%,并加征从量税。烟草消费税的改革释放着烟草大国重税控烟的决心。

我国是世界上最大的烟草生产国和消费国,也是受烟草危害最严重的国家之一。全国吸烟人数超过3亿,15岁以上的人群吸烟率为28.1%,7.4亿非吸烟人群遭受二手烟的危害,每年死于吸烟相关疾病的人数达到136.6万。

世界上公认的最具有成本效应的控烟措施是提高烟草的税收和价格,这也是世界卫生组织推荐的最为有效的单项控烟策略。

世界卫生组织曾发布数据显示,烟草价格每增长10%,放弃吸烟

的成年烟民增加3.7%,放弃吸烟的青少年烟民增加9.3%,而这一数字在发展中国家则要翻一番。

只有把烟草税率上调最终传导到消费者身上,其控烟的目的和效果才能显现。我国卷烟平均零售价格已从2009年的每盒平均7.1元上涨到2014年的11.73元,年均增10.57%。

资料来源:新华网,中国青年网,2015年5月9日

上面的案例中"烟草价格每增长10%,放弃吸烟的成年烟民增加3.7%"体现出了需求价格弹性的概念,那么什么是需求价格弹性呢?

1. 需求价格弹性的概念

需求的价格弹性就是指需求量变动对价格变动的反应程度,即价格每变动百分之一所引起的需求量变动的百分率。例如,苹果涨价1%,导致苹果的需求量下降2%,那么苹果的需求价格弹性为2。在经济学中,需求的价格弹性常用E_d来表示。需求价格弹性的计算公式为:

$$E_d = (\Delta Q/Q)/(\Delta P/P)$$

其中,Q代表需求量,P代表价格。

2. 影响需求的价格弹性的因素

影响需求价格弹性的因素有很多。总体来说,主要有以下四个因素影响需求价格弹性的大小。

(1) 商品的重要性

从商品是生活必需品还是奢侈品来讨论。一种商品如果是生活必需品,人们就一定要消费它,那么即使价格上涨,人们照样还得买,其需求价格弹性就小。而一些非必需的奢侈品,如贵重首饰、高档服装等,只有消费者购买力提高以后才买得起,其需求价格弹性就大。

(2) 商品的可替代性

一种商品若有许多功能相近的替代品,那么这种商品的需求价格弹性就大。因为一旦这种商品价格上涨,甚至微小上涨,消费者往往会

舍弃这种商品而去购买它的替代品,从而引起需求量大幅的变化。因此,商品的替代品越多,其需求价格弹性就越大。反之,替代品越少,需求价格弹性越小。

(3) 商品用途的广泛性

一般来说,用途越广泛的商品,需求价格弹性越大。反之,用途越窄的,需求价格弹性越小。当一种商品具有多种用途而价格又比较高时,消费者只会购买少量商品用于最重要的用途上。随着商品价格的下降,消费者则会增加购买量,将其越来越多地用于其他次等重要的用途上。

(4) 购买商品的支出占总支出的比例

一般来说,消费者对该商品的支出在消费者总支出中占的比例越低,该商品的需求价格弹性就越小。反之,对该商品的支出在总支出中占的比例越高,需求的价格弹性就越大。

3. 需求价格弹性与总收益的关系

一般来说,如果某种商品需求富有弹性,即需求价格弹性大于1,那么,该商品降价时,需求量增加的幅度大于价格下降的幅度,所以厂商总收益会增加。

如果某种商品需求缺乏弹性,即需求价格弹性小于1,那么,该商品降价时,需求量增加的幅度小大于价格下降的幅度,所以厂商总收益会减少。

身边的经济学

如今的11月11日早已不是几年前网友用来调侃的"光棍节"。在以阿里巴巴旗下的淘宝、天猫为主力军,京东、苏宁易购、当当、亚马逊等电商的大力推广下,"光棍节"俨然已成为了全民公认的"消费节"。事实上,早在2009年,淘宝就率先发起了所谓的"11.11购物狂欢节",2009年11月11日淘宝网当天的销售额达到1亿元。2010年,淘宝延续2009年的营销方式,在11月11日当天收获了9.36亿元的销售额。2011年,淘宝和天猫的销售额再次急剧飙升,达到了53亿元,其中天猫33.6亿元,淘宝19.4亿元。2014年,"11.11购物狂欢节"又一次刷新了其历史纪录。2014年"天猫11.11购物狂欢节"全天交易额超过571亿元。2015年"双十一购物节"全天交易额912亿元。2016年"双十一购物节"全天交易额为1 207亿元。这些数据让人们在乍一眼看到时惊讶得合不拢嘴,而回过头想想却又不得不承认,自己也的确为这些骄傲的业绩作出过小小的贡献。

回顾历年"双十一",其成交额都是呈现几何级的增长。2009年销售额5 200万元;2010年总销售额增至9.36亿元;2011年,这一数字飙升至52亿元;2012年实现191亿元成交额,刷新全球网购节单日销量记录,成为全球最大购物日;2013年交易额达362亿元,占到当天中国社会零售消费总额的一半以上,是美国年度最大网络购物日——"网络星期一"(感恩节后的第一个星期一)的2.5倍以上。

每年11月11日当天,很多网店的商品折扣低至五折、三折甚至一折,我们也许会感到疑惑:他们真的能赚钱吗?还是不惜亏本也要随促销的大流?当运用需求价格弹性这一工具来进行分析之后,我们就会发现,在这场促销大战中,大部分卖家的收益是远远超过他们平日里的收益的。这主要是由于网店上卖的东西不同于大米、食盐这些缺乏弹性的生活必需品,它们的需求量往往极易受到价格的影响。当价格变动时,这类商品的需求量变动的比例将大于价格变动的比例,即需求价格弹性大于1。而针对这些需求富有弹性的商品,采取适度的降价手段将有利于提升销量,增加收益。这也正好解释了为什么衣服、饰品、化妆品、数码产品等购买决策易受价格影响的商品,正是"双十一"当天折扣最凶的商品。

第四节　商家利用的工具——边际效用

大约从20世纪的80年代初期开始,我国老百姓在过春节的年夜

饭中增添了一套诱人的内容,那就是春节联欢晚会。记得1983年第一届春节联欢晚会的出台,在当时娱乐事业尚不发达的我国引起了极大的轰动。晚会的节目成为全国老百姓在街头巷尾和茶余饭后津津乐道的题材。

晚会年复一年地办下来了,投入的人力物力越来越大,技术效果越来越先进,场面设计越来越宏大,节目种类也越来越丰富。但不知从哪一年起,人们对春节联欢晚会的评价却越来越差了,原先在街头巷尾和茶余饭后的赞美之词变成了一片骂声,春节联欢晚会成了一道众口难调的大菜,晚会也陷入了"年年办,年年骂;年年骂,年年办"的怪圈①。

那么,春节联欢晚会为什么会办得越多,骂声越多呢?这个问题其实与边际效用递减规律有关。

1. 边际效用的概念

在经济学中,效用是指商品满足人的欲望的能力,或者说,效用是指消费者在消费商品时所感受到的满足程度。效用可以分为总效用和边际效用。总效用是指消费者在一定时间内从一定数量的商品的消费中所得到的效用量的总和。边际效用是指消费者在一定时间内增加一单位商品的消费所得到的效用量的增量。

例如,小王一共有3个苹果,他吃第一个苹果的时候给他带来的效用是6个单位,吃第二个苹果的时候是4个单位,吃第三个苹果的时候是2个单位。那么,对于小王来说第3个苹果的边际效用是2。这是因为小王吃2个苹果的总效用是10个单位,吃3个苹果的总效用是12个单位,当小王多吃一个苹果即吃第3个苹果时,比原来吃2个苹果增加了2个单位的效用,所以第3个苹果的边际效用为2。

2. 边际效用递减规律

边际效用递减规律是指在其他条件不变的情况下,消费者在一定

---

① 李仁君,吃苹果与看晚会,海南日报,2002年9月25日。

时期内连续消费某种商品的边际效用,随着其消费量的增加而不断减小。上面的例子,小王吃第一个苹果的边际效用为6,第二个的边际效用为4,而第三个的边际效用为2。在小王连续不断地吃苹果的过程中,苹果的边际效用随着小王消费量的增加而递减。

边际效用递减规律发生作用要满足一定的条件。一是既定时间内的连续消费。小王连续吃了3个苹果,这3个苹果的边际效用递减。但是若小王吃了2个苹果以后留下一个苹果等下次再吃,那么剩下的那个苹果到小王吃它的时候其边际效用就不是2,而是等于他刚开始吃第一个苹果时的满足程度,即边际效用为6。二是消费的物品是指"同一"物品。消费者对不同物品的满足程度是不同的,在连续消费时如果消费的是不同的物品,而不同消费品带来的体验或感觉是鲜明的,边际效用就不会随着消费量的增加而递减。

那么,什么原因导致边际效用递减呢?这主要有两方面的原因。

一是心理或生理的原因。人的欲望虽然多种多样、永无止境,但由于生理等因素的限制,就每个具体的欲望满足来说则是有限的。一般来说,最初的欲望最大,因而消费第一单位商品时得到的满足程度也最大。但随着商品消费次数的增加,欲望也随之减少,从而满足程度递减。当要满足的欲望消失的时候,如果继续增加消费的话,反而会引起讨厌的感觉,此时边际效用为负数。

二是物品用途的多样性。物品有多种多样的用途,并且各种用途的重要程度不同。通常人们总会把它先用于最重要的用途,也就是效用最大的地方,然后才是次要的用途,故后一单位的物品给消费者带来的满足程度或提供的效用一定小于前一单位。

3. 边际效用递减规律的启示

消费者购买物品是为了实现效用最大化。物品给消费者带来的效用越大,消费者愿意支付的价格就越高。根据上述效用理论,企业在决定生产产品时,首先要考虑所生产的产品能给消费者带来多大的效用。即企业要想使自己生产出来的产品能卖出去,而且能卖高价,就要分析消费者的心理,能满足消费者的偏好。满足了消费者的偏好也就是满足了消费者感觉到的效用。一个企业要成功,不仅要了解当前的消费需求,还要善于发现未来的消费需求。这样才能从消费需求中了解到消费者的偏好及变动,并及时开发出能满足这种偏好的产品。

消费者连续消费一种产品的边际效用是递减的。如果企业只生产一种产品,它带给消费者的边际效用就在递减,消费者愿意支付的价格就低了。所以,企业不能只生产一种产品,而是要生产多样化的产品。如果企业能够不断创造出多样化的产品,即使是同类产品,只要有所不同,就不会引起边际效用递减。例如,同是笔记本电脑也可以根据消费者买电脑的不同需求做成不同型号,有的消费者买电脑是为了玩游戏且追求时尚,就可以对这类消费者侧重内存、显卡和外观;有的消费者是为了可移动性强,那么就要为这类用户节约重量。这样同是笔记本电脑就成为不同产品,就不会引起边际效用递减。如果笔记本电脑的性能、功能完全相同,则会引起边际效用递减,消费者购买需求就会快速下降。

身边的经济学

王大明和张晓丽结婚10年了。张晓丽喜欢折腾的习惯依然如旧,每过一段时间就要指挥王大明把家具重新布置一番。王大明不堪其"扰",抱怨说,刚熟悉了东西的摆放就变了,又要适应很久。张晓丽则教育王大明说,适应了也就厌烦了,会产生审美疲劳,人都是喜新厌旧的;变,才让人有新鲜感。大家想一想张晓丽的话有无道理?她所讲的实际上是不是边际效用递减规律?

香港曾经风靡一时的儿童卡通动画片《麦兜故事》中有这么一句话:"火鸡的味道,在还没吃和吃第一口之间,已经到达顶峰。"可能有人会问,既然是吃和没吃之间,又怎能品尝到火鸡的味道呢?其实,很多人都有类似的经历:眼前放着一碟佳肴,没有吃的时候心中都会自然而然的想象这份佳肴的味道是多么的好吃,而且这种美好的想象是无止境的,会随时间的持续而无限放大。当你真的吃第一口的时候,有两种结果:如你所想象的好吃又或者是不如你想象的好吃。如果持续不停地吃下去,你就会慢慢发现,已经越吃越没有原来的好吃,吃到最后很饱吃不下的时候,还会觉得难吃。这就是边际效用递减规律在日常生活中最最普通和普遍的体现。基本上世界上每一个具备进食能力的人都可以体会。

当然，边际效用递减规律有时不止体现在物质消费方面，也可以从物质层面上升到精神层面。

在现实生活中，人与人之间的交往和相处也可以运用到边际效用递减规律。当人们初次认识新朋友，特别是异性朋友，都会对对方产生极大的好奇心，并且很想进一步了解对方。但是，在充分了解对方之前，我们都会很不自觉地把对方想象得无限好。因此，如果让我们在新朋友和旧朋友之间只能选择一个进行约会（前提条件是这两个朋友带给我们的总效用是一样的），我们会倾向于选择新朋友。因为新朋友对于我们来说是新鲜的，更有了解和交流的价值。同时，这也是人性中喜新厌旧的重要体现。这样一来，人性中的喜新厌旧便被赋予了经济学的科学解释，让人们更加理所当然。

再者，人们在感情生活中都会或多或少地体会到类似"失去的才懂得珍惜"和"得不到的才是最好的"的道理。这些经历以及它们带给人们的心理感受也是边际效用递减规律所起的作用。很多东西都是你有了，或者你拥有的数量多了，就会不懂得珍惜。这是因为你拥有的同一样东西越多，它所带给你的边际效用就越少。这个"东西"不单单指实物，也指一些非物质的，摸不着看不到的东西，如恋爱中的甜言蜜语和关心问候、父母对子女的无私的爱等。掌握这个规律的应用，可以使我们在刚刚堕入爱河的时候可以不至于盲目，认清楚眼前的一切美好事物究竟有多少是真的命中注定的幸福，有多少是出于初始边际效用的最高状态。

资料来源：从《麦兜故事》看边际效用递减规律，
http://blog.sina.com.cn/s/blog_676830e90100iolo.html

通过对边际效用递减规律赋予最生活化的解释，不仅可以帮助我们进一步理解经济学知识，更有助于我们对生活现象看法趋向理性。

了解了这么多，现在大家是否可以理解我们经常看到的这些现象：商城中在卖衣服时经常会用这样的促销手段，第一件8折，买两件6.8折；麦当劳和肯德基的第二杯饮料半价是为什么了吧？

第五节 价格歧视与消费者剩余

1. 机票中的价格歧视

人们在乘坐飞机的时候发现,有人的机票是八折,有人的机票是三折,乘的是同一航空公司的同一架飞机,同样的机组,价格竟然相差如此悬殊。

在发达的资本主义国家这种事也是常有的。以美国为例,航空公司之间经常发生价格大战,优惠票价常常只是正常票价的三分之一甚至四分之一。然而,即使是价格大战,航空公司也不愿意让出公差的旅客从价格大战中得到便宜。但是,当旅客去买飞机票的时候,他脸上并没有贴着是出公差还是私人旅行的标记,那航空公司如何区分乘客和分割市场呢?原来购买优惠票总是有一些条件,如规定要在两星期以前订票,又规定必须在目的地度过一个甚至两个周末等。老板叫你出公差,往往都比较急,很少有在两个星期以前就计划好了的国内旅行。这就避免了一部分出公差的旅客取得优惠。最厉害的是一定要在目的地度过周末的条件。老板派你出公差,当然要让你住较好的旅馆,还要付给你出差补助。度过一个周末,至少多住两天,两个周末更不得了。这笔开支,肯定比享受优惠票价所能节省下来的钱多得多,更何况,度完周末才回来,你在公司上班的日子又少了好几天。精明的老板才不会为了那点眼前的优惠,而贪小便宜吃大亏。就这样,在条件面前人人平等,这些优惠条件就把出公差者排除得八九不离十了。

上面案例中提到同一架飞机上不同的座位卖了不同价格的行为,在经济学上称为"价格歧视"。

2. 拍卖唱片中的消费者剩余

价格歧视经常与消费者剩余这一概念连在一起,什么是消费者剩余呢？我们可以先通过一个小故事来了解消费者剩余。吴君拿出一张绝版的邓丽君演唱会唱片出来拍卖，老王愿意出 100 块，小李愿意出 120 块，小王愿意出 160 块，小张愿意出 200 块。他们一起竞拍，当出价超过 100 块时，老王退出了竞拍，当出价超过 120 块时，小李退出了竞拍。最后还剩下小王和小张，因为小张的心理价位更高，他为了竞拍到自己心爱的唱片，会不断地往上加价格。如果每次出价 10 块钱，那么加到 170 块的时候，超过了小王的心理价位，小王也退出了竞拍。最后小张以 170 块的价格买到了该唱片，距离他心目中的价格 200 块还便宜了 30 块。这 30 元就是消费者剩余。

1. 价格歧视

价格歧视，也叫差别定价，是指企业为了获得更大的利润，在同一时期内对同一产品向购买者索取了不同价格的行为。价格歧视可以是对不同的购买者索取不同的价格，也可以是对同一个购买者的不同购买数量索取不同的价格。

一般说来，在完全竞争市场上，所有的购买者都对同质产品支付相同的价格。因为在完全竞争市场中，所有消费者都具有充分的信息，同质产品之间不存在价格差别。产品销售者会发现如果他试图比现有市场价格要价更高，将没有人会向他购买产品。然而，在卖主为完全垄断或寡头垄断的市场中，价格歧视则是很常见的。所以，价格歧视是一种重要的垄断定价行为，是垄断企业通过差别定价来获取超额利润的一种定价策略。

价格歧视可以分为一级价格歧视、二级价格歧视和三级价格歧视。

一级价格歧视又称完全价格歧视，就是每一单位产品都有不同的价格，即垄断厂商能清楚地知道每一个消费者对任何数量的产品所愿意支付的最高价格，并以此决定其产品的价格，所定的价格正好等于消费者愿意支付的价格，因而获得每个消费者的全部消费者剩余。这是一种极端的情况，现实中很少发生。

二级价格歧视即垄断厂商根据消费者不同的购买量来确定不同的价格,此时垄断厂商获得了消费者一部分而不是全部的消费者剩余。公用事业中的差别价格,如电力公司实行的阶梯电价和自来水厂实行的阶梯水价就是典型的二级价格歧视。

三级价格歧视是指垄断厂商对同一产品在不同市场上(或对不同的消费者)制定不同的价格。垄断厂商实行三级价格歧视与需求价格弹性有关,消费者的需求价格弹性越大,垄断厂商收取的价格就越低;反之,消费者的需求价格弹性越小,垄断厂商收取的价格就越高。通过这种方法,垄断厂商就能从需求价格弹性小的消费者那里榨取更多的消费者剩余。例如,航空公司对同一架飞机上的座位实行价格歧视,对乘坐商务仓和头等舱的顾客收取较高的价格,对乘坐经济舱的顾客收取较低的价格。又如,国内很多旅游景点对成人游客和学生游客实行价格歧视,对成人游客收取较高的价格,对学生游客收取较低的价格。

垄断厂商实行"价格歧视"的目的是为了获得更多的利润。如果按较高的价格能把商品卖出去,生产者就可以多赚一些钱。因此生产者将尽量把商品价格卖得高些。但是如果把商品价格定得太高了,又会赶走许多支付能力较低的消费者,从而导致生产者利润的减少。如何采取一种两全其美的方法,既以较高的商品价格赚得富人的钱,又以较低的价格把穷人的钱也赚过来。这就是"价格歧视"产生的根本动因。

但垄断厂商实行"价格歧视"也是有条件的,其前提是市场分割。市场分割包括边界分割、距离分割和身份分割。如果生产者不能分割市场,就只能实行一个价格。如果生产者能够分割市场,区别顾客,而且能分割成具有不同支付能力的不同市场,这样企业就可以对不同的群体收取不同的价格,尽最大的可能实现企业较高的商业利润。

很多人认为价格歧视是不公平的。但如果没有歧视,人人平等,实际上必然造成对高"需求者"(需求弹性小支付意愿强的消费者)的歧视。完全价格歧视表面上看似不公平,但其实未必。这是因为,在整个价格歧视中,不同的有效需求者都能得到有效的供给,因而没有任何人遭到歧视。另外,对价格敏感、需求弹性大的普通百姓而言,如果不被"歧视",他们可会不同意。美国 P&G 公司曾经一直在采用"折扣券"

制度,对积攒、保存、携带、出示"折扣券"的顾客(往往都是收入较低的顾客)实施优惠价格。后来 P&G 公司以区分消费者需求弹性成本太高之名决定取消这种制度。P&G 公司的顾客抗议,连纽约州司法部都介入了此事,强制要求 P&G 公司执行"折扣券"制度。寒暑假到了,大学生放假要回家,如果铁道部坚持价格无歧视,取消学生票半价优惠,结果可想而知。所以说,价格歧视本身也是一种公平的市场体现。

2. 消费者剩余

剑桥大学教授马歇尔在《经济学原理》一书中提出消费者剩余的概念。消费者剩余是衡量消费者福利的重要指标,作为一种分析工具被广泛地应用。产业的社会福利等于消费者剩余加上生产者剩余之和,或者等于总消费效用减去生产成本。

消费者剩余就是消费者在购买一定数量的某种商品时愿意支付的最高价格和实际支付的价格之间的差额。消费者剩余是一种心理感受,它让消费者感觉到自己获得了额外利益。消费者剩余反映消费者通过购买和消费商品所感受到的状态的改善。消费者剩余还是用来衡量和分析社会福利问题的重要指标。

消费者剩余源于边际效用递减规律,它表现为一种物品的总效用与其市场价格之间的差额。人们之所以能够享受"消费者剩余",并从他们的购买行为中获得福利感,其根本的原因就在于对所购买的某一物品的每一单位,即从第一单位到最后一单位,支付了相同的价格,而且所支付的又都是最后一单位的价格。然而,边际效用递减规律告诉我们:对同一物品因消费数量的不同给人们带来的满足感不同,因而人们所愿意支付的价格也就不同。随着人们对同一物品消费数量的增加,边际效用是递减的,但总效用是增加的,当总效用达到极大值时,边际效用为零;当超过极大值继续消费时边际效用为负,从而总效用开始下降。由于商品的价格是由最后一单位商品的效用决定的,而最后一单位商品的效用低于它之前的每一单位商品的效用,因而人们在购买行为中,就可以从前面的每一单位中享受到效用剩余,从而形成了消费者剩余。

上面我们提到,由于垄断企业实行价格歧视,所以获取了不同的消费者剩余。在完全价格歧视中,消费者购买商品的价格正好等于其愿意支付的价格,所以其没有享受到消费者剩余。但这种情况毕竟是少数。我们在日常生活中碰到的绝大多数是二级和三级价格歧视,这样消费者和生产企业共同分享了消费者剩余,生产企业获得的消费者剩余越少,消费者获得的就越大。所以企业在其制定价格策略的时候,可以考虑如何分配消费者剩余,从而形成双方共赢的局面,即让消费者满意,又让自己赚到了更多的利润。

身边的经济学

李海在海口时很想买一个电子辞典,逛了数码商城之后,相中了一款叫"名人310"的辞典。逛了几家发现这一款价格都在600元以上,而且打折的余地很小。他虽然很喜欢这部电子辞典,但由于价格偏贵,所以还没有下决心购买它。

后来,李海在上海学习期间,发现有一家数码城出售的"名人310",标价580元,比海口便宜一点,经与售货员讨价还价售货员同意530元卖给他。售货员同意后,李海又有些犹豫了,因为他还没有货比三家,他感觉价格上应该还可以便宜。正在李海犹豫之际,商场看门的大爷不耐烦地嚷嚷道:"早就下班了,要关门啦!"李海顺水推舟,以要下班为由溜之大吉。

第二天李海又多看了几家数码商城,发现价格和昨天那家都相差无几,还有个别商场的价格赶上了海口的水平。最后他来到了一家叫"大润发"的规模很大的超市。在数码柜台,李海看到了"名人310"。更使李海惊喜的是,上面赫然标价378元!这是他从来没有见过的低价,而且是在一家有信誉的大超市。物美价廉,李海立即决定买下。但售货员拿出机器后,李海发现颜色他不喜欢,而且没有别的颜色了。忙问售货员:"下午还会有别的颜色吗?"售货员也不清楚。李海只好遗憾地回去了。下午李海又到了"大润发",发现柜台换了一位售货员,李海问:"名人310有没有淡绿色的?""有啊!"果然他拿出了李海最喜欢的那一色调。这回大功告成,李海终于如愿以偿。

资料来源:百度文库,http://wenku.baidu.com

学习了消费者剩余的概念,看了上面的例子,大家知道李海购买电子词典的消费者剩余是多少吗?

在理解消费者剩余时要注意两点:

第一,消费者剩余只是一种心理感觉,并非实际收入的增加。

第二,越是生活必需品其消费者剩余越大。因为生活必需品给消费者带来的效用大,消费者愿意付出的价格就高,但此类物品的市场价格一般并不高。

以水为例,假如1加仑水1美元,消费者买入6加仑。因为第一加仑水的效用最大,能够消除极度的饥渴,消费者愿意为它支付6美元。第2加仑的水消费者愿意支付5美元,如此类推下去,直到第6加仑的水支付1美元。从消费者对水的购买行为中我们可以看到,尽管消费者为购买6加仑水实际支付了6美元,但消费者从6加仑水的购买中却得到了相当于20美元(6+5+4+3+2+1)的总效用。这样,消费者也就得到了超过其支付额的14美元的"消费者剩余"。然而,这14美元并非消费者的实际所得,作为一种额外的效用,它只是一种心理感觉。如上分析,消费者得到的是价值14美元的福利感或满足感,而并非14美元的现钞。然而正是这种满足感或福利感,对消费者来说,如同亚当·斯密所说的"看不见的手"一样,左右着消费者的购买行为,从而影响着市场上的需求。

第六节 钟点工的工资为什么越来越贵——外包

故事中的经济学

十年前,福建省建瓯市的黄英妹打工的月工资仅有微薄的四五百块。十年来,她通过不断地自我学习和提升,逐渐成为一名高级月嫂,月入达8 000元,客户预约已排到了明年了。福州多家家政公司有关人士告诉记者,这样的薪水在福州月嫂行业并不少见,现在每天都能接到预订月嫂的咨询电话,其中有些还是为明年预订。

2014年4月,有网站发布全国白领平均月薪排行榜。上海以7 214元的月薪高居榜首,厦门以5 221元列第11,福州以4 801元排在第19。即使"被高薪",还是比不过月嫂啊!

资料来源:腾讯,大闽网,2014年7月16日

不只是月嫂,我们也看到钟点工的工资也是越来越贵,2015年上海部分地区钟点工的工资已经达到30元/小时,这是为什么呢?

钟点工的工资上涨一方面源于物价水平的上升,另一方面就是市场需求的不断增加。现代社会,尤其是大城市,工作节奏非常快,很多年轻人如果没有父母帮忙,又要忙于工作,又要处理家务事,有些时候,实在是分身无术,这时就只好请钟点工帮忙,这就叫外包。外包使年轻人从家务事中一定程度上解放出来,可以更加集中精力工作,赚更多的钱。而钟点工也通过帮助别人,赚取收入,实现自己的社会价值。

经济学原理

外包:20世纪80年代流行起来的商业用语,是指企业因组织人力不足的原因,可将组织的非核心业务委托给外部的专业公司,从而降低运营成本,维持其组织竞争核心力,提高品质,集中人力资源,提高顾客满意度。

外包方式主要有合同业务管理方式和委托方式。

合同业务管理方式是一种纯粹的外包方购买第三方服务的模式,第三方(承包方)承担投资风险,并负责全部或大部分投资和业务管理工作;外包方不用负责第三方的投资风险,只根据第三方完成业务的绩效和合同约束购买服务,合同终止则合作终止。

委托方式是一种外包方将业务连带完成业务所需要的设施委托给第三方经营的方式,主要有承包、租赁、特许管理和BOT(建设—营运—移交)特许管理4种合作模式。与合同业务管理方式不同,委托方

式无论采用哪种模式,委托方都承担投资风险。即使是 BOT 特许管理模式,表面上看是第三方进行投资,但实际上这些投资将连本带息以折旧费形式全部计入经营成本,由外包方在特许合同期内全部返还。

政府外包方式还有一种公私合营模式(Public-private partnership, PPP),是国内外广泛关注的一种模式。公私合营模式是指政府及其公共部门与企业结成伙伴关系,并以合同形式明确彼此的权利与义务,共同承担公共服务或公共基础设施建设与营运。这种模式需要考虑政府参与的形式、程序、渠道、范围与程度,这个问题值得探讨但也一直令人困扰。

美国密西根大学教授罗伯特·奎恩(Robert Quinn)根据对外包的灵活性和控制程度的不同,将外包分为七种方式,即完全所有权、部分所有权、联合开发、预先保留、长期合同、买入期权和短期合同。从组织形式上讲,外包的形式有单纯的工作或流程外包、战略联盟、企业网络及虚拟企业等。

外包的基本特征:① 外包的内容是可以整合在企业内部的;② 外包不仅涉及相关的资源转移,而且涉及相关的管理职能的重新定位;③ 外包活动的内容是重复性的,外包活动双方的合作不是一次性的购买关系;④ 外包的形式介于完全自制及完全外购之间,而外包形式的选择或企业与供应商之间关系的密切程度取决于外包的内容对企业的重要性及在企业发展过程中的地位和贡献。

身边的经济学

从发展历史看,外包大体经历了以下三个阶段:

1. 外包概念的形成阶段——20 世纪 80 年代初到 90 年代初

20 世纪 70 年代末到 80 年代初,私有化浪潮蔓延英国,与此同时,美国则也开始了对大量公用事业放松规则的运动,纵向非一体化的迅速普及极大地改变了公用事业领域极端纵向一体化的传统结构。从 20 世纪 80 年代中期开始,世界各国企业掀起了一股业务流程重构的浪潮,这使企业的组织形式开始发生巨大的变化。以盈利性和增长性来评价一个企业成功与否的观点逐渐代替过去仅用规模大小来评价的观点,这一变革使企业的外包活动空前增长。

2. 外包的发展时期——20世纪90年代初到90年代中期

外包从20世纪90年代初开始越来越普及。1992—1995年,作为20世纪80年代中后期企业重构运动的延续,企业界又一次掀起了一次瘦身运动和结构调整的高潮。20世纪80年代的管理实践使90年代初的管理理论空前活跃,企业界和学术界对一体化的认识逐步深化,外包作为准一体化或反向一体化的一种管理或组织方式越来越被人们重视。

3. 外包的普及及流行阶段——20世纪90年代中期以后

20世纪90年代中期以后,得益于IT行业的迅速发展并进入成熟化和细分化,外包真正进入黄金发展阶段,外包作为企业一种管理方式的可操作性大大增强。

外包适合于各种领域,其业务内容主要包括信息技术,其次是人力资源、采购、物流、财务和会计。

2008—2014年中国服务外包企业承接离岸服务外包执行额由47亿美元增加到559亿美元,占全球服务外包市场的份额由7.7%增长到接近30%。2015年1—8月,中国服务外包企业承接离岸服务外包执行金额已达357亿美元,增长10.3%。

在规模扩大的同时,服务外包的业务结构也明显优化,以知识和研发为特征的知识流程外包快速增长,服务模式不断创新,国际竞争力明显提升,"互联网+"大大拓展了服务外包的领域和价值,服务外包产业正展现出前所未有的光明前景。在此基础上,新能源、跨境电商等新兴领域正在成为服务外包领域的"新贵"。

与此同时,中国政府一系列的简政放权措施也对服务外包行业的发展起到了积极的推进作用。2015年新发布的《服务外包产业重点发展领域指导目录》将限制类条目减少了50%以上,取消和放宽了电子商务、运输等服务业的要求,并将建筑设计、养老机构等列入鼓励类,上海、广东、天津、福建等自贸试验区实施外商投资准入前国民待遇加负面清单管理模式。2015年年初,国务院还发布了《促进服务外包产业加快发展的意见》。上述这些政策和措施,将为服务外包产业的发展创造更加良好的条件。

外包解放了企业的财务资本,使之用于可取得最大利润回报的活动,从而获得高速增长。因此,美国著名的管理学者杜洛克说:在十至十五年之内,任何企业中仅做后台支持而不创造营业额的工作都应该外包出去。

第七章

企业管理和市场营销中的经济学

第一节 沉没成本

故事中的经济学

一位妈妈带着两个孩子去吃饭,该餐厅有个优惠活动——消费满200返还20元。当时他们已经点了180元的东西,但是非常难吃。这个时候,小儿子提议再点两个冰激凌,凑够200元好了,反正返还20元,也一样是花180元。后来妈妈说,还是算了,然后就走了。从餐厅出去以后,妈妈给两个孩子买了两个哈根达斯。理由是,已经吃了这么难吃的饭,就不要多吃几个难吃的冰淇淋了,虽然不花钱。

这就好比你在大夏天花了15元钱买了一个西瓜,打开一看西瓜没熟。为了不浪费,你还是硬着头皮把西瓜吃掉了。这样你不但损失了15元钱,还吃了一个半生不熟的西瓜。其实这15元钱就是沉没成本。在沉没成本面前,我们最容易犯的错误就是被"沉没成本"套牢,从而导致更大的损失。

在上面的故事中,我们提到了沉没成本。那么,到底什么是沉没成本呢?沉没成本对于企业的经营管理有何意义呢?

经济学原理

沉没成本是指由于过去的决策已经发生了的,而不能由现在或将来的任何决策改变的成本。人们在决定是否去做一件事情的时候,不仅是看这件事对自己有没有好处,而且也看过去是不是已经在这件事情上有过投入。我们把这些已经发生不可收回的支出,如时间、金钱、精力等称为"沉没成本"。

既然沉没成本可以理解为在某一件事情上已经付出又不可回收的支出,那么正常来说,沉没成本不应该影响当前或以后的决策。这很好理解,钱、时间、精力这些已经花费的都成了泼出去的水,反正永远都收不回来了,多想也无用,还不如多关注当下和未来。但是在现实生活中,人们却常常陷入沉没成本的泥潭而不能自拔,从而在很大程度上影响人们的行为方式与决策。

那么,人们为什么会陷入沉没成本的误区呢?这主要是因为人们对于损失的厌恶。心理学家丹尼尔·卡尼曼和埃姆斯·特维尔斯基在20世纪70年代所做的研究表明,"损失"和"收益"对人造成的心理影响是不同的:在这一点上,损失"完胜"。他们曾设计了一个赌博实验,并注意到,人们在进行赌博之前,倾向于要求至少是其风险双倍的担保。因此得出结论,和收益的喜悦相比,损失对人的刺激还要更多一倍。当你在眼睁睁看着钱财离你而去时,感受到的痛苦是你得到同等价值的东西时感受到的快乐的两倍。这也是为什么市场营销最主要策略就是试图说服你,某个你想要的东西绝对物超所值。这样,你因为得到它而感受到的快乐就会抵消掉你付钱时的痛苦。如果这一推销策略成功实施,你就会觉得你实际上什么都不会损失;不仅如此,你还会觉得自己捡了大便宜。如果人们知道自己将永远失去某样事物,就会倍感痛苦。而为了消减这种消极情绪,就会做出些荒谬的事,从而陷入沉没成本的谬误被套牢。

在商业决策以及人们日常决策制定过程中都会碰到沉没成本,大多数经济学家们认为,如果人是理性的,那么在做决策时就不应该考虑沉没成本,而是要抛开沉没成本重新看问题。如果对沉没成本过分眷恋，只能是继续原来的错误，造成更大的亏损。

身边的经济学

有一家公司要做一个网络游戏项目，已经投入了 200 万，但这时候盛大网络公司也有意向做类似的网络游戏项目。这家公司自然无法与盛大网络抗衡，公司项目前景渺茫，评估结果是上线后大约有 90％ 概率要再亏掉 200 万，但运气好的话也有 10％ 概率能盈利 500 万。如果现在再追加投资 10 万，那么这个项目就可以上线。此时作为决策人，应不应该再追加投资呢？碰到这种情况，绝大多数人的答案都是要追加投资。他们想法是，都投了 200 万进去了，无论如何也要把这个项目做下去，不能让这 200 万打了水漂啊。运气好的说不定还能赚一笔，就博一把吧。

那么再换一种情况来看看：一家公司准备要做一个网络游戏项目，这时候盛大网络公司也有意向做类似的网络游戏项目。这家公司自然无法与盛大网络抗衡，公司项目前景渺茫，评估结果是上线后大约有 90％ 概率要亏掉 200 万，但运气好的话也有 10％ 概率能盈利 500 万。如果现在投资 10 万，这个项目就可以马上上线。此时作为决策人，应不应该投资呢？这个时候基本上就没人觉得应该投资了。很明显这是个亏本买卖，正常人都不会去干的。

但事实上，这两种情况就是差了那 200 万，也就是我们通常所说的沉没成本。如果说沉没成本不影响决策，那么这两种情况的决策应该完全一样，也就是不应该投资那 10 万。但结果说明，多数人会陷入沉没成本的误区。

现实社会中，沉没成本的例子也比比皆是。摩托罗拉"铱星"计划就是一个美丽的泡沫，是沉没成本谬误的一个典型的例子。1997 年、1998 年，美国铱星公司发射了几十颗用于手机全球通信的人造卫星，这些人造卫星就叫"铱星"。"铱星"移动通信系统是美国铱星公司委托摩托罗拉公司设计的一种全球卫星移动通信系统，它通过使用卫星手持电话机，透过卫星可在地球上的任何地方拨出和接收电话信号。2000 年 3 月铱星公司宣布破产。

"铱星"计划的市场目标定位是需要在全球任何一个区域范围内都能够进行电话通信的移动客户。铱星公司错误地认为,只要技术先进,价格不会成为障碍,人们愿意为"一个号码通全球而付出一点高价"。铱星计划看似强大无比,事实上却有五个大泡泡,一触即破。有多少人需要如此昂贵的全球通信?"铱星"能够任何时间、任何地点通话,为什么在车内、室内就无法拨通,非要将天线对着相应的卫星才能拨通呢?能采取任何方式进行沟通,那为何"铱星"手机又笨又重,传输速度只有2.4字节/秒,只能进行简单的电子邮件和慢速传真?

1991年铱星公司成立时,普通的"大哥大"还是一种稀罕的贵重商品,但等到"铱星"系统于1998年投入运营时,"大哥大"已经成为廉价实用的大众化商品。而此时铱星公司还对市场充满幻想,一开始就将用户定位于"高层次的国际商务旅行者",把服务对象定为某些特殊需要的人群,为此,"铱星"的手机费和通话费定得极高。"铱星"手机费和通话费如此之高,重要原因是该系统成本太高,铱星公司负债经营,急于收回投资。高额的负债一开始就使铱星公司陷入困境。

对于罗伯特(摩托罗拉前总裁),以及他的儿子克里斯·高尔文(后来成为他的继承人)来说,"铱星"计划是摩托罗拉技术高超的显示,具有巨大潜力,令人振奋,绝不可放弃。对于摩托罗拉的工程师门来说,建立铱星群的挑战是一次经典的"技术拉锯战"——50多亿美元的代价终于让他们在1998年将"铱星"系统投入使用。"铱星"系统投入商业运行不到一年,1999年8月13日铱星公司就向纽约联邦法院提出了破产保护。半年后的2000年3月18日,铱星公司正式破产。"铱星"成了美丽的流星。66颗卫星在天上自己飞了几年,终于在2000年被一家私募基金公司以两千五百万美元的低价买下。不到"铱星"计划整个投资六十亿美元的1%。

所以,企业或者投资者在投资时应该注意:如果发现是一项错误的投资,就应该立刻悬崖勒马,尽早回头,切不可因为顾及沉没成本,错上加错。事实上,这种为了追回沉没成本而继续追加投资导致最终损失更多的例子比比皆是。许多公司在明知项目前景暗淡的情况下,依然苦苦维持该项目,原因仅仅是因为他们在该项目上已经投入了大量的资金(沉没成本)。但是,考虑沉没成本的结果是损失越来越多。

第二节 机会成本

故事中的经济学

　　苏珊经营一家生产毛衣的企业,苏珊的毛衣厂一年出售毛衣得到的收入为 70 万美元。她用于毛线的支出一年是 16 万美元,用于电力支出是 4 万美元,用于劳动支出是 24 万美元,用于银行贷款利息支出是 2 万美元,在收入为 70 万美元和支出为 46 万美元时,苏珊的毛衣厂每年剩余 24 万美元。而苏珊如果去其他的毛衣厂工作一年可以得到 15 万美元,如果苏珊把自己的资金借给别人可以获得 7 万元的利息,如果把自己的厂房出租出去还可以得到 5 万元的租金。那么苏珊是应该经营毛衣厂,还是去其他毛衣厂工作呢?

　　我们来简单地分析一下。苏珊如果经营毛衣厂,一年收入 70 万美元,减去 46 万美元的经营成本,利润为 24 万美元。如果苏珊去其他毛衣厂工作,那么她一年的收入为 27(=15+7+5)万美元。比较这两个选择,我们发现苏珊去其他毛衣厂工作赚的钱比她自己经营毛衣厂要多,所以她应该去其他毛衣厂工作。从这个小故事我们可以发现,当我们做一项选择的时候就必须放弃另一个选择,因此做选择是有成本的,这种成本被称为机会成本。

经济学原理

　　机会成本,又称替换成本,是指生产者为了生产一定数量的产品所放弃的使用相同的生产要素在其他生产用途中所能得到的最高收入。

　　经济学家认为,经济学是要研究一个经济社会如何对稀缺的经济资源进行合理配置的问题。从经济资源的稀缺性这一前提出发,当一个社会或一个企业用一定的经济资源生产一定数量的一种或几种产品时，这些经济资源就不能同时被使用在其他的生产用途方面。这就是说，这个社会或这个企业所获得的一定数量的产品收入，是以放弃用同样的经济资源来生产其他产品时所能获得的收入为代价的。由此，便产生了机会成本的概念。例如，你有一笔10万元的钱，存入银行可获利息5 000元，投入股市可获利1万元。如果你把这笔钱存入银行得到5 000元的利息，机会成本就是不投入股市所放弃的1万元。

机会成本是人们在决策过程中必须考虑的一个非常重要的因素。在利用机会成本进行决策时，应该选择机会成本比较小的那个选项。因为机会成本代表的是放弃用同样的经济资源来生产其他产品时所能获得的最大收入。选择机会成本比较小的那个选项，意味着在这些选项中你选择了带给你最大收益的那个选项。所以在上述例子中，考虑机会成本的话，苏珊应该去其他毛衣厂工作而不是自己经营毛衣厂。

企业经营者以利润作为决策依据的时候，大部分时候都会忽略了机会成本这一重要的成本。这主要是因为机会成本是一种收益机会的丧失，仅存在于决策人的主观意念中，是假设的成本，实际上它并未发生。但从经济学的角度来讲，机会成本的计算为企业决策提供了分析的基础，在有效的管理决策中起着举足轻重的作用。

身边的经济学

在上面的例子中，苏珊有两个选择，即自己经营毛衣厂或是去其他毛衣厂工作。那么苏珊自己经营毛衣厂的机会成本就是去其他毛衣厂工作所获得的工资收入以及闲置下来的资金和厂房出借出去所获得的利息和租金之和，即27万美元。而去其他毛衣厂工作的机会成本为自己经营毛衣厂获得的利润24万美元。比较之后大家自然应该知道苏珊去其他毛衣厂工作是更合理的选择。

现实生活中机会成本的例子也是随处可见。下面我们来看看梁小民教授分析的抚养孩子的机会成本吧。

如果你问一个家长,把一个孩子抚养到大学毕业要花多少钱,他会一笔一笔地给你算如每年生活费多少、教育费多少、医疗费多少、其他支出多少等。虽然国内各地生活水平略有差异,但是抚养一个孩子到成年,几十万元支出是很常见的。这是抚养一个孩子的直接货币支出,但它是抚养一个孩子的全部成本吗?

明白了机会成本的概念,我们自然就会明白抚养一个孩子的全部成本绝不仅仅是实际的货币支出,还应该包括父母为抚养孩子所放弃的东西。换言之,抚养孩子的全部成本等于实际货币支出和机会成本。这种机会成本包括父母所付出的辛劳,以及为了抚养孩子所放弃的收入。如果说辛劳难以货币化,那么,所放弃的收入还是可以计量的。例如,一个母亲为了孩子放弃了工作,那么她工作所得的货币收入就又是一项机会成本。如此等等,如果把父母为抚养孩子放弃的各种机会、所受的辛劳、所放弃的享受都折算为货币,机会成本就非常大了。

不同家庭希望生育的孩子数量与机会成本相关。高文化、高收入家庭的孩子少,正是因为他们抚养孩子的机会成本高。低文化、低收入家庭孩子多,也与机会成本低相关。一个当总经理的母亲和一个做家庭妇女的母亲为抚养孩子所放弃的收入,即机会成本,肯定不同。所以,提高母亲的素质,给女性提供更多更好的工作机会,会增加抚养孩子的机会成本,将会导致人口出生率的下降。

资料来源:梁小民,抚养子女的机会成本,每经网,
http://www.nbd.com.cn/articles/2014-08-26/858928.html

第三节 三个和尚没水喝
——规模报酬分析

大宇集团由金宇中于1967年创建,初创时主要从事劳动密集型产品

的生产和出口。随后经过30余年的发展,通过政府的政策支持、银行的信贷支持和在海内外的大力购并,大宇成为直逼韩国最大企业——现代集团的庞大商业帝国:1998年年底,总资产高达640亿美元,营业额占韩国GDP的5%;业务涉及贸易、汽车、电子、通用设备、重型机械、化纤、造船等众多行业;国内所属企业曾多达41家,海外公司数量创下过600家的记录,鼎盛时期,海外雇员多达几十万,大宇成为国际知名品牌。

大宇是"章鱼足式"扩张模式的积极推行者,认为企业规模越大,就越能立于不败之地,即所谓的"大马不死"。据报道,1993年金宇中提出"世界化经营"战略时,大宇在海外的企业只有15家,而到1998年年底已增至600多家,"等于每3天增加一个企业"。还有更让韩国人为大宇着迷的是:在韩国陷入金融危机的1997年,大宇不仅没有被危机困倒,反而在国内的集团排名中由第4位上升到第2位,金宇中本人也被美国《幸福》杂志评为亚洲风云人物。

1997年年底韩国发生金融危机后,其他企业集团都开始收缩,但大宇仍然我行我素,结果债务越背越重。尤其是1998年年初,韩国政府提出"五大企业集团进行自律结构调整"方针后,其他集团把结构调整的重点放在改善财务结构方面,努力减轻债务负担。大宇却认为,只要提高开工率,增加销售额和出口就能躲过这场危机。因此,它继续大量发行债券,进行"借贷式经营"。1999年,经营不善、资不抵债的大宇集团不得不走上破产清算的结局。

大宇集团从韩国第二大企业走到破产倒闭的结局,与其"章鱼足式"扩张模式的经营理念是密不可分的。从大宇集团的案例,引发我们企业经营者思考的问题是企业是不是规模越大越好?什么样的规模才是合适的呢?在研究企业经营规模问题时,我们不得不引入一个重要的概念——规模报酬。

经济学原理

1. 规模报酬的概念

规模报酬是指两种以上的生产资源配合使用,当资源配合比例不变，生产资源投入变动的比率所引起的产品产量或收益变动的比率，或者说是生产资源投入增加的倍数引起的产品产量或收益增加的倍数。规模报酬研究的问题是，当生产资源按照某一比例增加的时候，其产品产量或收益会按照什么比例增加。

在生产经营过程中，随着生产规模的扩大，规模报酬的变化会发生三种情况：第一种情况是规模报酬递增。就是当生产资源的投入增加某一倍数时，其产量或收益增加的倍数超过生产资源增加的倍数。第二种情况是规模报酬不变。就是当各种生产资源投入增加某一倍数时，产量或收益的增加等于这一倍数。第三种情况是规模报酬递减。就是当各种生产资源的投入比例增加某一倍数时，产量或收益增加的倍数小于生产资源增加的倍数。

例如，假设一座月产量20万公斤葡萄的果园所使用的资本为10个单位，劳动为20个单位。现在将果园的生产规模扩大一倍，即使用20个单位的资本，40个单位的劳动，由于这种生产规模的变化所带来的收益变化可能有如下三种情形：(1)产量增加的比例大于生产要素增加的比例，即产量为40万公斤以上，这种情形叫做规模报酬递增；(2)产量增加的比例等于生产要素增加的比例，即产量为40万公斤，这种情形称为规模报酬不变；(3)产量增加的比例小于生产要素增加的比例，即产量小于40万公斤，这种情形称为规模报酬递减。

2. 规模报酬原理对企业经营的启示

规模报酬分析的是企业的生产规模变化与所引起的产量变化之间的关系。企业只有在长期内才能变动全部生产要素，进而变动生产规模，因此企业的规模报酬分析属于长期生产理论问题，不适用于进行短期生产分析。

规模报酬存在着递增、不变和递减三个阶段，而导致规模报酬变化的原因主要是由于规模经济或规模不经济。规模经济是指由于产出水平的扩大，或者说生产规模的扩大而引起的产品平均成本的降低，此时，企业产量增加的速度要大于成本增加的速度，从而获得最佳经济效益。而规模不经济是指由于生产规模的扩大而引起的产品平均成本的上升,此时,企业产量增加的速度要小于成本增加的速度,从而使经济效益下降。因此,在规模报酬递增阶段企业应扩大生产规模,此时可以实现规模经济。但是企业的规模不是越大越好,随着企业规模的扩大,会从规模经济过渡到规模不经济。这也就意味着企业的生产规模应该适度,如果达到规模报酬递减阶段就得不偿失了。

身边的经济学

企业在经营过程中经常不自觉地将规模报酬定律用于其生产当中。格兰仕微波炉就是一个典型的例子,现在全球每四台微波炉中就有一台是格兰仕生产的。

面临着越来越广阔的市场,每个企业都有两种战略选择:一是多产业、小规模,低市场占有率;二是少产业,大规模,高市场占有率。格兰仕选择的是后者。格兰仕的微波炉,在国内已达到 70% 的市场占有率;在国外已达到 35% 的市场占有率。

格兰仕就是成功地运用了规模报酬的理论,即某种产品的生产,只有达到一定的规模时,才能取得较好的效益。微波炉的最小经济规模为 100 万台。早在 1996—1997 年,格兰仕就达到了这一规模。随着生产规模的增加,生产成本就会下降,这就格兰仕微波炉的降价提供了条件。格兰仕的做法是,当生产规模达到 100 万台时,将其出厂价定在规模 80 万台企业的成本之下;当规模达到 400 万台时,将出厂价调到规模为 200 万台的企业成本之下;而规模达到 1 000 万台以上时,又把出厂价降到规模 500 万台企业的成本之下,这种在成本下降的基础上所进行的降价,是一种合理的降价。降价的结果是将价格平衡点以下的企业一次又一次大规模淘汰,使行业集中度不断提高,使行业的规模经济水平不断提高,由此带动整个行业社会必要劳动时间不断下降,进而带来整个行业的成本不断下降。成本下降必然带来产品价格的下降。从 1993 年格兰仕进入微波炉行业,微波炉价格由每台 3 000 元以上降到每台 300 元左右,格兰仕对中国广大消费者作出了巨大贡献。

2014年8月4日,宝洁公司宣布出售、终止或淘汰约100个品牌,以削减成本并关注于最重要的产品系列。而本次被裁撤的品牌数量超过总数的一半以上。而在此之前,宝洁公司公布了2012—2013财年第一财季报告。这一财季宝洁营业额收入为207.4亿美元,同比下降3.7%。各个板块中,由OLAY玉兰油及SK-Ⅱ两大品牌领衔的美容化妆品业务跌幅最大,净销售额较去年同期的53.15亿美元锐减了3.75亿美元,跌至49.4亿美元。

此外,宝洁洗漱类和健康护理类产品的净销售额也分别出现了7.4%和3.5%的下滑。在宝洁"大日化"综合产品线的布局中,几乎所有护肤品、洗涤用品、洗护用品等品类的中国区市场占有率及发展速度也都有不同程度地停滞甚至下滑。在这样的背景下,宝洁公司决议裁减2%～4%的非制造业部门员工,并称或将回购公司股票金额达到60亿美元。

宝洁公司在2012年以前,随着规模的扩大收益增加,但在此之后,收益开始走下坡路,出现规模不经济的现象,所以,宝洁公司开始缩小产品深度和宽度,以缩小规模,保持原有的收益。

一家商业银行是否应该在我们这个城市的每个角落都设立一个网点,还是把人力和物力集中于总部或者少数几家分支机构,以获得更高的效率?这很大程度上取决于商业银行对收益与成本的分析。

金融分析师为我们设计了一个"营运比率"。他们首先将运作一个分支机构的所有成本加总,包括工资和补贴、租金、日用设备费、维修费、税收和保险、办公用具和从计算机到灯管等其他设备费。他们往往用这些营运成本除以储蓄总额,这就给出了营运比率。近期的研究表明,在一家商业银行分支机构的存款规模达到5亿元以前,随着规模的增加,营运比率会提高。拥有两个存款规模为2.5亿元的分支机构,比拥有一个有5亿元的分支机构要多花20%的费用。但是,当一个分支机构的存款规模超过5亿美元时,就不再会有任何效率上的收益。看了这个分析数据,商业银行应该清楚营业网点也不是规模越大越好了吧。

第四节 "补钙广告"旺销了肉骨头
——外部性分析

故事中的经济学

前几年在营养保健品市场上，风行"人体补钙"，各种各样的补钙品琳琅满目，报纸杂志和电视广播里也充斥着补钙的广告。当"补钙大战"如火如荼、难分高下的时候，人们却吃惊地发现：由于竞争商家太多，营养品销量并不见得有多好，倒是农贸市场里的肉骨头大为旺销。原来，根据"吃什么补什么"的老话，吃肉骨头也是相当补钙的。特别是猪的脚筒骨，骨髓多、味道好，在市场上大受欢迎。供给有限导致了价格上涨，最后它甚至逼平了肋条肉。与此同时，饭店里的骨头煲汤也备受欢迎。直到这时，那些在媒体上花大钱做广告的厂商才发现，自己为他人做了免费宣传。

资料来源：张立娟、王彩霞，每天学点经济学，金城出版社，2009年

商家在媒体上大肆做广告却带动了肉骨头和骨头汤的热销，花钱帮别人做了嫁衣，这种现象在经济学上称为"外部性"。

1. 外部性的概念

外部性的概念是在20世纪初由马歇尔和庇古提出的，是指一个经济主体（生产者或消费者）所进行的经济活动使其他人和社会受损或受益的情况。这意味着个人（或组织）从事经济活动时产生的成本与后果除了由本人（或组织）承担以外，其他社会成员或整个社会也一起承担了。

不论生产还是消费活动中都会存在外部性。外部性可以分为正的外部性和负的外部性。正的外部性又称为外部经济,是指某个经济主体的活动使他人或社会受益,而受益者无须花费任何代价,该经济主体也得不到任何补偿。比如我们上面故事中提到的"补钙广告"旺销了肉骨头,就属于外部经济。又如在果园旁边有个蜜蜂养殖场,蜜蜂在果园里四处飞舞采集花蜜,不仅使养殖者得到收益,而且也为果树传播了花粉,从而提高了果园的产量,这也是外部经济的典型例子。

负的外部性又称外部不经济,是指某个经济主体的活动使他人或社会受损,而该经济主体却没有为此承担任何成本。外部不经济的例子也很多。比如沿着一条河建立的化工厂和养鱼场,化工厂排放的废水给河流带来了污染,使下游的养鱼场产量下降。因此,化工厂给养鱼场带来了损失,产生了外部不经济,而且化工厂的产量越大,给养鱼场带来的外部不经济效应就越大。又比如,某人在公共场合吸烟,使公共场合中的其他人跟着抽二手烟,这也属于外部不经济现象。

2. 外部性的治理

外部性的存在会使社会脱离最有效的生产状态,使市场经济体制不能很好地实现其优化资源配置的基本功能。也就是说,存在外部性时,仅靠市场机制往往不能促使资源的最优配置和社会福利的最大化,政府应该适度的干预。从现实上讲,外部性特别是外部不经济仍是一个较严重的社会经济问题,如环境污染或环境破坏。

很多经济学家都针对外部性提出了很多解决的建议。针对正的外部性,经济学家认为可以通过补贴的方式来治理。例如,上面提到的蜜蜂养殖场的例子,蜜蜂养殖者的蜜蜂为果园带来总收益若为2 000元,则应补贴蜜蜂养殖者2 000元,养殖者有了更多的收益,就会多养蜂,于是又给果园带来更多的收益,假设又多了1 000元的收益,则政府应该再补贴养殖者1 000元,养殖者又会扩大规模,接着再得到政府的补贴。直到蜜蜂养殖者为果园(即为社会)增添的最后一元钱收益都得到政府补贴,这时,从社会而言,就达到了蜜蜂养殖的最优状态。依此类推,所有具有外在经济的行业都会达到应该具有的规模。

针对负的外部性,不同的经济学家提出了不同的解决建议。一般来说,主要有以下三种方式。

第一,征税(庇古税)。庇古认为,对存在外在不经济的企业,比如,污染了渔场的化工厂,政府应向其征税。又如,化工厂给渔场带来了1000元的损失,则政府应向其征税1000元,用来补偿渔场的损失,或者责令化工厂安装除尘设备。如果化工厂交不出税款,则表明该厂给社会造成的损失大于它创造的利润,则政府应强制其关闭或缩小规模,直到该厂为社会创造的恰好能抵消它对社会造成的外在不经济的损失总额为止,这时的企业规模也一定是资源得到了最优配置的规模。这种政策建议是庇古提出来的,所以被称为"庇古税"。庇古税在经济活动中得到广泛的应用。在环境保护领域采用的"谁污染,谁治理"的政策就是庇古理论的具体应用。目前,排污收费制度已经成为世界各国环境保护的重要经济手段,其理论基础也是庇古税。

第二,企业合并。如果外部性的影响范围较小,将生产外部性的企业与受外部性影响而成本增加的企业进行合并,是解决外部性的一种有效手段。比如化工厂污染了水造成了污水处理厂成本上升(不考虑其他的外部成本),那解决办法就是让化工厂把污水处理厂买下来,这样企业为了利润最大化也就将外部成本完全的内部化了。

第三,产权明确化。科斯认为,只要财产权是明确的,并且交易成本为零或者很小,那么,无论在开始时将财产权赋予谁,市场均衡的最终结果都是有效率的,实现资源配置的帕累托最优。然而在现实世界中,科斯定理所要求的前提往往是不存在的,财产权的明确很困难,交易成本也不可能为零,有时甚至是比较大的。因此,依靠市场机制矫正外部性是有一定困难的。但是,科斯定理提供了一种通过市场机制来解决外部性问题的一种新的思路和方法。美国和一些国家在环境保护领域先后实行的污染物排放权或排放指标的交易制度就是科斯理论的一个具体运用。

身边的经济学

香港地铁是一个典型的正外部性的案例。

香港地铁工程于1975年11月正式开工,1979年10月开始分段通车,整个路网共有53个车站。若以每公里地铁线路接载的乘客量计算,香港超过5万人次,东京为3.7万人次,汉城为2.7万人次,新加坡为0.91万人次,伦敦地铁为0.64万人次,从这个意义上,香港地铁是世界上效率最高,也是最繁忙的地下交通线。香港地铁客运量长久以来一直维持在日均230万人次以上,居民乘坐地铁出行的比例非常高。

香港在发展轨道交通方面成绩显著,香港地铁公司是世界上为数不多的几个赢利的地铁公司之一。国际大城市的公共交通营运大多需要政府补贴,香港的公共交通营运公司能赢利的现象是国际间少有的。其根源在于其使地铁沿线正外部效应内部化。

香港地铁的正外部性可以从以下几个角度进行分析。

首先,对城市轨道交通带来的正外部性。

① 减少城市污染。相比公共汽车城市轨道交通采用电气牵引,并对车辆、线路采取多种降噪防震措施,因此对空气的污染及对周边的噪声减少了。

② 缓解交通堵塞。大、中城市轨道交通对缓解拥堵作出了非常大的贡献,北京、上海等地大家已经有目共睹。香港也不例外。城市轨道交通运量大、速度快、安全准时,成为居民出行的首选,这极大地缓解地面交通紧张状况,减少城市中汽车流量,极大地缓解了地面交通阻塞。

③ 优化城市结构。轨道交通换乘站是城市地区发展核心,对城市结构合理发展、旧市区改造、城市人口向郊区疏散、卫星城镇的发展和城市地域结构的变化有促进作用。

其次,是给居民带来的正外部性。

① 节省出行时间。城市轨道交通运行准时、安全,与公共汽车、私家车等相比具有明显的时间优势。

② 出行更安全。轨道交通,不受其他交通方式的干扰,也不受行人和天气的影响,安全性较高,居民利用轨道交通出行安全性更有保障。

③ 提高生活质量。大城市出行时间一般都较长。由于有了轨道交通居民出行更方便,出行距离加长,出行时间缩短,自由支配时间增多,

城市居民交往、文化及旅游等都变得频繁,使居民的生活质量得到提高。

最后,给城市经济发展带来的正外部性。

① 地铁沿线地价提高。相关研究表明,在最终的归属状态下,城市轨道交通所带来的利益有70%以上被土地所有者所占有。也就是说,虽然城市轨道交通提供的是交通服务,但是随着时间的推移,沿线范围内土地所有者成为最主要的受益对象,沿线土地增值是轨道交通最大的正外部性。

② 带动相关沿线产业发展。轨道交通会吸引更多居民与厂商在轨道交通沿线区域集聚,促进沿线房地产业、商业等行业的加速发展,给沿线居民、企业、公共部门带来直接或间接的收益,增加城市的社会经济福利。轨道交通与城市发展具有协同效应,其投资额一般与城市GDP保持一定的比例。

负的外部性的案例在现实生活中更是比比皆是,如太湖蓝藻、北京沙尘暴等。过去几年北方沙尘暴平均每年发生十余次,部分沙尘暴甚至漂洋过海远至日本、韩国。经过退耕还林、退耕还牧等努力,气候环境改善已见成效,但在距离北京400公里某地管理部门,所谓"种了土豆,毁了草原",为了一己之利,造成土地沙化日益严重,有专家称,长此以往,未来的北京将成为"未来的楼兰"。为了发展不顾环境,带来的负外部性已经对普通居民的生活造成很大影响。中国多地城市雾霾、土壤中重金属含量超标等都是中国百姓正在感受的经济发展的"负外部性"。

第五节　几个企业说了算的市场
——寡头垄断

近年来,外资品牌奶粉不断进驻中国市场,占据中国市场80%的份额。从终端品牌上看,市场调研公司AC尼尔森的统计显示,2012

年中国市场奶粉的销售额约385亿元,其中美赞臣、多美滋、惠氏和雅培这四大"洋品牌"就占了42.7%。前五大品牌中,美赞臣市场份额达到12.3%、多美滋占11.7%、惠氏占11%、贝因美占8.7%、雅培占7.7%,仅有一家国产奶粉——贝因美。

外资奶粉品牌占据中国市场绝大多数份额之后带来的涨价幅度和频率十分惊人,奶粉价格垄断愈演愈烈,由此加重了中国消费者的负担,造成国内婴幼儿奶粉市场完全扭曲。据调查,95%的洋品牌在国外20多个国家的价格,包括美、欧、日、韩,以及一些消费水平低于中国的国家,不考虑具体的加工地点,以该品牌产品,每罐900克作为参照,最终售价通常不会超过150元,中国市场售价高于250元十分常见,且年年都在上涨,造成国内婴幼儿奶粉市场完全扭曲。2013年,国家发改委全力开展奶粉价格反垄断调查,旨在对婴幼儿奶粉市场存在的掌控价格问题进行清理和打击,最终保障中国消费者根本利益。

由上面的故事我们可以看到,由于外资奶粉品牌占据了中国市场绝大多数份额,尤其是四家洋奶粉品牌几乎占据了中国市场的半壁江山,导致国内奶粉价格节节攀升。那么这种少数企业占据市场绝大多数份额的市场结构被称为什么呢?这种市场结构除了可以控制价格外,还具有哪些特征呢?

经济学原理

经济学中,我们一般根据一个市场中竞争和垄断的程度,将市场分为完全垄断、寡头垄断、垄断竞争和完全竞争市场。而我们上面提到的洋奶粉品牌企业就属于寡头垄断市场。寡头垄断又称寡头、寡占,是指少数几个企业控制整个市场的生产和销售,每个企业的产量占市场总量的相当份额,对市场价格和产量有举足轻重影响的市场结构。寡头垄断市场具有以下特点。

1. 厂商数量较少

寡头垄断市场上的厂商只有少数几个(当厂商数量为两个时,称为双头垄断），每个厂商在市场中都具有举足轻重的地位，对其产品价格具有较大的影响力。

2. 厂商之间相互依存

在寡头垄断市场中，任何一个厂商进行决策时，都必须把竞争者的反应考虑在内，因而既不是价格的制定者，也不是价格的接受者，而是价格的寻求者。例如，国美在国庆期间打算进行产品促销来增加销量，其在决定产品促销力度时就要考虑苏宁等家电销售企业的反应，不可能将价格定得过低，引起苏宁等企业的反击导致价格战，最终两败俱伤。最好的办法就是大家一起结成价格联盟，稍微降些价格又差别不是太大，大家一起赚钱。

3. 行业进出不易

寡头垄断市场存在十分明显的进入障碍，其他厂商想要进入该行业十分困难。因为这些行业存在较明显的规模经济，在规模、成本、资金、信誉、市场、原料等方面都占据绝对优势。对试图进入这些行业的厂商来说，除非一开始就能形成较大的生产规模，并能占据比较可观的市场份额，否则过高的成本将使其无法与原有的企业相匹敌。

4. 产品同质或异质

寡头垄断市场厂商提供的产品，可以是同质的，也可以是异质的。产品没有差别，彼此依存的程度很高，称为纯粹寡头，主要出现在钢铁、铝、水泥等规模巨大的基础工业部门中；产品有差别，彼此依存关系较低，称为差别寡头，多数出现在汽车、重型机械、电气用具、香烟等产业中。

5. 竞争手段以非价格竞争为主

由于寡头垄断市场中的厂商大家实力相当，进行价格竞争容易导致两败俱伤，所以，寡头企业之间的竞争多数以非价格竞争为主。

身边的经济学

提到垄断，消费者一般都认为是不好的，可能对自己不利。但是寡头垄断对一国经济的发展还是有相当的促进作用。首先，寡头垄断的市场结构有利于发挥规模效益，进而降低成本，提高企业的绩效。寡头垄断的市场结构有利于大企业树立品牌效应,提高客户对其产品的信任度和忠诚度。例如,海尔电器、大众汽车、金龙鱼食用油等都获得了广大消费者的高度信赖。其次,寡头垄断的市场结构有利于保证科技研发的投入。寡头垄断企业通过规模效益赚取大量利润,这样寡头垄断企业才有实力和意愿加大科研投入,研发出新产品,最终占领科技制高点。最后,从目前国际化竞争的格局看,每个国家都需要寡头垄断企业。经济全球化使各国经济竞争日趋激烈,取胜的关键是一国拥有的一批在国际市场上占有较大市场份额的"巨无霸企业"。美国、欧洲等一些跨国公司在经济全球化的旗帜下,利用自身的实力、技术优势、管理经验及品牌优势在发展中国家进行兼并收购,谋夺行业控制权,扩大自身品牌知名度,抢占市场。前文中提到的"洋奶粉"对国人来说就是一个鲜活的事实。

寡头垄断在一国经济中占有十分重要的地位。在美国,钢铁、汽车、炼铝、石油、飞机制造、机械香烟等重要行业都是寡头垄断市场。这些行业中大都是四五家公司的产量占全行业产量的70%以上。欧洲、日本等发达国家和地区也存在着同样的现象。

我国在石油、电信等行业也不乏寡头垄断的企业。如在通信行业,中国移动、中国联通及中国电信形成了三足鼎立似的寡头垄断。中国石油和中国石化也是炼油行业的寡头垄断。2013年我国炼油能力突破6亿吨/年,达到6.33亿吨/年,较2012年底增加了3 310万吨/年。我国共有150多家炼油厂,中国石油和中国石化旗下炼油厂总数不到全国的一半,但2013年两者合计炼油能力占全国的70%。其中,中国石化占比42.39%,中国石油占比27.35%,位居第三的中国海油占比仅5.14%。

传统的经济学理论认为的垄断存在很多问题,如破坏和降低有效的市场竞争,阻碍经济和技术的发展等,但从国际范围、某一国来看,寡头垄断反而会使竞争大大加剧。例如,美国汽车市场一直呈现寡头垄断的格局,通用汽车、福特和克莱斯勒三大制造商之间存在着激烈的竞争。当今国际市场上,激烈的竞争足以使寡头垄断企业尽可能地努力研究和开发,尽可能提高效率,尽可能降低产品的价格。这无疑对消费者大有益处。

寡头垄断的形成可以避免无序竞争,减少资源浪费。1978年,美国通过《美国航空业放宽管制法例》,取消对航空公司的经营管制,允许各公司无须政府批准自由推出新国内航线。此后美国航空业进入"春秋战国"时期。整整10年,航空公司之间恶性杀价,严重影响了美国航空业的健康发展。但美国民航管理在鼓励自由竞争的同时也鼓励破产与兼并。结果美国有200家航空公司破产,数量从1987年的234家锐减到30多家,排名前10名的航空公司就占市场份额的97.4%。经过一轮轮的兼并、联合、重组,形成了以美国联合航空公司为首的六大航空公司占主导地位的局面。

寡头垄断也可以打破完全垄断的"一家独大"的局面,增加行业竞争力。日本铁路的改革就是很好的一个例证。日本铁路从组建初期至20世纪70年代末,就一直是国家垄断的"一铁独大"的状况,这种集中统一的管理和垂直金字塔式的组织结构在进行决策时还比较有效。但20世纪70、80年代铁路市场竞争日趋激烈,由于铁路总公司在各地区的经营状况不同,但又需要平衡各方利益,因而不能专注于衡量经营状况的效益目标。此外,由于缺乏一个有效地把公司运营实绩与利益补偿相结合的激励机制,原有"大一统"的管理模式越来越不适应新的要求。20世纪80年代,日本政府开始对国铁进行改革,先后将其拆分成七家公司,并通过租借、出售、上市等一系列的步骤,使改组后的各铁路公司仅用十年的时间,就在铁路的经济效益、效率和服务质量上有了大幅度的提高。日本铁路寡头垄断的市场格局正好避免了完全垄断所带来的不利因素,使整个行业发展乃至于经济走上了健康发展的道路。

第六节　信息不对称的产物
——逆向选择

根据自由选择,一般一等美女身边会有众多追求者,其中一等到

三等男人都有,这个时候美女陶醉在一种自我满足感中,她不知道这么多男人中哪个是真心爱她的,尽管每个男人对于自己用情深浅是清楚的。美女不愁嫁,所以她多半会延迟做出选择,因为时间可以淘汰用情不深者。两年过后最先退出的是最优秀的男人,因为自然法则决定他身边也有很多女人围绕,他想:此处不留爷,自有留爷处!又两年过后,二等男人出于同样的原因退出,因为在这里耗着看不到回报。再两年过去,美女的价值随着年岁的增加呈现"跳水"的趋势,当她决定做出选择的时候,发现身边仅有的男人只剩几个了,虽然条件不好但起码鞍前马后陪了自己这么多年,证明了痴心一片,将就一下就嫁了。对于三等男人,有时并非用情极深,只不过他这条件在哪个女人跟前都不是最优选择,转换目标还不如一直在这赖着,终于熬走了一波又一波的竞争者。

在这个故事中我们可以看出,一般一等美女由于自身条件优越,总想着嫁给一个最优秀的一等男,可最后的结果却是多数嫁给了三等男。这种现象在经济学通常称为"逆向选择"。

经济学原理

1. 信息不对称

信息不对称是指市场上买卖双方所掌握的信息是不对等的,掌握信息多的一方称为信息优势方,掌握信息少的一方称为信息弱势方。

2. 逆向选择

逆向选择是指在买卖双方信息不对称的情况下,差的商品总是将好的商品逐出市场。

逆向选择的概念最早在1970年由经济学家乔治·阿克尔罗夫提出。下面,我们通过乔治给出的二手车市场的例子来说明什么是逆向选择。假设市场中好车与坏车并存,每100辆二手车中有50辆质量较好的、50辆质量较差,质量较好的车在市场中的价值是30万元,质量较差的价值10万元。二手车市场的特性是卖方知道自己的车是好车或坏车,但买方确无法分辨车子的好坏。但买方知道,他买的车是好车的概率是50%，因此最高只愿出价20万元（20＝10×50%＋30×50%）买车。这时，一台30万元的好车只能卖到20万元，一些拥有好车的车主不愿低价出售，因此好车逐渐退出市场。当部分好车退出市场时，市场情况变得更糟。当市场中的好、坏车比例由1∶1降到1∶3时，消费者此时只愿花15万元（10×75%＋30×25%）买车，车市中成交价降低迫使更多的好车车主退出市场，到最后，车市中只剩下坏车在交易。

　　从二手车市场的例子，我们可以看到由于二手车买方对车子的情况不了解，为了保护自己的利益而压低车子的价格，最终的结果却是市场中差车越来越多，买方根本不可能买到好车。逆向选择产生的原因主要是由于信息不对称造成的。在二手车市场中，卖方对汽车质量信息掌握比较多，而买方确很难准确判断出车质量的好坏。在这种情况下，买方只愿意根据平均质量来支付价格。这样，质量高于平均水平的旧车就会退出市场，只留下质量低的旧车，最终买者只能以预期价格买到较低质量的二手车。

　　由于信息不对称在市场中是普遍存在的，因而产品市场、劳动力市场和资本市场都会存在逆向选择的现象。这也能解释为什么假冒伪劣产品会充斥这些市场。逆向选择的理论也说明如果不能建立一个有效的机制遏止假冒产品，会使假冒伪劣泛滥，形成"劣质品驱逐优质品"的后果，严重的话甚至会造成市场瘫痪。

身边的经济学

　　逆向选择无疑对经济是有害的。质量好的产品退出市场交易，充斥市场当中的都是质量差的商品。如果生产质量好的产品的企业迫于压力降低质量，消费者就会以预期价格购买到较低质量的产品。

　　保险市场上逆向选择现象相当普遍。以医疗保险为例，购买意愿更强的是容易生病的人。有些人可能天生具有高风险，比如他们容易得病，或者有家族病史。而另一些人可能有与生俱来的低风险，比如他们家族寿命都比较长、生活有规律、饮食结构合理等。投保人知道这些信息，而保险公司无法完全掌握。由于事先无法辨别潜在投保人的风险水平，保险公司在制定保费标准时，一般是统一的。保险公司通常会按照总人口的平均发病率或平均死亡率来制定这一统一的保费。这一保费一定低于高风险投保人应承担的费用，同时高于低风险投保人应承担的费用。这样低风险投保人因不愿承担过高的保险费用而退出保险市场，保险市场上剩下的都是高风险的投保人。这时逆向选择现象发生了，高风险投保人将低风险投保人逐出市场。结果是保险公司的赔偿概率，将超过根据统计得到的总体损失发生的概率。保险公司因而可能出现亏损甚至破产的情况。

逆向选择也存在于银行贷款等情况中。贷款人与银行之间也是信息不对称的。对于银行来说，其贷款的预期收益既取决于贷款利率，也取决于借款人还款的平均概率，因此银行贷款时不仅关心利率，而且关心贷款风险，即借款人能否按期归还贷款。一方面，银行提高利率可以增加自己的收益；另一方面，提高利率将使低风险的借款人退出市场，剩下的只是高风险的借款人，从而使银行的贷款风险上升。结果，利率的提高可能降低而不是增加银行的预期收益。显然，正是由于贷款风险信息在银行和借款者之间的不对称，导致了逆向选择现象。

不仅在经济生活中存在很多"劣币淘汰良币"的现象，日常生活中的逆向选择也随处可见。比如人们常常看到漂亮女孩身边的男孩总是貌不出众、能力平常。而那些普通女孩倒是不乏优秀男生与之相伴。这同样也可以用逆向选择来解释，大家想想吧。

第七节　道　德　风　险

逆向选择常常与"道德风险"这一概念同时出现。

有关道德风险有这样一个经典的案例，是 2001 年度获得诺贝尔经济学奖的斯蒂格利茨在研究保险市场时发现的。美国有一所大学,学生自行车被盗比率约为10%,有几个有经营头脑的学生于是做起了这样的保险生意。该保险是针对自行车的,保费为保险标的15%。按常理,这几个有经营头脑的学生应该获得5%左右的利润。但是该保险运作一段时间后,这几个学生却没有获利,因为自行车被盗比率提高到15%以上。为何如此?究其原因是自行车投保后,学生们对自行车安全防范措施明显减少,因而被盗率上升。学生由于投保因而不完全承担自行车被盗的风险,因此对自行车安全防范采取了不作为或少作为行为。而这种不作为的行为,就是道德风险。可以说,只要市场经济存在,道德风险就不可避免。

经济学原理

道德风险是指经济活动中,在交易和合约形成后,由于信息的不对称性,一方的行为难以被另一方察知,从而一方最大限度地增加自身效用而损害另一方利益的行为。

逆向选择和道德风险的关系:

① 相互联系:根源相同,都是源于信息不对称;本质一样,一方利用信息不对称欺诈另一方。

② 相互区别:逆向选择指的是"进入市场前的行为",选择不进入市场,交易消失;道德风险指的是"进入市场后的行为"。

"道德风险"这一专业术语产生于保险业。在保险市场上,道德风险普遍存在。购买了财产保险的人,对于自家财物的看管不再像以前那样仔细;购买了医疗保险的人,可能让医生多开一些不必要的贵重药品;购买了汽车保险的人,可能更不注意看管自己的汽车或不注意安全驾驶,导致汽车被盗或车祸增加,如此等等。

一般地,当交易双方签约后,如果代理人的行动选择会影响委托人的利益,而代理人选择了什么行动委托人又不知道,委托人利益的实现就有可能面临"道德风险"。在这里,因为人们在投保后的行为保险公司无法观测到,从而产生了"隐藏行动"。保险公司面临着投保人松懈

第七章 企业管理和市场营销中的经济学

责任,甚至采取"不道德"行为而导致的损失。

身边的经济学

实际上,"道德风险"在现实生活中是普遍存在的现象。

现在利用休息时间旅游的人越来越多了,在旅途过程中我们可能就会遭遇来自导游的道德风险。导游的道德风险就是导游人员在对其行为的后果不必承担全部责任的情况下,为了谋求自身利益的最大化,背离了旅行社或游客的利益,使旅行社或游客的利益受到损害。例如,导游私拿回扣、小费、房差、餐差;私改行程、减少服务项目或降低服务质量等,使游客和旅行社的利益都受到损害,这就道德风险的行为表现。

在大学,学生选修某门课程,任课老师是否认真负责,这些行动的选择取决于老师,而这些行动又会影响到学生对知识的掌握。这时,学生即面临来自老师的"道德风险"。

目前,我国金融改革的速度在提速,存款保险制度也被讨论得沸沸扬扬,推出存款保险制度对广大储户无疑是件好事,但是这项制度也会让储户存在道德风险。

1934年,美国政府在大萧条过后建立了存款保险制度。由于参保银行相比未参保银行有更好的竞争优势,目前大部分存款机构,包括国民银行、州注册银行、住房储蓄银行、储蓄协会、外国银行在美分支机构都加入了存款保险。存款保险涵盖了大部分的存款品种,但对于股权、债券、互助基金、生命保险、年金、市政债券、保管箱、国债以及国库券等不予保障,对本国银行的国外分支也不予保障。联邦存款保险公司按账户确定保险限额,每个存款人在同一家投保机构按同一类型账户合并计算的存款保险限额为25万美元,并可随着经济形势及通货膨胀进行调整。

存款保险制度无疑可以保障储户利益,但是这项保险计划在部分储户中埋下了道德风险的种子,因为有了这样的保险项目,一个储户可以把钱借给任何一个金融机构,无论金融机构贷款的风险有多大。不仅存款人,对于监管者和投保银行同样也存在着道德风险。

1. 存款人的道德风险

存款保险制度弱化了存款人对银行的市场约束。存款保险制度建立之前,银行破产会给存款人造成巨大损失,根据美国联邦保险公司的统计,1929—1933 年的危机中,总计 9 755 家银行停业,存款人损失 13.4 亿美元,占全部存款总额的 3.91%。因此,存款人选择银行时非常慎重,银行的安全性是存款人考虑的首要因素,因而资本充足率高的银行往往受到储户的青睐。存款保险制度实施后,所有投保银行的负债都受到存款保险基金的担保,因此,银行的风险状况对储户是没有差别的,利率高低成为储户选择银行的首选因素。

2. 监管者的道德风险

存款保险制度建立后,存款保险机构作为纳税人的代理人与其他金融监管部门一起代替市场对银行进行监管。但是监管者与委托人——纳税人的利益并不是完全一致的,存款保险机构官员追求的是短暂的任期内无风险暴露。在 20 世纪 80 年代的危机中,为了掩盖和隐藏保险基金的损失和基金缺口,美国的监管机构对部分资不抵债的储贷机构采取了宽容的政策,允许它们继续营业。这一做法,从短期看符合监管者的利益,但从长期看,会加剧储贷行业的危机,给社会造成巨大的损失。

3. 投保银行的道德风险

美国 20 世纪 30 年代储贷银行业的资产负债表数据表明,新近保险的储贷机构风险小于未被保险的储贷机构,但是被保险储贷机构的风险呈不断上升态势。大约被保险五年之后,被保险机构的风险水平超过未被保险的机构。这说明为了获得被保险的资格,储贷机构尽量优化自己的风险指标,一旦通过审查,就会明显放松警惕,存在明显的道德风险。

经济学家提出一些有助于消除储户和投保银行道德风险问题的改革建议,这些建议包括:降低保险幅度;无论个人有多少账户,他的保险有一个最高限额等。直接影响投保机构的改革建议包括:根据存贷组合的风险程度收取存贷保费,风险越高,保费越高;并且限制投保机构的投资机会等。

  从上面的分析大家可以看出,道德风险在生活中广泛存在,要想彻底规避道德风险,对于普通百姓和企业,甚至监管机构都应从自身做起,严格自律。另外,从制度层面上也应有针对性的制定防范道德风险的制度,只有这样才能有效防范各种道德风险。

第八章

金融猛如虎

第一节 凶猛的鳄鱼——热钱

在近些年的金融危机中,我们经常会看到国际热钱的身影。如1992年的英镑危机,1997—1998年的亚洲金融危机等。2015年上半年中国大陆股市上演了杠杆撬动的牛市行情,但是2015年6月15号之后,股指出现了断崖式下跌,不止一次出现一天中千股跌停的局面,暴跌之后,政府开始着手调查恶意做空者,国际热钱再一次被推到了风口浪尖上。

故事中的经济学

公安部副部长孟庆丰率领工作组在上海调查恶意做空A股,并且已发现个别公司涉嫌操纵证券期货交易的线索。按线索来看,这"恶意做空"的机构并非大型金融机构,也非阳光私募,而是一些贸易公司。

嘉丰瑞德理财师认为,在上海有上千家贸易公司,分为内贸和外贸。内贸公司如果从事外贸业务,只要在经营业务中加入货物或技术的进出口业务即可,而注册贸易公司的资金要求并不多。如果一家贸易公司注册资本极少,仅有几万元、数十万元,又有很多的资金量用来打压股指,就未免显得有点蹊跷。而要达到做空规模巨大的A股的那些量能，在现货市场这些公司几乎不可能，只能通过期货市场用10倍、20倍的杠杆来做。有机构分析，这些做空的资金也要达到上千亿级别才可以。

在A股市场，参与股指期货的机构投资者表示，他们进行股指期货交易的目的只是为了规避风险，以做套保交易为主，并非有意做空A股。而流行的说法是，国际热钱通过贸易公司的账户，利用虚假贸易使资金进入国内，并投入股指期货市场，此后频频在上面放出空单来打压股指。

有数据反映，2015年上半年我国贸易顺差高达1.6万亿元。但从国内的宏观经济形势来看，经济形势严峻，且外贸出口低迷，却有高达1.6万亿元的贸易顺差，这其中有多少的水分令人深思。这部分进来的资金，有多少会进入金融领域，乃至做空股指，仍有待调查。

国家相关部门已经表示，一旦调查有结果，就会向公众公布。

资料来源：公安部入沪调查——国际热钱借虚假贸易公司做空A股，中财网，2015年7月17日

经济学原理

1. 热钱的含义

热钱，又称游资或短期投机性资本，通常是指以投机获利为目的的快速流动的短期资本，而且进出之间往往容易诱发市场乃至金融动荡。热钱主要以外汇、股票及金融衍生品为投资对象，具有流动性强、速度快、隐蔽性高等特点。

2. 热钱的特征

第一，高风险性与高收益性。热钱在全球不断流动的最终目的是追求高收益。高收益和高风险并存，但由于热钱具备承担高风险的意识和能力，因而热钱赚取的始终是高风险利润。它们不一定在每个市场都盈利，可能在此市场赚而在彼市场亏，或在此时赚钱而在彼时亏，但总的来说，它们是高收益的获取者。

第二，高信息化与高敏感性。信息化时代，各种信息迅速传播。热

钱对一个国家、一地区或世界经济金融现状和趋势,对各个金融市场汇差、利差和各种价格差,或者有关国家经济政策等高度敏感,并能迅速做出反应。

第三,高流动性与短期性。热钱进入某个国家或市场,并非为了长期投资,基本上都是快进快出。基于高信息化与高敏感性,有钱可赚的地方热钱便迅速进入,风险加大便瞬间逃离。其短期性或者超短期性的表现是,在一天或一周内迅速进出。

第四,投资的高虚拟性与投机性。热钱主要投资于全球的有价证券市场和货币市场。它们从证券和货币的价格波动中取得利润,"以钱生钱",一定程度上促进了金融市场的流动性。但热钱不会投资于实体经济,它的投资既不创造就业,也不提供服务,却具有极大投机性和破坏性。热钱是高风险的追逐者,没有它们风险厌恶者就不可能转移风险。

3. 热钱产生与扩大的原因

多因素促成了热钱的产生与扩大。第一,20世纪70、80年代,一些国家放松了金融管制,对资本流入、流出国境的限制也取消了,这为热钱的形成创造了机会。第二,新技术革命加速了金融信息在全世界的传播,资本流动速度得到很大提高,但却极大地降低了资金在国际间的调拨成本。第三,20世纪70、80年代以来,金融衍生品市场得到了长足的发展。各种远期交易(远期利率协议、远期汇率协议等)、互换交易、期权交易等都为热钱提供了新的交易品种和投资渠道。种种因素,使金融全球化加速,资本在国际间流动越来越频繁,热钱的规模和影响也越来越大。

身边的经济学

热钱在国际间快速流动,寻找各种机会赚取巨额利润是不争的事实。但是对于热钱的甄别及其规模的判断并不是一件容易的事情。热钱对一个国家或地区带来的危害也是极大的。

第一,热钱的进入与流出会造成一个国家或地区股市和楼市的暴涨与暴跌。对该国家或地区的经济稳定造成冲击。如果预计一个国家或地区货币升值，热钱就会进入这个国家或地区，并在如房地产市场、债券市场、股票市场以及其他市场不断寻找机会，赚取利润。2005—2007年中国股市上涨到6 124点，人民币升值，热钱的进入就是原因之一。热钱对房地产市场的影响也是如此。2005年后热钱进入中国，除了进入股市、债市，还进入了中国楼市，它们的介入是中国各地房地产价格扶摇直上的原因之一，尤其是一线城市，即使2004年严厉的宏观调控也没有抑制房价的急剧上涨。如果热钱大规模迅速流出，会使一国或地区的股市、楼市价格大幅下降，经济剧烈波动。回顾此前2007—2008年，以及2010—2011年我国通胀周期里，"热钱"涌入所带来的输入型通货膨胀，被广泛认为是推高物价的原因之一。泰国在1997年前奉行高利率政策，大量热钱涌入泰国，泰铢贬值后，"热钱"迅速逃逸，使泰国的经济崩溃。

第二，热钱大量进入，外汇占款规模加大，扰乱金融体系的正常运行，影响货币政策的正常操作，加剧国内通货膨胀的压力。2004年我国全年基础货币投放达到101 545.40多亿元人民币，外汇占款115 168.71多亿元。按照测算大约1 000亿美元的热钱流入，这迫使央行在公开市场大量运用央行票据强行冲销，仅2004年央行就发行了近1.5万亿元票据对冲，这大大增加了央行的操作成本，同时也使我国货币政策主动性不断下降，货币政策效果大打折扣，增加了通货膨胀的压力。

第三，热钱流入会加大一国货币升值的压力。以我国为例，2005年后由于人民币升值，吸引了热钱流入中国，人民币升值压力加大。

下面我们再来分析一下热钱进入我国的渠道。

1994年开始我国经常项目下放开管制，但是目前我国资本项目下仍处于管制状态，热钱的大规模流入、流出难以实现，因此只能采取"伪装"方式流入境内。目前热钱主要通过以下一些方式进入我国。一是通过经常项目进入我国。我国经常项目已经开放，很多境外机构采取加工费高报、虚增可收汇额度以及预收延付等手段，增加外汇资金流入规模、延长外汇资金在我国境内停留的时间。二是利用个人渠道。一般采用"分散汇入—分散结汇—集中入账"的模式，将境外热钱化整为零,分批进入国内。三是境外机构在离岸金融中心建立壳公司,利用壳公司进行虚假直接投资以及构造虚假交易合同、改变外债结汇资金用途等方式流入境内。四是通过地下钱庄境外代理机构,将热钱包装后以合法的身份进入我国,或者通过境内、境外地下钱庄"对敲"将热钱裹挟入境。四种方式中,前三种方式的资金流入渠道相对明显、流入数量有限,影响程度可控,监管目标明确。但是通过地下钱庄的方式实现的资金跨境因其操作手法隐蔽、监管难度较大,影响也更加复杂。

广东省社会科学院黎友焕博士在有关热钱问题的调研中就碰到这样一个例子:一个地下钱庄以境外公司的名义,与国内的外贸公司签订一个贸易合同,约定外方提前支付部分货款以便中方能及时组织货源出口。这笔钱入境3个月后,交货期到达,但中方以"货物生产中出现特殊原因"为由,要求外方同意延迟3个月交货。双方"经过多次协商"后,外方表示"予以谅解"并同意中方的要求。又过了3个月,交货期再次来到,这时中方又以"原材料价格上涨"为由,要求外方多付些钱。为此,双方又"不断协商"了两个月,最后双方"不欢而散",中方把钱还给外方,另外还赔偿外方预付款的10%。从表面看这确实是"一宗出现意外的贸易",还貌似发生了"严重的贸易纠纷"。而实际上,地下钱庄轻而易举地把境外资金引入国内,并"合法"地滞留了8个月并带走了利益。

由于犯罪、腐败和逃税,每年大约有1万亿美元的资金会流出发展中国家和新兴经济体。对这些发展中国家和新兴经济体来说,这个金额甚至超过了它们收到的外国直接投资和外国援助的总额。

位于华盛顿特区的研究和咨询组织提供的研究报告揭示了热钱在发展中国家的情况。这份报告使用了最新的信息(截至2013年年底),详细的揭露了来自发展中国家非法资金流动的情况。

2004—2013年,按国家划分的非法资金流出(名义美元计算,单位十亿),排名前十的发展中国家资金流出了4.885万亿,占62.3%。其中,中国"热钱"数量最大,超过1万亿美金。各发展中国家热钱流出数据具体排名如下:

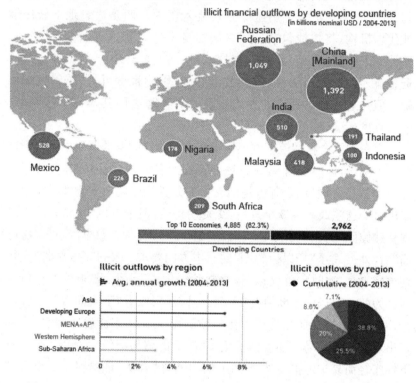

图8-1 2004—2013年超过7.8万亿美元的非法资金流出了发展中世界

No.1 中国：1.392万亿；

No.2 俄罗斯：1.049万亿；

No.3 印度：0.51万亿；

No.4 泰国：0.191万亿；

No.5 印尼：0.18万亿；

No.6 马来西亚：0.418万亿；

No.7 南非：0.209万亿；

No.8 尼日利亚：0.178万亿；

No.9 巴西：0.226万亿；

No.10 墨西哥：0.528万亿。

2013—2014年,从发展中国家流出的"热线"累积金额超过了7.8万亿美元。按年度计算,2011—2013年这三年中发展中国家每年的热钱流出都超过了1万亿美元,热钱年度流出增长率达到了6.5%。

亚洲,非法资金流出的增长速度要更快,达到了8.6%的增长率。同样,非法资金流出的十个最大的发展中国家中,亚洲就占了五个,其中包括全球非法资金流出最大的发展中国家——中国(指大陆地区)。

这些"热"钱是如何离开这些国家的呢?全球金融诚信组织通过计算得出,83%的非法资金是通过所谓的"贸易虚报"实现的。

所谓贸易虚报是指,通过在海关发票上伪报进口或出口货物价值或货物量来完成。贸易虚报是一种基于贸易的洗钱形式。贸易伙伴可以准备自己的贸易单据,或是选择在一个第三方国家(通常是避税天堂)准备贸易单据,也就是所谓的发票再开从而让贸易洗钱变得可能。通过在一张发票上对货物或服务的价格,数量或是性质进行欺诈性操作,罪犯,腐败的政府官员以及商业税逃税者可以快速、简便地在各国间转移大量的钱财,并且这个转移过程几乎不会被发现。

在全球金融诚信组织的报告中,每年,发展中市场因贸易虚报平均损失6 547亿美元。

第二节　关于金融危机

在现代社会中,经济对每个人的生活影响越来越大,而在经济生活中,各种金融活动又是重中之重。伴随着各种金融交易,金融危机也时有发生。中国的股民在2015年6—7月经历了股市的过山车行情,市场中关于爆仓的传闻此起彼伏。放眼国外,2008年的次贷危机和2009年的欧债危机对很多人来说还是历历在目,希腊的债务问题至今没有解决。

2007年开始的美国次贷危机对美国乃至全球经济都产生了巨大

影响,很多人认为这次危机的破坏性甚至超过1929—1933年的经济危机。下面我们首先来看一下次贷危机爆发的过程。

美国"次贷危机"是从2006年春季开始逐步显现的。2007年8月开始席卷美国、欧盟和日本等世界主要金融市场。

2007年2月13日,美国第二大次级抵押贷款公司——美国新世纪金融公司发出2006年第四季度盈利预警。2007年3月,汇丰控股宣布业绩,且额外增加在美国次级房屋信贷的准备金,额度高达70亿美元,合共105.73亿美元;消息一出,全球多地股市应声大跌,其中恒生指数下跌777点,跌幅4%。面对来自华尔街174亿美元的逼债,2007年4月2日新世纪金融宣布申请破产保护,裁减54%的员工。

2007年8月2日,德国工业银行宣布赢利预警,后来又预估出现了82亿欧元的亏损,原因是其旗下的一个规模为127亿欧元的"莱茵兰基金"以及该银行自身少量的参与了美国房地产次级抵押贷款市场业务,并遭到巨大损失。德国央行随即召集全国银行同业商讨拯救德国工业银行的一揽子计划。

2007年8月6日,美国住房抵押贷款投资公司——美国第十大抵押贷款机构正式向法院申请破产保护,成为继新世纪金融公司之后美国又一家申请破产的大型抵押贷款机构。

2007年8月8日,贝尔斯登——美国第五大投行宣布旗下两支基金倒闭,原因同样是由于次贷危机风暴。

2007年8月9日,巴黎银行——法国第一大银行宣布冻结旗下三支基金,原因同样是投资美国次贷债券而遭受巨大损失。

2007年8月13日,瑞穗集团——日本第二大银行瑞穗银行的母公司宣布由于美国次贷相关损失6亿日元。日、韩银行也因美国次贷危机开始产生损失。其后花旗集团也宣布,2007年7月份由次贷危机引起的损失达7亿美元。

2007年8月10日,美次级债危机蔓延,欧洲央行出手干预。

2007年8月11日,世界各地央行48小时内注资超3 262亿美元救市,美联储一天三次向银行注资380亿美元以稳定股市。

2007年11月28日,美国楼市指标全面恶化。美国全国房地产经纪人协会声称10月成屋销售连续第八个月下滑,房屋库存增加1.9%至445万户。第三季度标普/希勒全美房价指数季度下跌1.7%,为该指数21年历史上的最大单季跌幅。

2008年3月24日,美国联邦住房金融委员会允许美国联邦住房贷款银行系统增持超过1 000亿美元房地美和房利美发行的MBS。

2008年9月14日,雷曼兄弟在美国联准会拒绝提供资金支持援助后提出破产申请,而在同一天美林证券宣布被美国银行收购。

2008年9月25日,华盛顿互惠公司——全美最大的储蓄及贷款银行,被美国联邦存款保险公司(FDIC)查封、接管,成为美国有史以来倒闭的规模最大的银行。

2009年1月14日,北美最大电信设备制造商——北电网络公司申请破产保护。

2009年4月2日,美国国际集团(AIG)宣布的历史性季度亏损,成为压倒美国股市的最后一根稻草。2008年第四季度AIG亏损617亿美元,创下美国公司史上亏损之最。

2009年6月1日,通用公司申请破产保护。

经济学原理

1. 经济危机的含义

经济危机指的是一个国家或多个国家的经济或整个世界的经济在一段比较长的时间内不断收缩,呈现负的经济增长的状态。自1825年英国第一次爆发普遍的经济危机以来,经济危机就不定期的在世界范围内爆发。

2. 金融危机的含义及特征

金融危机是指一个地区、国家或几个国家的大部分或全部的金融指标(如短期利率、汇率、股票、债券、房地产、土地价格、商业破产数和金融机构倒闭数)的急剧、短暂和超周期的恶化。可以分为货币危机、债务危机、银行危机等类型。近年来的金融危机越来越呈现出某种混合形式的危机。

金融危机的特征：金融危机的发生往往伴随着企业大量倒闭，失业率提高，经济大面积萧条，甚至有些时候伴随着社会动荡或国家政治局势的动荡。现代社会，经济、金融全球化的增强，使金融危机比以往任何时候都具有广泛的传染性和破坏性。

3. 次级按揭贷款的含义

次级按揭贷款就是针对资信相对较差的对象的按揭贷款，是相对于资信条件较好的按揭贷款而言的。次级按揭贷款人通常是指没有或缺乏足够的收入或者没有足够的还款能力，又或者是其他负债较重的贷款者。

4. 次贷危机的含义及成因

次贷危机的首发地是美国，又称次级房贷危机。它是指在美国发生的，因次级抵押贷款机构破产、投资基金被迫关闭、股市剧烈震荡引起的金融风暴。它致使全球主要金融市场出现流动性不足危机和经济震荡。

次贷危机产生的原因：

第一，次贷危机与美国监管当局，特别是美联储的货币政策变化有关。"911"事件之后，为了刺激美国房地产市场的发展，美国各房贷机构实行购房零首付，半年内不用还本付息，5年内支付利息不用还本，甚至允许购房者将房价增值部分再次向银行抵押贷款等一系列措施。在上述刺激措施的同时，美国的货币政策也在发生变化。2001年年初，美联储下调联邦基金贷款利率50个基本点，利息从加息周期转变为减息周期。此后，美联储又连续13次降低利率，到2003年6月，联邦基金利率只有1%，降到46年以来的最低水平。

联邦基金利率的下降带动房地产贷款利率也跟随下降。一年可调息按揭贷款利率从2001年年底的7.0%降到2003年的3.8%；三十年固定利率按揭贷款利率由2000年年底的8.1%下降到2003年的5.8%。房贷利率的下降催生了美国房地产市场的持续繁荣，也成为导致次级贷款市场产生泡沫的重要原因。利率的下降使很多蕴含高风险的金融创新产品不断充斥金融市场。从CMO—CDO—CDS等，各种令普通投资者眼花缭乱的产品不断被华尔街的精英们在次级按揭贷款的基础上开发出来,全球多个金融机构相继购买次级债券及其衍生品。

后来,美联储又改变了自己的货币政策,2004年6月—2005年6月的一年时间里,美联储连续13次调高利率,联邦基金利率从1.0%上升到4.25%。到2006年8月联邦基金利率已经上升到5.25%。连续加息意味着美国货币政策从宽松转向从紧。利息的升高提高了房贷的成本,房屋需求受到抑制,房地产市场开始降温,房价开始下跌,这也导致了按揭违约贷款风险的加大。

第二,美国的部分银行和金融机构违规操作,忽视次级按揭贷款的风险,证券打包等行为也是次贷危机产生的原因之一。

2001年开始的降息周期催生了美国房地产市场的繁荣,次级房贷也越来越兴旺。美国部分银行和金融机构为了自身利益,大量发放次级按揭贷款,同时利用房贷资产证券化可以将风险转移到投资者身上的机会,有意无意地降低贷款门槛,导致银行、金融机构和投资市场系统性风险加大。在这几年中,房地产贷款首付率不断下降,历史上标准的房贷首付是20%,也一度降到了零,甚至出现了负首付。房贷评估机构没有认真执行评估职能,有的机构甚至用电脑自动评估。金融机构在发放次级按揭贷款时,它们对其中的风险是充分知晓的,通过将高风险的次级按揭贷款"静悄悄"地打包到证券化产品中,他们把巨大的风险转移到了投资者身上。

第三,长期以来,人们对美国投资市场以及全球经济和投资环境一直持积极、乐观的态度。进入21世纪,经济、金融全球化趋势加大,全球范围利率长期下降,美元贬值以及资产价格上升,使流动性在全球范围内扩张,追求高回报、忽视风险的投资行为较为盛行。

以次级按揭贷款为基础的证券化产品收益较高,初期购买者不但没有风险还赚的盆满钵满,因此,后来者不断跟进。美国金融市场的影响力及其投资的开放性,吸引了世界各地的投资者,从而使以次级按揭贷款为基础的证券化产品需求越来越大。在巨大的投资需求面前,很多房贷机构降低了放贷条件,以提供越来越多的次级贷款产品。美国、欧洲、亚洲等一些国家的主要商业银行和投资银行,都参与了美国次级房贷衍生品的投资,所以危机发生后其影响迅速波及全球金融市场。

第四,寅吃卯粮的超前消费方式是次贷危机形成的社会基础。不同于亚洲国家,美国居民一直有着超前消费的习惯。2001年之后,在房价上涨的5年中,受各种贷款机构的诱惑,很多没有能力的人超前购置房产,在房价上涨之时,风险体现不出来,一旦房价下跌,这些无力还贷的人的风险就暴露出来。

身边的经济学

经济危机爆发后,对一些地区、国家或全世界都会造成很大影响。但是在第二次世界大战前后经济危机的影响是不同的。第二次世界大战前的经济危机,一般表现为通货紧缩,物价下跌,银根吃紧,利率上升,银行挤兑并大批倒闭。第二次世界大战后,由于西方主要国家采取了刺激经济的通货膨胀政策及其他措施,致使各西方主要国家在经济危机中出现了生产停滞与通货膨胀同时并存的现象。但是,不管是战前还是战后,经济危机共同的主要标志表现为:商品滞销,利润减少;生产下降、失业激增,社会经济陷入瘫痪、混乱和倒退状态。

次贷危机的爆发对美国自身以及全世界经济都带来了严重影响。首先我们来看一下次贷危机对美国的影响。

次贷危机对美国民众心理上的冲击,消费者信心受到巨大打击。次贷危机的爆发,使投资者对美国投资的安全性产生了疑虑,除了次级债,股票市场、其他类型的企业债券的安全性都受到怀疑,人们不敢投资。次贷危机后,美国"居民消费者信心指数"下降较大。根据密歇根大学的居民消费者信心指数的调查显示,2008年8月美国的消费者信心指数为63%,已经接近于1980年的历史低点。

次贷危机后,美国股市、汇市受到重创。股票价格连续暴跌,给投资者带来巨大损失,美国企业投资的意愿也有所下降。在汇市方面美元大幅度贬值。美元贬值缘起美国楼市泡沫的破灭,而美国的持续降息,又加速了贬值的过程。次贷危机发生后,美联储多次降息,由于担心通货膨胀压力,欧洲和日本等国家降息速度没有跟上美国,使得美国和欧洲、日本利差继续缩小,这使投资者更倾向于抛售美元,加剧了对美元汇率的打压。

次贷危机后,美国失业率上升,制造业开始萎缩。据2009年3月6日美国劳工部公布的数据,2009年2月美国失业人数新增65.1万,自经济陷入衰退以来失业人口总数已经高达440万人,失业率攀升到8.1%,创1983年12月以来的最高水平。美国供应管理协会(ISM)发布的制造业采购经理人指数(PMI)显示,2005年9月以来,美国PMI指数从最高的61.0下降到2008年7月的50.0,并且期间有多个月低于50。2008年10月份美国制造业连续3个月收缩,且下降到26年来的最低点。新订单、工业生产等指数的下滑表明美国制造业发生萎缩。

次贷危机对美国房地产业也产生重大影响。次贷危机造成美国房地产价格大幅下跌。2007年开始,美国房地产投资已经持续出现负增长,2008年8月美国房屋的购买量跌到17年以来的最低点。

次贷危机对美国银行业的冲击也是巨大的。多家银行因参与次级贷款及其衍生品业务,出现巨亏或倒闭,市场流动性出现恐慌性的短缺。华尔街五大投行中两家倒闭,一家被收购,两家改组为银行控股公司,全球按资产计算最大的保险公司——美国国际集团(AIG)以及占美国抵押贷款半壁江山的"两房"也没有逃过政府接管的命运。

表8-1 美国各大主要金融机构2007年第四季度受次贷危机影响情况表

单位:亿美元

金融机构	次贷损失减记	季度净利润	应对措施
花旗集团	181	−98.3(51.3)	消减股息,裁员1.7万~2.4万人,注资220亿美元
美林集团	115	−98.3(23.5)	注资110亿美元,选择性裁员1600人
美国银行	52.8	2.68(52.6)	裁员650人
摩根大通	13	29.7(45)	对杠杆融资和结构信贷业务部门裁员
摩根士丹利	94	−35.9(22.1)	裁员约1000人
贝尔斯登	19	−8.54(5.63)	裁员2000人,募集23亿美元资金

续 表

金融机构	次贷损失减记	季度净利润	应 对 措 施
雷曼兄弟	/	8.86(10)	裁员1 300人,关闭BNC次贷业务公司
美联银行	17	0.51(23)	裁减243个德克萨斯州贷款运作中心职位

次贷危机使美国服务业出现萎缩。服务业占美国经济活动比重超过80%,对经济和就业具有重要影响。美国供应管理协会(ISM)公布的服务业活动指数2008年1月份降为44.6,是2008年1月份之前58个月以来首次低于50,出现全行业收缩。2008年1月份,只有3个服务行业实现增长,14个出现收缩。服务业收缩是经济整体降温的迹象之一。

次贷危机使美国贸易逆差下降。2008年,美国贸易逆差为6 771亿美元,下降了3.3%,低于2007年全年的7 003亿美元和2006年创下的历史最高纪录7 533亿美元。在连续5年创下历史最高纪录后,2007年美国贸易逆差首次下降。

次贷危机对我国的经济发展亦带来很多不良影响,严重影响中国经济的发展。

1. 次贷危机直接对中国经济带来一定损失

中国金融机构已经造成一定损失。据高盛分析:工商银行、建设银行、中国银行分别持有美国次级房贷支持债券面值分别为12.29亿、10.62亿、89.65亿美元,此外,中国银行还持有与美国次贷相关的债务抵押债券,面值为6.82亿美元,交通银行等其他上市银行未持有该类资产。

中国外汇储备财富缩水。首先,巨额美元外汇储备会因为美元的贬值而带来财富缩水。其次,据美国财政部统计,2007年12月,中国持有4 055亿美元的美国国债,约占中国外汇储备的26.5%。这部分国债的价值也由于美元贬值而缩水。

2. 次贷危机间接影响中国对外贸易

中国对美国出口依存度较高。据海关初步统计,2007年中国对美国出口达到2 327亿美元,占中国出口总额的19.4%。考虑经香港转口因素,比重可达到25%左右。美国经济下滑,首当其冲的就是中美贸易。据估计,美国经济增长率每下降1个百分点,中国出口额就会减少6%左右。人民币升值将造成出口压力加大。随着美元持续贬值,来自欧盟和其他地区货币对人民币升值压力会越来越大,贸易摩擦将会升温,贸易环境可能恶化。

3. 次贷危机使我国面临通货膨胀的压力

次贷危机极大地挫伤了人们继续持有美元资产的信心,导致作为世界主要清算货币和储备货币地位的美元不断贬值。当美元处于风雨飘摇之际,包括资产价格、货币价格、初级商品价格等在内的整个国际价格体系不可避免地陷入失衡境地。

2008年上半年,在输入型通货膨胀的牵引下,首先是作为基础价格的原材料、燃料、动力煤购进价格指数上涨11.1%,高于2007年同期7.3个百分点。随之,工业品出厂价格和农产品生产价格分别上涨了7.6%和22.9%,涨幅比2007年同期分别高出4.8和14.1个百分点。从而,最终的商品零售价格指数和居民消费价格总水平分别上涨7.5%和7.9%,同比分别高出5.1个和4.7个百分点。

我国是全球初级产品的主要买家,进口依存度较高。例如中国的石油对外依存度已经接近50%,铁矿石的进口依存度也接近50%、大豆等的进口依存度接近于2/3。国际油价每桶上涨10美元,将影响我国GDP增长率0.5%,工业增长率可能下降1.0%。我国2008年第四季度国内生产总值(GDP)增幅快速回落至6.8%,拖累全年经济增长下跌至9%,这是2002年以来的最差表现。

4. 次贷危机直接或间接对我国总需求产生影响

消费、投资和出口,一般被认为是拉动经济增长的"三驾马车"。次贷危机对我国经济增长的冲击,正是经由国际收支渠道,通过外部需求减弱、输入型通货膨胀和流动性泛滥等环节,直接或间接影响我国社会总需求而传导的。

从外部需求看,次贷危机开始后,美国消费市场因此走向低迷,我国经济开始面临外部需求减弱的风险。2008年上半年,我国对外出口增长21.8%,增幅同比回落5.8个百分点。其中,对美出口增长8.9%,回落8.9个百分点;对香港出口增长7.8%,回落16.5个百分点。如果考虑到汇率变动因素,上半年出口实际增长可能回落更多。

从国内需求看,消费和投资增长既受到输入型通货膨胀因素的直接冲击,又受到因流动性泛滥而从紧的政策的间接影响。面对流动性膨胀和输入型的物价上涨,央行不得不采取紧缩性的货币政策,于是,国内需求的扩张便受到了从紧的货币政策的抑制以及物价攀升的侵蚀。

5. 次贷危机影响我国的就业情况

在次贷危机影响下,我国大量外向型企业,尤其是中小型加工制造企业面临着严峻的经营形势与生存危机。一是输入型通货膨胀带来企业生产成本急剧上升;二是外需减弱导致新订单减少;三是紧缩的货币政策下的多次加息造成企业财务管理成本上升以及信贷困难;四是人民币兑美元汇率不断上升使得企业汇兑风险敞口暴露,利润受到侵蚀;五是低附加值制成品出口在外需减弱与人民币升值双重制约下,成本上升风险难以通过涨价向国外转移。

以上这些因素,再加上国家出于纠正国际收支失衡而采取的诸如调整出口退税、施行新的劳动法、加大节能环保等一系列经济结构战略性调整举措的影响叠加,造成次贷危机后我国东南沿海一带有相当多的中小企业经营出现困难,工厂倒闭、失业人员增加,不少境外投资企业清算撤资。

6. 次贷危机使我国金融的不确定性增加

从国内来看,美国次贷危机在给我国实体经济运行带来负面影响的同时,也通过大规模套利性质的流动性输入给我国资产市场和金融体系带来了冲击。

我国股市自2007年10月6124点跌至2008年的1664点,跌幅超过70%。次贷危机使我国房地产市场交易日见萎靡。在外汇市场方面,人民币对美元汇率中间价2008年上半年升值达到6.5%。受国际市场牵引,国内成品油和农产品期货在波动中大幅上扬。信贷市场外汇贷款急剧增长,外汇信贷由2007年185亿美元存差突变为2008年上半年1 115亿美元的贷差,汇兑风险有向商业银行系统积聚之虞。以上股市、房市、汇市、货币及商品期货五类市场冰火两重天的走势表明,绝不能排除游资套利投机行为的存在,甚至是转战数个市场轮换套利。这些都使我国金融市场的不确定性增加。

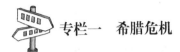 专栏一　希腊危机

2001年,希腊刚刚进入欧元区。根据1992年签署的《马斯特里赫特条约》规定,欧洲经济货币同盟成员国必须符合两个关键标准,一是该国预算赤字不能超过其国内生产总值的3%;二是该国负债率低于其国内生产总值的60%。然而,刚入盟的希腊离这两个标准都相差甚远。为此,希腊向美国投资银行"高盛"求助。高盛为希腊设计出一套"货币掉期交易"方式,为希腊政府掩饰了一笔高达10亿欧元的公共债务,从而使希腊在账面上符合了欧元区成员国的标准。

除了这笔借贷,高盛还为希腊设计了多种敛财却不会使负债率上升的方法。如将国家彩票业和航空税等未来的收入作为抵押,来换取现金。这种抵押换现方式在统计中不是负债,却变成了出售,即银行债权证券化。高盛的"服务"使其收到3亿欧元的佣金。高盛深知希腊通过这种手段进入欧元区,其经济必然会有远虑,最终出现支付能力不足。高盛为防止自己的投资打水漂,便向德国一家银行购买了20年期的10亿欧元CDS"信用违约互换"保险,以便在债务出现支付问题时由承保方补足亏空。

2009年12月8日全球三大评级机构之一的惠誉宣布,将希腊主权信用评级由"A−"降为"BBB+",前景展望为负面,这是希腊主权信用级别在过去10年中首次跌落到A级以下。受此消息影响,全球股市应声下跌,希腊股市大跌6%,欧元对美元比价大幅下滑,国际市场避险情绪大幅升温。希腊危机由此拉开序幕。惠誉同时还下调了希腊5家银行的信用级别。惠誉称,这一降级决定反映了"对希腊中期公共财政状况的担忧",加上希腊金融机构的信誉不良和政策面的负面因素,难以确定希腊是否可获得"均衡、可持续的经济复苏"。

希腊债务危机的根本原因是,该国经济竞争力相对不强,经济发展水平在欧元区国家中相对较低,经济主要靠旅游业支撑。金融危机爆发后,世界各国出游人数大幅减少,对希腊造成很大冲击。此外,希腊出口少进口多,在欧元区内长期存在贸易逆差,导致资金外流,从而举债度日。

 专栏二　世界经济历史上最著名的九次金融危机

自17世纪以来,全球范围内发生了九次波及范围巨大影响深远的金融危机,这些危机发生时都给社会经济运行造成了巨大混乱,并对后世产生了深远影响。

1. 1637年荷兰郁金香危机

1593年,一位荷兰商人格纳从土耳其进口首株郁金香,由于这种花是进口货,因此拥有郁金香花便成为有钱人的符号。开始只有郁金香的行家才懂得欣赏郁金香之美,但在形成风潮后,投机客便趁机炒作,只要今天买了,明天就可赚一笔。买的人多了,交易市场也就形成了,交易场所也逐渐热闹起来。1634年,买郁金香蔓延为全民运动,低买高卖利润就进来,于是全民都成了郁金香的炒家。1 000美元一朵的郁金香花根,不到一个月之后,就变成了两万美元。1636年郁金香甚至在阿姆斯特丹及鹿特丹股市上市。此时一朵郁金香花根售价相当于今天的7.6万美元,比一部汽车还贵。这是有名的郁金香花根泡沫。此时,荷兰政府开始采取刹车的行动,由土耳其运来的郁金香也大量抵达,郁金香不再稀有,于是一瞬间郁金香的价格往下滑,6个星期内下跌了90%,荷兰政府宣布这一事件为赌博事件,结束这一场疯狂的郁金香泡沫事件。这就是有记录的历史上第一次经济泡沫事件。

2. 1720年英国"南海泡沫"事件

"南海泡沫"事件是英国在1720年春天到秋天之间发生的一次经济泡沫,事件起因源于南海公司。南海公司创立于在1711年,它表面上是一家专营英国与南美洲等地贸易的特许公司,但实际上是一家协助政府融资的私人机构,分担政府因战争而欠下的债务。南海公司在夸大业务前景及进行舞弊的情况下被外界看好,1720年,南海公司通过贿赂政府,向国会推出以南海股票换取国债的计划,促使南海公司股票大受追捧,股价由1720年年初120英镑急升至同年7月的1000镑以上,全民疯狂炒股。然而,市场上随即出现不少"泡沫公司"浑水摸鱼,试图趁南海股价上升的同时分一杯羹。为规管这些不法公司的出现,国会在6月通过《泡沫法案》,炒股热潮随之减退,并连带触发南海公司股价急挫,至9月暴跌回190镑以下的水平,不少人血本无归,连著名物理学家牛顿爵士也蚀本离场。

3. 1837年美国金融恐慌

19世纪初期美国联邦政府没有自己的中央银行,因此也不能发行纸币。1816年国会授权第二合众国银行成立,它创立了统一的国家货币,一度成为美国最大最好的钞票的发行者。它实力强大,资本比美国政府的财政支出多出一倍,拥有全国20%的货币流通量,在各州设立了29个分行,控制着各州的金融。考虑到许多州银行立法很仓促,经营不善,普遍资本金不足,监管不严,对未来过度乐观,第二合众国银行通过拒绝接受它认为经营不善的银行的票据来维护它自身的稳定。这削弱了公众对第二合众国银行的信心。1829年,杰克逊当选美国总统,他认为第二合众国银行的信贷问题影响了美国经济的发展。杰克逊决定关闭第二合众国银行。作为毁掉合众国银行策略的一部分,杰克逊从该银行撤出了政府存款,转而存放在州立银行,没想到,危机竟然就此产生。因为增加了存款基础,不重视授信政策的州立银行可以发行更多的银行券,并以房地产作担保发放了更多的贷款,而房地产是所有投资中最缺乏流动性的一种。这样一来,最痛恨投机和纸币的杰克逊总统所实施的政策,意想不到地引发了美国首次由于纸币而引起的巨大投机泡沫。这场恐慌带来的经济萧条一直持续到1843年。恐慌的原因是多方面的:贵金属由联邦政府向州银行的转移,分散了储备,妨碍了集中管理;英国银行方面的压力;储备分散所导致的稳定美国经济机制的缺失等等。

4. 1907年美国银行业危机

1907年美国银行业投机盛行,纽约一半左右的银行贷款都被高利息回报的信托投资公司作为抵押投在高风险的股市和债券上，整个金融市场陷入极度投机状态。当年10月，美国第三大信托公司尼克伯克信托公司大肆举债，在股市上收购联合铜业公司股票，但此举失利，引发了华尔街的大恐慌和关于尼克伯克即将破产的传言。这导致该银行客户疯狂挤兑，并引发华尔街金融危机。银行要求收回贷款，股价一落千丈。摩根财团联合其他银行共同出手，筹集流动资金，才使市场重归平静。很快，美国财政部长乔治·科特留宣布，政府动用3500万美元资金参加救市。随后，市场恢复正常。

5. 1929年美国股市大崩盘

1929年10月，美国纽约市场出现了抛售股票浪潮，股票价格大幅度下跌。到10月24日，举国上下谣言四起造成金融不稳，被吓坏了的投资者命令经纪人抛售股票，导致美国股市崩溃。10月29日，股指从之前的363最高点骤然下跌，平均跌幅40%。这是美国证券史上最黑暗的一天，也是美国历史上影响最大、危害最深的经济事件，影响波及整个世界。此后，美国和全球进入了长达10年的经济大萧条时期。引发美国股市大崩盘的1929年9—10月，被后来者形容为"屠杀百万富翁的日子"，并且"把未来都吃掉了"。在危机发生后的4年内，美国国内生产总值下降了30%，投资减少了80%，1500万人失业。

6. 1987年席卷全球股市的黑色星期一

1987年10月19日星期一，美国股市出现惊人下跌并引发世界其他国家股票市场跟风下跌。道琼斯工业股票平均指数骤跌508点，下跌幅度22%，一天内跌去的股票价值总额令人目瞪口呆，是1929年华尔街大崩溃时跌去价值总额的两倍。混乱中，价值超过6亿美元的股票被抛售。纽约股市的震荡也在东京和伦敦造成了混乱。伦敦的FT指数滑落250点，威胁到政府对英国石油股份公司私有化的进程。日经指数下跌202.32点，收于9097.56点，跌幅为2.18%。很多人在股灾后感到奇怪，因为日本根本没有任何不利股市的消息或新闻，因此下跌看似并无实在的原因，令当时很多人怀疑是羊群心理、市场失败或经济失衡引致股灾，至今仍在争论。

7. 1994—1995年墨西哥金融危机

1994年12月19日深夜,墨西哥政府突然对外宣布,本国货币比索贬值15%。这一决定在市场上引起极大恐慌。外国投资者疯狂抛售比索,抢购美元,比索汇率急剧下跌。12月20日汇率从最初的3.47比索兑换1美元跌至3.925比索兑换1美元,狂跌13%。21日再跌15.3%。伴随比索贬值,外国投资者大量撤走资金,墨西哥外汇储备在20日和21日两天锐减近40亿美元。墨西哥整个金融市场一片混乱。20—22日,短短的三天时间,墨西哥比索兑换美元的汇价就暴跌了42.17%,这在现代金融史上是极其罕见的。墨西哥吸引的外资,有70%左右投机在短期证券投资上,资本外流对于墨西哥股市如同釜底抽薪,墨西哥股市应声下跌。12月30日,墨西哥IPC指数跌6.26%。1995年1月10日更是狂跌11%。到1995年3月3日,墨西哥股市IPC指数已跌至1 500点,比1994年金融危机前最高点2 881.17点已累计跌去了47.94%,股市下跌幅度超过了比索贬值的幅度。这场金融危机震撼全球,危害极大,影响深远。

8. 1997年亚洲金融危机

1997年7月2日,泰国宣布放弃固定汇率制,实行浮动汇率制,引发一场遍及东南亚的金融风暴。当天,泰铢兑换美元的汇率下降了17%,外汇及其他金融市场一片混乱。在泰铢波动的影响下,菲律宾比索、印度尼西亚盾、马来西亚林吉特相继成为国际炒家的攻击对象。8月,马来西亚放弃保卫林吉特的努力。一向坚挺的新加坡元也受到冲击。印尼虽是受"传染"最晚的国家,但受到的冲击最为严重。10月下旬,国际炒家移师国际金融中心香港,矛头直指香港联系汇率制。台湾当局突然弃守新台币汇率,一天贬值3.46%,加大了对港币和香港股市的压力。10月23日,香港恒生指数大跌1 211.47点;28日,下跌1 621.80点,跌破9 000点大关。面对国际金融炒家的猛烈进攻,香港特区政府重申不会改变现行汇率制度,恒生指数上扬,再上万点大关。接着,11月中旬,韩国也爆发金融风暴,17日,韩元对美元的汇率跌至创纪录的1 008∶1。21日,韩国政府不得不向国际货币基金组织求援,暂时控制了危机。1997年12月13日,韩元对美元的汇率又降至

1 737.60∶1。韩元危机也冲击了在韩国有大量投资的日本金融业。1997年下半年日本的一系列银行和证券公司相继破产。东南亚金融风暴演变为亚洲金融危机。东南亚金融危机使与之关系密切的日本经济陷入困境。日元汇率从1997年6月底的115日元兑1美元跌至1998年4月初的133日元兑1美元;5—6月,日元汇率一路下跌,一度接近150日元兑1美元的关口。随着日元的大幅贬值,国际金融形势更加不明朗,亚洲金融危机继续深化。这场危机一直持续到1999年才结束。

9. 2007—2009年美国次贷危机

美国次贷危机又称次级房贷危机,是指一场发生在美国,因次级抵押贷款机构破产、投资基金被迫关闭、股市剧烈震荡引起的金融风暴。美国"次贷危机"是从2006年春季开始逐步显现的。在2006年之前的5年里,由于美国住房市场持续繁荣,加上前几年美国利率水平较低,美国的次级抵押贷款市场迅速发展。随着美国住房市场的降温尤其是短期利率的提高,次贷还款利率也大幅上升,购房者的还贷负担大为加重。同时,住房市场的持续降温也使购房者出售住房或者通过抵押住房再融资变得困难。这种局面直接导致大批次贷的借款人不能按期偿还贷款,银行收回房屋,却卖不到高价,大面积亏损,引发了次贷危机。2007年8月次贷危机席卷美国、欧盟和日本等世界主要金融市场。

2007年开始的次贷危机风波还没有结束,2009年希腊危机又爆发出来,以此为导火索,欧债危机爆发。

第三节 关于互联网金融

2013年余额宝诞生,余额宝的诞生对中国传统的金融业,尤其是银行业造成了较大冲击。虽然,从目前情况看,由于种种原因,余额宝的发展不尽如人意,但是,余额宝的推出一定是中国互联网金融史上的一件大事。

故事中的经济学

2013年6月12日,支付宝和天虹基金合作推出余额宝。用户只要把钱转入余额宝就相当于购买了天虹基金提供的余额宝货币基金,即可获得收益。余额宝内的资金还能随时用于网购支付,灵活提取。余额宝推出后,仅仅用了6个月的时间,它的规模就达到2 500亿元。到2014年2月底,余额宝的规模更是达到5 000亿元,一跃成为国内最大规模的货币基金。

余额宝的最大优势在于,它不仅能提供高收益,还能全面支付网购消费、支付宝转账等几乎所有的支付宝功能。也就是说,资金一方面可以在余额宝中获得收益,另一方面又能随时用于消费。余额宝起步价1元,可以随时存取。截至2015年8月中旬,已有近1.5亿用户在使用余额宝。

余额宝理财具有以下几个特点:第一,操作流程简单,使用方便、灵活。资金可以随时存取、随时用于支付,且操作简便,这使得余额宝从创设以来,用户一直在不断增加。第二,余额宝收益较高。开设之初,由于比其他货币基金收益高,余额宝吸引资金较快。目前,虽然种种原因,余额宝收益在不断下降,但是由于其具有收益且网购便捷等优势,还是有大量用户的资金沉淀在余额宝中。第三,余额宝是零散理财的聚宝盆。不同于银行理财,余额宝对于资金没有最低要求,1块钱起存,哪怕只有一两块钱也可以享受高于定期存款的收益。

经济学原理

1. 互联网金融的含义

互联网金融是互联网与金融相结合的新兴领域,主要指互联网与移动互联网统一环境下的金融业务。

2. 互联网金融的种类

(1) 第三方支付

目前第三方支付公司的运营模式可以归为两大类:一类是近场支

付,如手机支付。另一类是远程支付,如支付宝、财付通等第三方支付模式。支付宝、快钱、拉卡拉易宝支付、财付通等都是第三方支付的代表企业。

(2) P2P网络平台借贷

目前主要有三大模式。一是纯线上模式,如人人贷等。特点:资金借贷活动都是通过线上进行,不结合线下审核。二是线上线下模式,如翼龙贷等。借款人在线上提交借款申请后,平台通过所在城市的代理商采取入户调查的方式审核借款人的资信、还款能力等。三是债权转让模式,这种模式是公司作为中间人对进款人进行筛查,以个人名义进行借贷之后再将债权转给理财投资者。

(3) 大数据金融

目前主要有两大模式。一是平台模式。代表企业:阿里小贷。阿里小贷以"封闭流程+大数据"的方式开展金融服务,凭借电子化系统对贷款人的信用状况进行审查,发放无抵押的信用贷款及应收账款抵押款,单笔金额在5万以内,与银行的信贷形成了非常好的互补。二是链金融模式。代表企业是京东、苏宁。京东商城、苏宁的供应链金融模式是以电商作为核心企业,以未来收益的现金流作为担保,获得银行授信,为供应商提供贷款。

(4) 众筹模式

三大规则。一是设定众筹目标及天数。二是在设定天数内,众筹成功,发起人可获得资金;众筹失败,资金全部退还给投资者。三是所有支持者一定要设有相应的回报,平台会从募集成功的项目中抽取一定比例的服务费用。

(5) 信息化金融机构

特点:一是金融服务更为高效快捷;二是资源整合能力更为强大;三是金融创新产品更加丰富。

经营模式:一是传统业务的电子化模式;二是基于互联网的创新金融服务模式;三是金融电商模式。

(6) 互联网金融门户

代表:目前在互换网金融门户领域针对信贷、理财、保险P2P等细分行业分布有金融360,91金融超市,好贷网、银率网、网贷之家等。核心""搜索+比价"。采用金融产品垂直比价方式,将各家金融机构产品放在平台上,用户通过对比挑选合适的金融产品。互联网金融门户多元化发展以来,形成了高端投资理财服务和理财产品的第三方理财机构,提供保险产品咨询、比价、购买保险服务的保险门户网站等。

身边的经济学

2013年3月,阿里巴巴筹建小微金融服务集团。随着阿里小额贷款的推出,随着淘宝、腾讯、中国平安"三马"联合进军金融业,传统商业银行的部分市场已经被互联网巨头所抢占。银行大佬们反守为攻,相继推出自己的金融互联网平台。

建设银行推出"善融商务",主打融资牌。"善融商务"是建行2012年推出的以专业化金融服务为依托的电子商务金融服务平台,其关键词是"善融",该平台上线半年,建行就通过"善融商务"向客户成功发放近10亿元融资贷款。

中国银行推出电子商务"云购物"平台。是广泛链接各大主流网站上商城、知名服务商的大型商品池,能够为消费者提供实时、便捷的商品价格比较和商品信息整合服务,省去消费者于众多网购商城查找商品并进行比价的繁琐。中银"云购物"——轻松一点即可享各大网上商城的商品信息详情、自主比价、配送跟踪等。

招商银行通过"微信银行",可以实现借记卡账户查询、转账汇款、信用卡账单查询等卡类业务,在线智能客服更可实现在线实时解答客户咨询。

平安信用卡推出智能微信服务平台则可以进行额度查询、账单查询、费用介绍、卡种介绍等服务。

交通银行推出"交博汇"电商平台。该平台结合了电子商务与金融服务,突破传统银行网上商城的模式。其命名采用上海世博会的命名方式,分为企业馆、商品馆、金融馆和生活馆四大展馆,一轴四馆格局,全面覆盖对公对私客户。

当今社会几乎支付宝无人不知，网络购物几乎无人不晓。互联网金融对普通百姓的生活影响越来越大。在互联网金融模式下，因为有大数据、搜索引擎、社交网络和云计算，信息不对称程度很低，交易双方在资金期限匹配、风险分担等方面的成本都非常低，银行、券商和交易所等中介的作用甚微；贷款、股票、债券等的发行和交易以及券款支付都可以在网上直接进行，市场充分有效，接近一般均衡理论描述的无金融中介状态。

2004年，Google在IPO时采用了在线荷兰式拍卖方法，而不是通常的投资银行路演和询价方式。未来可能的情景是：贷款、股票、债券等的发行和交易都在社交网络上进行。

在互联网金融创新的带动下现有的金融体系将发生革命性变化。金融知识和金融信息将更加集约化，金融专业知识的垄断性降低。由于金融信息和金融知识的复杂性和稀缺性，金融业成为信息价值最高的行业。但是互联网金融行业是建立在平等、开放以及共享等互联网精神基础之上的，具备资源开放化、信息集约化以及选择市场化等特点。因此，互联网金融的出现，不仅提高了社会资金的使用效率，更为关键的是通过互联网使金融普及化、大众化，大幅度降低了融资成本，并使金融更加贴近百姓。

互联网金融的发展壮大无疑给银行业带来了一定冲击，但基金公司、证券公司、保险公司、信托公司等在互联网金融背景下却迎来了新机遇。随着互联网金融沿上述六大模式（前文所述）的方向深入发展，其将进一步推动金融脱媒，挑战传统金融服务方式，改变金融业内各方的地位和力量对比。

在2015年6月举行的外滩国际金融峰会上，马云说：未来的金融其实两大机会都有，一是金融互联网；第二个是互联网金融，纯粹的"外行领导"——金融行业需要搅局者，需要那些外行的人进来进行变革，因为金融是为外行人服务的，不是为金融圈自娱自乐、自己赚钱的。外行人不懂行，但是世界往往是被那些不懂的人搞翻天的；所以金融行业首先要解放思想，思想开放之后才能有技术开放、政策开放。

在facebook的平台上，有九亿网民，已经发行自己的货币，网民之间的数据、商品、股票、贷款、债券的发行和交易均可以通过网络处理，同时保留完整的信用违约记录，形成最优价格。facebook 上市时的市值达 960 亿美元，正是由于大家看中了其中隐含的巨大价值。

金融脱媒、银行业会否成为新世纪恐龙？新生的互联网金融如何走，走多远？走到哪里去？有哪些商业机会？有太多的问题值得我们去探索、去追寻。我们拭目以待。我们应该庆幸生活在这样一个充满创造力和生命力的时代，能够见证互联网金融盛宴的到来！

第九章 当前热点问题

第一节 如何解读GDP

当年社会,各种新闻报道当中大家经常听到GDP这个概念,很多人对GDP也是耳熟能详,经济学专家也经常解读每季度或每一年的GDP高低的原因。那么,GDP到底是什么?如何理解GDP?GDP是衡量幸福的合理指标吗?

故事中的经济学

2016年4月,国际货币基金组织公布了2015年世界各国GDP排名,数据显示,2015年全球GDP总量77.3万亿美元,美国位居第一,GDP为17.947万亿美元;中国位居第二,GDP为10.983万亿美元;日本位居第三,GDP为4.123万亿美元。排名第四到第十位的国家分别为德国、英国、法国、印度、意大利、巴西和加拿大。

日本2010年名义GDP为5.474万亿美元,比中国少4044亿美元,中国GDP首次超日本,成为世界第二大经济体。自从2010年中国GDP(5.745万亿美元)超过日本成为世界第二大经济体以来,中国近五几年的GDP一直保持在世界第二位的位置。在举国上下皆为之欣喜之际,我们还要保持一份清醒,看到GDP数值背后隐藏的问题。

表 9－1　2015 年世界前十名 GDP 国家 GDP 数值

单位：亿美元

排　名	经济体	国内生产总值(GDP)
1	美　国	179 470
2	中　国	109 828
3	日　本	41 233
4	德　国	33 576
5	英　国	28 493
6	法　国	24 216
7	印　度	20 907
8	意大利	18 158
9	巴　西	17 726
10	加拿大	15 524

数据来源：国际货币基金组织(IMF)

　　国内生产总值(GDP)是衡量经发展应用最广的指标。一般认为，一个国家 GDP 增长迅速，则这个国家经济是成功的；如果 GDP 陷入停滞或倒退，则这个国家经济是失败的。对于这种传统的看法，长期以来一直存在争议。我国的情况亦是如此。大量事实告诉我们，在我国改革开放 30 多年 GDP 增长的同时，我们也为此付出了巨大的代价。

经济学原理

1. 国内生产总值(GDP)的含义

　　国内生产总值是一个国家或地区所有常住单位在一定时期内生产的所有最终产品(产品和服务)的市场价格总和。它以地理上的国境为统计标准。GDP 是国民经济核算的核心指标，也是衡量一个国家或地区总体经济状况重要指标。

名义国内生产总值：按当年价格计算的一年所生产的全部最终产品价值。

实际国内生产总值：按不变价格计算的GDP。

2. 国民生产总值的含义

国民生产总值(GNP)是一个国民概念，是指本国公民在一定时期内所生产的最终产品(产品和劳务)的市场价值总和。它以人口为统计标准。

3. 国内生产总值与国民生产总值的关系

国民生产总值＝国内生产总值＋(本国公民在国外的资本和劳务所创造的价值或收入－外国公民在本国的资本或劳务所创造的价值或收入)

即：国内生产总值＝国民生产总值－国外要素净收入

4. 理解国内生产总值(GDP)要注意以下几个方面的问题

第一，GDP核算只包括最终产品，不包括中间产品。最终产品是指在生产出来后就归消费者直接消费和扩大再生产用的产品和劳务。中间产品是指在此阶段生产出来后还要作为生产要素继续投入生产过程的产品和劳务。如面包厂加工面包所用的面粉就是中间产品，居民直接食用的面粉就是最终产品。

第二，核算GDP既包括有形的物质产品也包括无形的劳务。现代社会中非生产性的劳务在经济总量中所占的比重越来越大，一些发达国家其比重占到60%～70%，只有把非生产性的劳务计入到GDP中才能真实反映一国整个国民经济的实际状况，才能准确反映居民的生活水平。

第三，GDP反映的是时期概念，而非时点概念。一定时期生产的产品，必须计入当年的GDP中。当年生产的产品没有卖掉，应计入当年GDP中；以前年度生产的却转到当年使用的商品或劳务的价格，不能计入当年GDP中。

第四，计入GDP的产品和劳务必须通过市场交换，有一定的价格。也就是说，自给自足的产品、地下经济等交易无法计入到GDP中。

5. 国内生产总值(GDP)的核算方法

(1) 支出法

支出法：也叫最终产品法，GDP 是在一个国家或地区的领土上，在一定时期内居民、厂商、政府和国外部门购买最终产品的支出总额。

计算公式：国内生产总值＝消费＋投资＋政府支出＋(出口－进口)

(2) 收入法

收入法：又叫生产要素法。从分配角度考察，GDP 是一个国家或地区的领土上，在一定时期内生产要素所有者得到的报酬总和。

计算公式：国内生产总值＝生产要素收入总和＋折旧＋间接税净额
　　　　　　　　　　＝工资＋利息＋地租＋利润＋折旧＋
　　　　　　　　　　(间接税－政府补贴)

(3) 生产法

生产法：也叫部门法，从生产角度考察，GDP 是在一个国家或地区的领土上，在一定时期内各部门或行业增值的总和。

计算公式：国内生产总值＝各部门增值的总和
　　　　　　　　　　＝农业和采矿业的增值＋建筑业和制造
　　　　　　　　　　　业的增值＋交通和公用事业、批发和
　　　　　　　　　　　零售商业、金融保险和不动产、劳务、
　　　　　　　　　　　政府的增值

身边的经济学

1978 年改革开放以来，我国经济增长取得了举世瞩目的成绩，GDP 连年增长，综合国力不断提高。

表 9－2　我国 2000—2014 年 GDP 及人均 GDP

年　份	GDP(亿美元)	GDP 增速(%)	人均 GDP(美元)
2000	99 214.55	8.4	945
2001	109 655.17	8.3	1 042

续 表

年 份	GDP	GDP 增速(%)	人均GDP(美元)
2002	120 332.69	9.1	1 135
2003	135 822.76	10.0	1 274
2004	159 878.34	10.1	1 490
2005	184 937.37	11.3	1 732
2006	216 314.43	12.7	2 070
2007	265 810.31	14.2	2 652
2008	314 045.43	9.6	3 414
2009	340 902.81	9.2	3 749
2010	401 512.80	10.6	4 434
2011	473 104.05	9.5	5 447
2012	519 470.10	7.7	6 093
2013	568 845.21	7.7	6 767
2014	636 463.00	7.4	7 485

数据来源：国家统计局网站

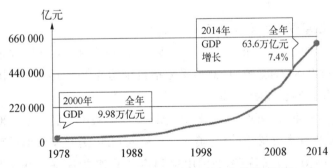

图 9-1 我国 1978—2014 年国内生产总值(GDP)

图形来源：国家统计局网站

据国家统计局统计，1953—2013 年，中国名义国内生产总值年均增长速度 11.7%；1953—2013 年，中国实际国内生产总值年均增长速度

8.2%；1953—2013 年,中国国内生产总值平减指数年均变化 3.2%；1953—2013 年,中国美元国内生产总值年均增长速度 9.8%。

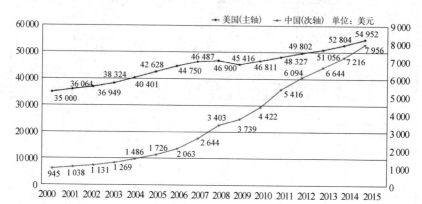

图 9-2　中国与美国 2000—2015 年人均 GDP 与 GDP 比较折线图
图形来源:百度文库

我国 GDP 的发展经历了这样几个阶段:

1. 改革开放前(1953—1977 年)

名义国内生产总值年均增长速度 6.4%；实际国内生产总值年均增长速度 5.9%；国内生产总值平减指数年均变化 0.5%；美元国内生产总值年均增长速度 7.2%。

2. 改革开放后至今(1978—2013 年)

名义国内生产总值年均增长速度 15.5%；实际国内生产总值年均增长速度 9.8%；国内生产总值平减指数年均变化 5.1%；美元国内生产总值年均增长速度 11.6%。

2000 年我国 GDP 为 9.98 万亿元,首次突破 1 万亿美元。2014 年我国 GDP 首次突破 10 万亿美元。从跨入 GDP 万亿美元俱乐部到成功突破 10 万亿美元大关,我国用时 14 年。相比之下,美国从 1 万亿到 10 万亿,用时 31 年。

看到这一系列的数据,作为中国人都会因中国经济的日益强大而倍感自豪。但是,我国 GDP 总量世界排名靠前,但是人均 GDP 的状况还是不容乐观。2010 年中国内地以购买力平价计算的人均 GDP 仍旧落后,在所统计的 182 个国家中居第 93 位,但与以国际汇率计算相比,更接近世界平均值,为 7 518 美元。2011 年中国人均 GDP 也只列世界第 90 名。所以说,国人在为我国 GDP 排名世界第二位自豪的同时,也要对唯 GDP 增长论作出客观的评价,对 GDP 指标的缺陷也要有更加清醒的认识。

下面我们简单分析一下 GDP 指标的缺陷。

(1) GDP 不能完全反映经济活动的总量

从 GDP 的计算公式可以看出,GDP 不能完全反映经济活动的总量。GDP 统计的是有市场交换行为、能体现市场价值的经济活动,不能反映如家务劳动、公益活动等在日常生活中占有重要地位的非市场经济活动;也不能覆盖一些统计困难或难以计算价值的经济活动。非市场经济活动和难以计算价值的经济活动包括:民间借贷,私自雇工,财务假账,走私、贩毒、赌博,等等。因此,GDP 不能完全反映经济活动的总量。

(2) GDP 不能准确反映经济活动的质量和效益

一个国家的 GDP 高,并不等于这个国家的经济活动质量高、效益好,也不说明这个国家的科学技术水平高,更不说明这个国家的军事实力强。我国一些政府主导的投资项目效率低下,有些甚至刚竣工就成了产能过剩项目,这些项目虽然计入 GDP,但却属于无效投资,不会带来社会财富和福利水平的增加。

(3) GDP 不能准确反映经济结构

我国 GDP 增长在全球处于领先地位,但我们深知,投资对我国 GDP 一直贡献较大。我国经济粗放式经营的模式并没有彻底改变,经济结构不合理仍是制约我国现代化经济发展的瓶颈,调结构已经成为我国目前经济发展的主要任务,为此政府不惜放缓 GDP 增长速度。

英国经济学家安格斯·麦迪森估算,鸦片战争前的 1820 年,中国 GDP 占全球比重达 32.9%,全世界第一,而美国只占比 1.8%,欧洲 30 多个国家加起来也只有 24.9%。但是当时中国 GDP 的构成中绝大部分是农业,而通过工业革命,西方国家大大提升了工业化水平及军事实力。1860 年,英国的现代工业生产能力相当于全世界的 40%~50%,

人均工业化水平是中国的15倍。从这方面看我们就不难理解GDP总量约为英国7倍的中国在鸦片战争中会被打败的原因了。

(4) GDP不能准确反映社会分配和民生改善,不能反映社会财富的增加

目前,全球GDP总量已超过70万亿美元,而据英国慈善组织2014年发布的一份报告显示,目前世界上最富有的85人,掌握着全球将近一半的财富,相当于底层35亿人财产相加的总和。GDP只能大致反映社会财富的多少,但是,不能反映社会总财富的分配。GDP高不等于社会财富多。有些经济活动,产生了GDP,但是不仅没有增加社会财富,反而减少了社会财富。

我国GDP增加很快,但里面有浪费资源造成的GDP的增长。例如,马路建好了,GDP创造出来了;马路又拆了,又是GDP;再修一次还是GDP。这样做,GDP增加三次,但是真正形成的财富只有一笔,大量的社会财富被浪费掉。不讲质量的发展,污染了空气、污染了水源;污染的时候创造了GDP,然后治理污染又创造了GDP,但是社会财富还是那么一笔。

(5) GDP不能准确反映经济增长对资源、环境造成的负面影响

只管追求GDP不顾对环境的破坏,这些在我国频频发生。近几年来、京津冀、长三角雾霾天频发;大面积的土地污染;大片的河流枯竭,等等。开采煤炭时,GDP在增加;排放废水时,GDP也在增加,GDP反映了增长,却没有反映资源耗减和环境损失。

从未来考量,潜在增长率下降势成必然,再去刻意追求高增长不切实际。

潜在的经济增长率主要由劳动投入、资本投入和代表效率的全要素生产率(常常被视为科技进步的指标)等因素决定。从劳动投入看,自2012年起,我国劳动年龄人口逐渐减少,全社会劳动投入增长逐步放缓。从资本投入看,随着我国劳动年龄人口减少,被抚养人口将增加,抚养支出上升。过去我国人口负担轻,储蓄率较高,从而带来高投资,今后随着储蓄率的下降,可用于投资的资本增长也将放缓。全要素生产率要提高也难。一是劳动力再配置效应有所减弱。对发展中国家

而言,城镇化过程中劳动力从农业部门向工业和服务业部门的再配置带来的整体生产率上升,是全要素生产率提高的重要来源,但我国农村可转移劳动力数量已出现下降趋势。二是短期内技术水平难有大的突破和提高。三是改革能提高资源配置效率,但改革受到既有利益的制约,通过增量利益调整带动存量利益调整需要一个过程。

从以上分析看出,我国未来潜在经济增长率下降是个必然趋势。从世界范围看,潜在增长率下降是普遍规律。当一个经济体成长起来后,GDP每增长一个百分点,其绝对值要比过去大很多,所以维持长期高速增长是不可能的。

如果单纯追求GDP高速增长,过多偏离潜在增长率,将带来严重的后果。改革开放以来,我国GDP增速出现过三次"大起",每次都带来了巨大的后遗症:第一次是1984年增速冲到15.2%,造成投资信贷增长过快,结构失调,通胀率上升,最终导致1989年和1990年经济增速大幅回落到4.1%和3.8%;第二次是1992年冲到14.2%,紧接着就出现了严重通胀,CPI升至20%,被迫进行多年的通货膨胀治理;第三次是经历了2003—2005年连续三年10%的高增长后,2006年和2007年又上扬至12.7%和14.2%,同样引发了物价上涨和资产泡沫,并带来经济结构失衡和资源浪费、环境恶化等问题。

未来我国经济增速应从刻意追求GDP高速增长,转变到提高每个百分点经济增长率的就业容量、科技含量和投入产出效益,并降低资源消耗和环境损害成本。

20世纪70年代以来,国际上对于GDP存在的各种缺陷逐渐有了深入的认识,不断有学者和机构提出了正确衡量经济发展状况的新指标。

净经济福利指标:1972年,美国学者詹姆斯·托宾和威廉·诺德豪斯共同提出该指标。他们主张把城市中的污染、交通堵塞等经济行为产生的社会成本从GDP中扣除掉;同时加入传统上被忽略的经济活动,如休闲、家政、社会义工等。

国内生产净值:1989年,以美国学者罗伯特·卢佩托为首的研究人员提出。他们主张将自然资源损耗成本从GDP中扣除。

可持续经济福利指数:1989年,美国经济学家戴利与科布共同提出。这套指数包含一些过去没有的内容。例如,它计算财富分配的状况,如果分配超出不公平的标准,必须被扣分;它还计算社会成本,如失业率、犯罪率;医疗支出等社会成本,也不能算成对经济有贡献。

人类发展指数:1990 年由联合国开发计划署提出。这项指数最重要的突破是认为,国民所得达到一定程度后,对人类带来的福祉、效益会逐渐递减;主张从人本观点出发,反对以 GDP 作为国家最终追求的目标,这项指数除了调整国民所得之外,还加了三项指标,即人口平均寿命、成人文盲比例、学龄儿童就学率。

可持续发展指数:1995 年,联合国环境署提出。这套指标包含四大类:一是社会,二是经济,三是环境,四是政府组织、民间机构。综合这几个方面得出可持续发展指标的状况。

绿色 GDP:1997 年,德国学者厄恩斯特·冯魏茨察克和美国学者艾默里·B·洛文斯及 L·亨特·洛文斯共同提出了"在财富成倍增加的同时使资源消耗减半"的新理念,还提出了绿色经济和绿色 GDP 的新概念。

第二节　人民币升值的利与弊

中国人民银行授权中国外汇交易中心公布,2015 年 8 月 11 日银行间外汇市场人民币汇率中间价为 1 美元兑换人民币 6.229 8 元,8 月 10 日中间价为 6.116 2,收报 6.209 7;人民币中间价下调幅度近 2%,创历史最大降幅。8 月 11 日人民币的中间价也创了 2013 年 4 月 25 日以来的新低。受此影响,人民币即期汇率也大跌 1% 以上。

据媒体报道,巴莱特银行预测到 2015 年底人民币将贬值到 1 美元兑换 6.80 人民币。

故事中的经济学

2015 年 8 月 12 日,《纽约时报》头版以"汇率贬值反映对中国经济的担忧"为题,报道称中国把人民币贬值到6.4人民币兑换1美元。报道上说贬值的理由是中国经济增速下降。政府用各种政策来使经济复苏,包括基本建设、降低利率和现在的降低人民币汇率等。

从决定经济政策的立场角度来说,将人民币贬值和实行上述其他政策是合理的。美国媒体看重此事有两个原因:一是美国人将中国经济作为美国经济的对手,希望中国经济增速慢一些。人民币贬值是增速放慢的表现,会令美国读者注意;二是过去十年来中国只让人民币汇率由市场决定慢慢变动,现在忽然调整汇率,是美国以及世界人民所没有料到的。其实日本与一些欧洲国家也实行了调整汇率的政策。

资料来源:第一财经日报,2015年8月25日

经济学原理

1. 汇率的含义

汇率是用一种货币表示的另一种货币的价格,即本国货币与外国货币兑换的比率。

2. 汇率的表示方法

直接标价法:用本国货币表示一单位外国货币的价格就是直接标价法。我国的汇率就是采用直接标价法的。

间接标价法:用外国货币表示一单位本国货币的价格就是间接标价法。即以本国货币为基准货币,其数额不变,而标价货币(外国货币)的数额则随着本国货币或外国货币币值的变化而改变。美国和英国采用这种标价方法。

3. 汇率制度

固定汇率制:各国货币的兑换比率稳定在一定幅度之内的一种制度。1971年布雷顿森林体系解体之前大部分国家采用固定汇率制。

浮动汇率制:一国政府对汇率不予固定,听任外汇市场上本国货币兑换比率浮动的一种制度。1971年布雷顿森林体系解体后,主要发达国家开始采用浮动汇率制。

4. 影响汇率变动的因素

(1) 货币政策

当代社会,主要市场经济国家实行的都是有管理的浮动汇率制,这也就是说虽然主要发达国家实行的是浮动汇率制,但是还是会通过一定的货币政策来影响本国货币的汇率,希望本国货币的汇率走势有利于本国国家经济的发展。央行干预外汇市场的手段是多种多样的。有直接进入外汇市场进行干预的,也有委托商业银行干预的。近年来更多出现的是联合多国央行,进行联手干预,这种干预效果更好。当然央行干预市场的方法也变得越来越丰富,像日本央行由初期的不发表任何声明到直接进行干预,到后期的干预前发表生声明,再到现在干预前先警告市场,起到一定的干预效果,方式、方法是在逐渐的进步中。

(2) 政治形势

如果全球政治形势趋于紧张,则会导致外汇市场的不稳定,一些货币的非正常流入或流出将发生,最终导致全球汇率的大幅波动。政治形势的稳定与否关系着货币的稳定与否,通常意义上,一国的政治形势越稳定,则该国的货币币值越稳定。

在科索沃战争期间,欧元兑美元汇率连续下跌三个月,累计跌幅10%,原因之一便是科索沃战局对欧元形成下浮压力。

(3) 国际收支状况

国际货币基金组织将国际收支定义为:国际收支是一种统计报表,系统的记载了在一定时期内经济主体与世界其他地方的交易。大部分交易在居民与非居民之间进行。主要包括进出口贸易,劳务输入和输出,居民汇款,旅游收入,对外投资,利用外资等。一国的国际收支状况将导致其本币汇率的波动。

如果一国国际收支持续顺差,则外汇流入过多,外汇供过于求,在需求不变的情况下,就会引起外汇汇率下降,本国货币在外汇市场升值;如果长期处于国际收支逆差状态,则外汇流出过多,在外汇供给不变的情况下,外汇供小于求,就会引起外汇汇率上升,本国货币在外汇市场上贬值。

(4) 利率

20世纪70年代以后,外汇管制逐步消除。这为国际短期游资的自由流动提供了极大的便利。一般性,资金会向高利率的国家(或地区)流动。当一国的主导利率相对于另一国的利率上升或下降时,为追求更高的资金回报,低利率的货币将被卖出,而高利率的货币将被买入。由于相对高利率货币的需求增加,故该货币对其他货币将升值。

当然,各种游资只有确定汇率的变动不会抵消高利率带来的回报后,才会流动到高利率的区域或国家。

(5) 通货膨胀

根据购买力平价理论,通货膨胀是影响汇率变动的最重要的基本因素。

通胀影响汇率的传导机制如下:第一,若一国通货膨胀率高于其他国家,则该国出口竞争力下降,外国商品在该国市场上的竞争力却增强;这会引起该国贸易收支逆差,造成外汇供给缺口,从而导致该国货币汇率下降。第二,通货膨胀会使一国实际利率下降,致使资本外逃,引起资本项目逆差和该国货币汇率下降。第三,由于通货膨胀使物价持续上涨的过程,人们对通胀的预期会演变成本币汇率下降的预期。受预期因素的影响,为了避免本币贬值可能带来的损失,人们会在外汇市场上抛售本币抢购外汇。而这会引起本币汇率的进一步下降。

(6) 心理预期

人们对市场中各种信息的心理预期也会影响汇率。金融市场中预期对价格的影响还是比较明显的。若人们预期本币汇率将会下降,就有可能在外汇市场抛售本币,这会进一步加剧本币贬值的压力。若人们预期本国将会出现较高的通货膨胀率,会产生出本币对外贬值的预期。在一般情况下,人们的心理预期是上述基本因素在人们头脑中的反映。外汇市场参与者一旦对汇率产生普遍的预期,它对当前的汇率便会产生重大作用。

(7) 投机行为

市场主要操作者的投机行为同样是影响汇率的一个重要因素。外汇市场上投机者占比是较大的,真正与国际贸易相关联的交易相对来说所占比例是不高的。由于投机者的参与,外汇市场的流动性增强。当人们分析了影响汇率变动的因素后得出某种货币汇率将上涨,竞相抢购,于是把该货币上涨变为现实。反之,当人们预期某货币将下跌,就会竞相抛售,从而使该货币汇率下跌。

身边的经济学

2015年8月11日,人民币主动贬值后,国际金融市场反响较大。同时期,我国A股市场的大幅下跌,引起了美国、欧洲、日本、我国香港、我国台湾等多个国家和地区股市的大幅下跌,台湾甚至动用平准基金救市。人民币目前虽不是国际货币,但是人民币汇率的波动已经对全球金融市场造成了巨大影响。

我们首先看一下人民币升值的利弊,然后再来分析此次人民币贬值的背景、原因等问题。

1. 人民币升值

(1) 人民币升值的优点

① 有利于我国进口产业的发展。人民币升值意味着原材料进口依赖型厂商成本下降,如以石油为原材料的企业,对其发展会有好处。

② 外债还本付息压力减轻。人民币升值后偿还外债的支出相应减少,可以减轻我国偿还外债的压力。

③ 中国的国际地位上升。升值后,人民币变得"更值钱",有利于我国国际地位的提升。

④ 人民币升值提高了国内消费者的国际购买力,出国旅游会增加,生活水平将提高。人民币升值提高了国内消费者的自信心,有利于促进消费升级。

④ 国内企业对外投资能力增强。人民币升值,国内企业对外投资成本下降,国内更多优秀的企业可以走出国门,进行海外投资。

(2) 人民币升值的缺点

① 不利于我国出口企业的发展。人民币升值,我国出口产品的价格就会变得更贵,从而使我国出口产品国际竞争力下降,影响这部分企

业的发展,一定程度上又影响就业。

② 人民币汇率升值将导致对外资吸引力的下降,减少外商对中国的直接投资。我国是世界上吸引外资最多的国家。人民币升值,外商投资成本上升,外商投资有所减少。而外商投资目前在我国工业、农业、服务业各个领域都发挥着重要所用,对促进技术进步、扩大出口,增加就业,进而对我国国民经济的发展都起着不可或缺的作用。人民币升值后,对吸引外资会造成较大影响。

③ 可能引发我国金融市场的动荡。人民币升值,大量国际"热钱"就会进入我国,炒作人民币。在我国金融市场发展还不是很健全的情况下,容易引发金融动荡。我国2005年汇改后的情况正是如此。热钱大量进入和流出成为当时中国股市和楼市大幅上涨和快速下跌的原因之一。

④ 人民币升值会加大国内就业压力。人民币升值对出口企业和境外直接投资的影响,最终就体现在就业上。由于我国出口企业大部分是劳动密集型产业,出口受阻必然加大就业压力。外商投资企业也是我国新增就业岗位最多的部门之一,外商投资放缓,国内就业形势更为严峻。

2. 人民币贬值

分析了人民币升值的利弊后,我们再来看一下人民币此次贬值的问题。

人民币此次为何贬值2%?

央行对此的解释是:为增强人民币兑美元汇率中间价的市场化程度和基准性。近一段时间,人民币汇率中间价偏离市场汇率幅度较大,持续时间较长,影响了中间价的市场基准地位和权威性,为此中国人民银行决定完善人民币兑美元汇率中间价报价,因此人民币贬值2%。

选择这个的时间贬值,央行对此也作出解释。

由于国际经济金融形势复杂,美国经济处在复苏过程中,市场预计美联储将在2015年内加息,导致美元继续走强,欧元和日元趋弱,一些新兴经济体和大宗商品生产国货币贬值,国际资本流动加大,这一复杂局面形成了新的挑战。鉴于我国货物贸易继续保持较大顺差,人民币实际有效汇率相对于全球多种货币表现较强,与市场预期出现一定偏离。为了市场发展的需要,央行决定进一步完善人民币汇率中间价报价,因此,选择这个时间将人民币贬值。

完善人民币汇率中间价的报价后,做市商参考上日收盘汇率报价,使得过去中间价与市场汇率的点差得到一次性校正。

招商银行同业金融总部高级分析师刘东亮预计,此次央行对人民币进行主动调整的政策信号意义比较大,预期人民币将有5%左右的贬值空间。

人民币贬值后,对下列一些企业或人群会产生不利影响。

(1) 股民

历史上,人民币汇率与A股走势多数存在高度相关性。在人民币贬值的大趋势下,人民币贬值或伴随着A股的下跌。

(2) 有房产的人们资产或将缩水

若人民币贬值,有投资者担心,会有资产撤出房产,尤其是那些早期从海外涌入国内的资金,会因人民币贬值而流出中国,或不敢再轻易进入中国市场,多种作用助推国内住房资产价格下跌。

(3) 出国留学者

对于留学美国的学子而言,这也就意味着同样的人民币,所换取的外汇比以前少很多。

(4) 海淘族

人民币若贬值,很多海淘族会感觉"亏了",因为他们购买的一些境外商品价格会上涨。

(5) 出境游的人

人民币贬值,出境旅游需要花费更多的人民币去兑换外汇,成本上升。

(6) 大型出口企业

人民币贬值,从理论上来说的确有利于出口,一些即时结汇的小型出口企业可能由此获益。

而交易量较大的外贸企业,由于事前与银行锁定汇率,可能难以感受到此轮贬值带来的积极影响。

(7) 做多人民币的企业

随着今年人民币兑美元累计下跌,越来越多押注人民币升值的投资者遭受了损失。

(8) 来中国投资的炒家

一直以来,大量的外资在中国长期游移赚钱。有这样一个笑话:一个美国人到中国连吃带喝,走的时候把剩下的钱换成美元,一年等于白吃白喝。若人民币贬值,离岸人民币多头炒家将损失惨重。

3. 几类行业将受益于人民币升值

(1) 纺织服装

近几年以来,人民币持续升值,国内以出口为导向的不少企业承受重压。反过来,人民币出现贬值,自然对这些企业有利。在这些以出口为导向的企业中,纺织服装企业无疑占据相当大的比重。对于不少利润被结汇环节吞噬掉的纺织服装企业而言,人民币贬值将是刺激其业绩增长的最直接手段之一。

(2) 钢铁业

钢铁行业产能过剩已是一个共识,"一带一路"的提出为行业绘制了新的发展前景。换句话说,钢材走出去是增厚钢企利润的一个有效途径,特别是在人民币贬值的情况下,这无疑令相关钢企的竞争力得到提升。人民币贬值对钢铁下游行业,如机械、家电等行业也有间接的促进作用,这些行业产品的出口如果上升,或能带动国内钢材市场好转。

(3) 航运业

一些业内人士人称,人民币贬值或刺激国内纺织业等行业的出口,从而给集装箱航运带来一定的利好,甚至刺激对于原材料的需求而带动干散货运输市场。

(4) 化工业

人民币贬值将加大进口企业的采购成本,但对出口型化工企业或是利好。

(5) 汽车业

人民币贬值可能使进口汽车价格吸引力将下降,或抑制进口汽车销量进一步扩大局面。

人民币贬值,我们该如何理财呢?

首先,要调整储蓄结构。可以将一部分人民币资产换成美元资产。人民币进入贬值周期后,美元就进入升值周期,普通大众持有一部分美元资产可以避免资产缩水,通过多元化储蓄来分散风险。

其次,调整投资结构。可以选择投资海外不动产、投资海外股市等。仅仅靠储蓄很难实现普通大众资产的保值、增值,在人民币贬值背景下可以考虑适当投资海外股市、楼市,为自己的资产增值。

最后,要注意自己的消费。人民币贬值,消费海外商品价格相对"贵了",可以考虑用国产产品替代。

第三节　贸易顺差与逆差

过去多年,特别是 2008 年国际金融危机以来,我国外汇储备持续大幅增长。根据央行微博和国家统计局数据统计,2008 年至 2013 年间,我国外汇储备年均新增 3 276 亿美元。2014 年 6 月末,外汇储备近 4 万亿,达到 39 932 亿美元,创历史新高。但是,从 2014 年 9 月我国外汇储备开始呈现连续下降态势,从 3.89 亿美元一直降至 3.73 亿美元。2015 年 4 月曾小幅回升至 3.75 万亿美元,此后又逐月减少。

由于在过去一年里美元汇率在国际市场上走强,我国外汇储备中的非美元资产缩水,造成了外汇储备的账面价值下降,但这并非真实的损失;我国外汇储备下降的另一原因是在这期间资本外流,外汇储备本金的实际减少。截至 2016 年 12 月 31 日,我国外汇储备规模为 30 105.17 亿美元,较 11 月底下降 410.81 亿美元。2016 年外汇储备下降 3 198.44 亿美元,储备量逼近"3 万亿"关口。

故事中的经济学

我国外汇管理局 2005 年 8 月 31 日公布数据显示,2015 年 7 月,我国国际收支口径的国际货物和服务贸易收入 12 644 亿元,支出 10 909 亿元,顺差 1 736 亿元。其中,货物贸易收入 11 476 亿元,支出 8 664 亿元,顺差 2 812 亿元;服务贸易收入 1 169 亿元,支出 2 245 亿元,逆差 1 076 亿元。

2015年1—7月,我国国际收支口径的国际货物和服务贸易收入81 441亿元,支出69 675亿元,顺差11 766亿元。

按美元计价,2015年7月,我国国际收支口径的国际货物和服务贸易收入2 067亿美元,支出1 783亿美元,顺差284亿美元。其中,货物贸易收入1 876亿美元,支出1 416亿美元,顺差460亿美元;服务贸易收入191亿美元,支出367亿美元,逆差176亿美元。

按美元计价,2015年1—7月,我国国际收支口径的国际货物和服务贸易收入13 294亿美元,支出11 372亿美元,顺差1 922亿美元。

表9-3 2014年全球货物进出口差额排名表(前十位)

国家和地区	进出口差额(亿美元)			进出口差额排名	
	2013	2014	增速%	2013	2014
世界	−780.00	−890.00	14.1	…	…
中国大陆	2 590.15	3 824.57	47.7	2	1
德国	2 602.72	2 935.49	12.8	1	2
沙特阿拉伯	2 077.52	1 905.10	−8.3	3	3
俄罗斯联邦	1 819.41	1 886.60	3.7	4	4
卡塔尔	1 019.55	976.50	−4.2	6	5
阿拉伯联合酋长国	1 280.00	970.00	−24.2	5	6
荷兰	818.59	855.94	4.6	8	7
科威特	856.31	755.93	−11.7	7	8
意大利	388.21	569.89	46.8	14	9
挪威	645.76	536.60	−16.9	9	10

经济学原理

1. 贸易顺差、贸易逆差及贸易平衡的含义

通过政府定期公布的对外贸易平衡表,可以研究一国对外贸易发展情况。一国对外贸易情况按出口大于、小于或等于进口等情况,分别构成贸易顺差、贸易逆差或贸易平衡。

(1) 贸易顺差

所谓贸易顺差是指在特定年度一国出口贸易总额大于进口贸易总额,又称"出超"。表示该国当年在对外贸易中处于有利地位。

(2) 贸易逆差

所谓贸易逆差是指一国在特定年度内进口贸易总值大于出口总值,俗称"入超",反映该国当年在对外贸易中处于不利地位。

(3) 贸易平衡

是指一国在特定年度内外贸进、出口总额基本上趋于平衡。纵观世界各国(或地区)政府的外贸政策实践,这种现象并不多。一般来说,一国政府在对外贸易中应设法保持进出口基本平衡,略有结余,此举有利于国民经济健康发展。

2. 贸易顺差的利弊:

(1) 利

① 贸易顺差有利于促进一国经济增长。贸易顺差主要来源于净出口的增加,一国对外贸易,特别是出口迅速增加使得该国国内总需求扩张,国内总需求的增长促进了一国国民经济增长。此外,在外贸乘数的作用下,经济增长的规模数倍于净出口额。

② 贸易顺差会使一国外汇储备增加,综合国力增强,有利于维护该国的国际信誉,提高其对外融资能力和引进外资能力。

③ 贸易顺差能够增强一国抵抗经济风险的能力,有助于维护国家经济安全。一国有足够的外汇储备不仅能满足其对外经济贸易的需要,还能增强一国对外清偿能力、保证对外支付,还有利于应对国际金融风险,提高国家抵抗各种经济风险的能力。

④ 贸易顺差有利于一国维持汇率稳定,实施较为宽松的宏观调控政策。贸易顺差使得一国有充足的外汇干预外汇市场,保持该国货币汇率的稳定性。另外,一国贸易顺差使得该国有较充足的外汇调节国际收支,可以执行主动的对外经贸政策。

(2) 弊

① 长期贸易顺差使得一国货币升值的压力加大,国际贸易摩擦增

加。贸易顺差使得国内外汇市场上的外币供给大于外币需求,必然产生本币升值的预期。贸易顺差源于出口贸易的迅猛增长,出口迅猛增长必然会加剧全球出口市场的竞争,对他国的出口构成威胁,很容易招致一些国家的不满,引来他国的攻击和报复,国际贸易摩擦也伴随而来。

② 长期贸易顺差使一国通货膨胀压力加大,不利于经济长期稳定健康发展。一国长期贸易顺差,外汇供给增加,本币被动流出增加,该国通胀压力加大,影响经济的健康发展。另外,贸易长期顺差带来了该国外汇储备急剧增长,而央行为了稳定汇率,被迫发行本币而收回外币,加大了中央银行维持国内货币供给稳定的成本和难度。

③ 长期贸易顺差导致经济对外依存度过高,出口结构难以调整。一旦国外国家经济不景气,很容易导致本国出口大幅减少,影响本国经济发展。而且长期顺差会使一个国家调整出口结构的动力减弱,不利于其出口结构的调整。

④ 长期贸易顺差弱化了货币政策效应。外汇流入随着贸易顺差的增加而增多,在固定汇率和外汇结售汇制度下,中央银行要以本币购买外汇,本币的投放随着外汇流入的增多而增加。随着大量的本币被动地投入到流通领域,中央银行的基础货币账户更加受制于外汇的流入,不但削弱了中央银行货币政策的效应,还导致物价水平上升。

⑤ 贸易顺差虽然增加了外汇储备,但从资源效用最大化的角度看是资源未得到充分利用。

3. 贸易逆差的利弊

(1) 利

① 适当的贸易逆差有利于缓解短期贸易纠纷,有助于贸易长期稳定增长。

② 如果逆差的产生是由于购买生产性的设备或者原材料,那就可以提高生产能力,或者补充国内一些短缺的原材料,从而带动就业,促进经济发展。

③ 逆差能减少一国货币升值的预期,减缓资本净流入的速度。

④ 短期的贸易逆差有助于缓解一国通货膨胀的压力,有益于该国

货币政策的操作空间。

（2）弊

① 长期贸易逆差将导致一国国内资源外流，对外债务增加，影响国民经济正常运行。

② 长期贸易逆差使一国通货紧缩压力加大。贸易逆差源于进口大于出口，使得外汇流出增多，本币回笼因此增加，流通中货币的减少，使一国经济发展速度放缓，通缩压力加大。

③ 长期贸易逆差一国货币贬值压力加大。贸易逆差使得国内外汇市场上的外币需求大于外币供给，必然产生本币贬值的预期。

身边的经济学

投资大师巴菲特曾讲过一个这样的故事：

从前有两个海岛，分别叫勤俭岛和挥霍岛。勤俭岛的居民很勤劳，每天努力工作，从而生产出大量食物。他们除了满足本岛居民的需要外，还出口到挥霍岛。然而，挥霍岛上的居民却不大喜欢工作，相反热衷于消费。他们从勤俭岛进口食物，并用本岛发行的债券作为交换。年复一年，勤俭岛的居民积累了大量挥霍岛的债券，并用它们购买了挥霍岛的土地，最终将挥霍岛据为己有。

从国际贸易国与国顺差和逆差的角度看这个小故事，勤俭岛在对外贸易中，处于明显的顺差地位，相反，挥霍岛处于明显的逆差地位。从这个故事中可以看出，一个国家长期处于贸易逆差状态，资产外流数量巨大，会给这个国家带来极大的危害。目前，中国和美国的贸易现状，类似于勤俭岛和挥霍岛的关系。

如前文所述，我国2014年6月份之后，外汇储备从最高峰近4万亿美元下降至2016年年底的30 105.17亿美元，但是我国在外汇储备方面还是位居世界第一。庞大的外汇储备对我国的经济发展做出了很大贡献。2007年以来，西方央行实行量化宽松货币政策大量"放水"，我国外汇储备发挥了"泄洪区"功能，有效抵御了来自国外的冲击，维持了我国经济结构的调整和转型升级方面的良好外部条件，也争取了宝贵的时间窗口。所以外汇储备这些年其实对我国宏观经济的平稳有效运行发挥了很大作用。

一个国家拥有庞大的外汇储备本来是件喜事,就如同一个家庭拥有鼓鼓的钱袋子,抗风险能力很强,心里感觉踏实。但是,随着我国外汇储备的增加,它却成了人们关注的焦点。为什么一个国家拥有了大量的外汇储备,却引起了各方忧虑呢?

首先,我们来看一下我国贸易顺差形成的具体情况。我国在对外贸易中,资源的输出长期大于输入,就是说我国资源、能源等大量消耗,实际上处于一种净流出状态。长此以往下去,我国的经济发展就会面临资源短缺的问题。事实上,目前,资源短缺已经成为制约我国经济发展的瓶颈,改变出口结构已经势不容缓。有些原材料和劳动密集型产品的出口,极易扩大污染,加剧资源和环境压力。

第二,加大了我国宏观调控的难度。外汇储备规模过大,一方面形成国内通货膨胀潜在的压力。另一方面加大了央行存款准备金制度和对冲操作压力,对货币政策的制约程度进一步增加。此外,庞大的外汇储备还增加央行资产负债风险。我国外汇储备占央行总资产的比重超过80%,央行的资产负债货币结构不匹配,带来较大的汇率风险和成本对冲压力。

第三,加大外汇储备经营方面的挑战。相比巨额外汇储备,国际金融市场容量较为有限,大规模投资面临约束;国际金融危机频繁发生,引发资产安全风险和价格风险;此外,还存在政治、外交冲突引发的资产冻结等极端风险。

最后,我国贸易顺差形成的大量外汇储备主要用于购买美元资产,这相当于以较低的利率向美国和其他国家提供了资金,而我国本身就是一个非常需要资金的国家,这对于我国提高资金利用效率,转变对外贸易的增长方式都是不利的。

拥有庞大的外汇储备对一个国家有着积极的作用,但是规模巨大的外汇储备表明我国居民正在牺牲自己的消费和投资机会,而去向其他国家(主要是美国)提供低息资金,也就是说我们的外汇储备正在成为别的国家的现金流。

充足的外汇储备对一个国家经济安全有着重要作用,但是不能将这点过分看重,它只是一国经济稳定的因素之一。外汇储备并非越多越好,相反消减过高的外汇储备是非常必要的。

解决外汇储备过多的问题,一方面要解决存量过高的问题,还有一方面体现在对流量的调控方面。

盘活存量,要完善我国外汇储备经营管理体制,不断创新和拓宽外汇储备运用渠道和方式,提高外汇资源的使用效率。这可以通过扩大资本设备和战略资源进口、增加对外直接投资等方式实现。我国可以购买海外的矿产股份、石油股份,一定程度上掌握矿产、石油价格的话语权,这将对我国经济发展产生巨大的保障和促进作用。此外,我国改革开放30多年来一直比较注重吸引外资,对鼓励国内企业"走出去"做得相对不够。目前,国内已经有很多企业具备了走出去的能力,政府可以鼓励更多的有能力的企业进行海外投资,为我国企业发展和经济发展提供新的机会。

解决流量问题,控制好收支平衡,主要措施就是加快推进经济发展方式转变和结构调整,使经济增长由较多依赖投资、出口转向消费、投资、出口协调拉动。另外,在稳定出口的同时要增加进口,促进贸易收支平衡。我们在提高外资利用质量的同时,稳步拓宽资本流出的渠道,增加资本输出,促进跨境资金双向有序的合理流动。还有就是要继续完善市场化的人民币汇率形成机制,培育国内的外汇市场,进一步发挥汇率对国际收支调节的价格杠杆作用。

我国外汇储备资产如何管理也是国人很关心的问题。一个国家的外汇储备管理包括两个方面:一是外汇储备规模的管理,以求得适度的储备水平。国际货币基金组织做过一项研究,提出了一揽子综合指标,它提出外汇储备应相当于30%的短期外债、15%的证券投资、10%的出口和10%的广义货币总和的100%～150%。二是外汇储备结构的管理,使储备资产的结构得以优化。

按照流动性的高低,外汇储备一般被分为三级:

一级储备资产:流动性高,但收益率较低,主要包括活期存款、短期存款和短期政府债券。

二级储备资产：收益率高于一级储备，但流动性低于一级储备，如2～5年期的中期政府债券等。

三级储备资产：收益率高于二级储备，但流动性低于二级储备，如政府长期公债等。

我国外汇储备中美元资产占比很大，其他如欧元、英镑、日元等占比较少。这种情况，一旦遇到美元贬值，我国的外汇储备资产就不可避免地会"缩水"，所以各种外汇资产的合适的配比也是我国在外汇储备管理中需要注意的问题。

长期以来，我国的外汇储备由两部分组成：一是国家外汇库存。二是中国银行外汇结存。但从1992年开始，我国的外汇储备不计中国银行外汇结存这部分，从而使我国的外汇储备构成发生了变化。

我国在管理外汇储备时，除了购买收益相对稳定的债券，还成立了中投公司，管理我国的外汇储备。中国投资有限责任公司（简称中投公司），2007年9月29日在北京成立。该公司的资金来源于中国的国家外汇储备；成立初期的注册资本金为2 000亿美元，是全球最大主权财富基金之一。

中投公司在境外主要投资于股权、固定收益和另类资产。另类资产投资主要包括对冲基金、私募市场、大宗商品和房地产投资等。投资区域涵盖发达国家市场和新兴国家市场。

在外汇储备风险控制方面要注意如下几点：

一方面，大规模的外汇资产投资要多元化、分散化，不要把鸡蛋都放到一个篮子里边，外汇市场行情经常变化，各种投资盈亏皆有可能，分散投资可以化解非系统性风险。

另外，外汇资产投资始终应坚持审慎的投资理念，要在一个非常系统严谨的风险管理制度下，审慎的评估和前瞻性的分析外汇储备可能面对的各种风险。在能够辨识各种风险的情况下，运用先进的风险管理技术，提前预警，及时跟踪，全方位、多角度地对各类风险进行监控和管理。

此外，除了投资风险的防范，内控非常重要。外汇储备高度重视内部控制，按照规范化、程序化、制度化的要求，建立相互制衡的内控体系，不断完善各项规章制度和操作规程。同时，定期接受有关部门的审计，外汇储备也通过各种方式提高政策和管理的透明度，积极接受外部监督。

在对外贸易中，顺差并不是越多越好，同样的，外汇储备也不是越多越好。这如同自然界的新陈代谢一样，处于一种动态的、良性的平衡中，生命才是最健康、安全的。对一个国家而言，亦是如此。

第四节 长尾理论

为统计图书网络发行情况，以当当网图画书发行情况为例，设计了分出长尾头部和尾部的抽样方案：以"图画书"为关键词搜索，以2009年2月20日搜索出的按销量从多到少排序的1 229条结果为抽样框，取销量前20位的图书为长尾头部；再以等距随机抽样方式，每隔20条取1个样本，取代表长尾尾部的图画书样本60个。

由于当当网规定实际购买该书才能评论，所以在无法取得当当网具体销售数据的情况下，可以把评论条视作该书的最少销售量，而实际销售量应该大于此数。汇总数据表明，长尾头部的阅读人数是2 580人，评论条数是1 343条，说明至少一半阅读者购买了该书；而长尾尾部（以等距抽样获得的60本图画书的数据乘以等距距离20得出大致的长尾尾部数据）的阅读人数是49 870，评论条数是26 440条，同样至少一半阅读者最后购买了该书。从头部、尾部的最少销量总和来看，图画书网络发行长尾尾部甚至比头部大了近20倍，长尾呈无限衍生的扁平状态。这个数据的长尾之长令人惊讶。2008年4月图画书才600种，不到2年，仅当当网图画书截止到2010年3月20日的数据，已经快速飙升至2 425种。原来只有微利的产品，在网络长尾营销模式下，以绝对性的压倒优势超过了热门产品的营收。

这些商业现象对传统的商业观念造成了较大的冲击。在这些故事中蕴含着信息社会中一个新的理论——长尾理论。

经济学原理

长尾理论：长尾理论是网络时代兴起的一种新理论，由美国人克里斯·安德森提出。长尾理论认为，由于成本和效率的因素，当商品储存流通展示的场地和渠道足够宽广，商品生产成本急剧下降以至于个人都可以进行生产，并且商品的销售成本急剧降低时，几乎任何以前看似需求极低的产品，只要有卖，都会有人买。这些需求和销量不高的产品所占据的共同市场份额，可以和主流产品的市场份额相比，甚至更大。

长尾理论和"二八定律"是对立的。二八定律是由意大利经济学家帕累托提出的，他从大量具体的事实中发现：社会上 20% 的人占有 80% 的社会财富，即财富在人口中的分配是不平衡的。同时，人们还发现生活中存在许多不平衡的现象，比如企业 80% 的利润来自其 20% 的产品。二八定律强调主流产品对企业利润的影响，而长尾理论则强调尾部产品对企业利润的影响。

身边的经济学

长尾理论是美国人克里斯·安德森提出的。他是美国《连线》杂志主编，喜欢从大量数字规律中发现趋势。有一次他跟 eCast 首席执行官范·阿迪布见面，范·阿迪布提出了"98 法则"，听到后安德森顿觉耳目一新。范·阿迪布从音乐点唱数字统计中发现了一个现象：听众并不是都盯着热门音乐，而是对 98% 的非热门音乐有着无限的需求，非热门的音乐集合市场无比巨大。听众几乎盯着所有的东西！他把这称为"98 法则"。

安德森意识到阿迪布提出的"98 法则"虽然有悖常理，但却隐含着一个强大的真理。于是，他系统研究了亚马逊、狂想曲公司、Google 等互联网零售商的销售数据，并与沃尔玛等传统零售商的销售数据进行了对比,发现一种符合统计规律(大数定律)的现象。这种现象恰似以数量为纵坐标,以品种为横坐标的二维坐标图上的一条需求曲线,拖着长长的尾巴,这条线向横轴的尽头无限延伸,长尾由此得名。

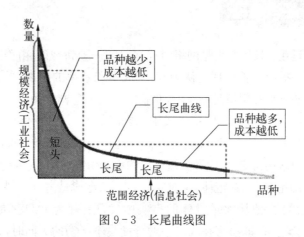

图 9-3 长尾曲线图

长尾理论有很多成功的案例,如 Googleadwords、amazon、iTune 等。但并不是所有的企业都是长尾理论的成功者,也有很多失败的情况。长尾理论的实现要具备一定的条件。

首先,长尾理论统计的是销量,并非利润。要实现盈利,控制好成本是最关键的因素。增加销售品种成本也会增加,每个品种的利润与销售量成正比,当销售量低到一定限度就会引起亏损。理智的零售商是不会销售亏损的商品的。在控制单品销售成本问题上,互联网企业具有绝对优势。互联网企业库存很少,甚至没有真正的库存,网站维护费用也比传统店面低得多,所以能够极大地扩大销售品种。而且互联网企业在建设初期都不计成本的疯狂投入,这为其品种扩张提供了极大的可能性。互联网企业如果销售的是虚拟产品,则仓储和配送成本几乎为 0,长尾理论在这类企业中就被发挥到淋漓尽致。Googleadwords、iTune 音乐下载就是这种情况。可以说,虚拟产品销售天生就适合长尾理论。

其次,要使长尾理论更有效,应尽量增大尾部产品,将尾部无限延伸,也就是降低门槛,吸引小额消费者。与传统商业企业尽量争取大额订单不同,互联网企业营销应该把注意力放在把蛋糕做大上。通过鼓励用户尝试,将众多可以忽略不计的零散流量,汇集成巨大的商业价值。

当然,应用长尾理论还要注意降低管理成本的问题。如果处理不当,客服成本会迅速上升,成为主要矛盾。

使用长尾理论要保证任何一项成本都不随销量的增加而急剧增加,最差也就是同比增长,否则长尾理论无法继续应用下去。最理想的长尾商业模式是这样的:成本是固定的,而销售量却可以无限增长。这就要求企业基础设施扩展的成本很低,如 Google 的 bigTable(Google 设计的分布式数据存储系统)就是如此。

Google 就是长尾理论一个非常成功的案例。它的成长历程就是把广告商和出版商的"长尾"商业化的过程。数以百万计的小企业和个人,小的让广告商不屑一顾,甚至连他们自己都不曾想过可以打广告。但 Google 的相关广告让它们做到了。Google 降低了广告门槛:广告是自助的,廉价的,谁都可以做的;另外,做广告是方便的,成千上万的 Blog 站点和小规模的商业网站可以容易地自己把广告放到自己的站点上。目前,这些小网站已经占了 Google 生意的半壁江山。数以百万计的中小企业组成了一个巨大的长尾广告市场。这条长尾到底有多长,恐怕难以预知。

亚马逊公司也是长尾理论成功一个的案例。正如一个前亚马逊公司员工所说:"现在我们所卖的那些过去根本卖不动的书比我们现在所卖的那些过去可以卖得动的书多得多"。这应该就是对长尾理论本质精辟地概述。

在企业实际运作过程中,长尾理论是否可信?热门产品战略是否已经过时?在今天的市场上,企业到底应该怎么做?为了验证长尾理论,有人做了调查。调查者对音乐行业和家庭影碟租赁(长尾理论提出者经常列举的两个市场)的销售模式进行了研究和调查,研究发现销量确实在向销售曲线的尾部转移,原来那些基本没有或根本没有销量的录像带的销售数量在迅速增长。但是,调查者同时指出长尾的尾部正在变得更长、更扁平,却没有变肥。同时,研究还显示,热门产品的价值并未消减,音乐行业和家庭影碟租赁行业的利润主要来自曲线顶部的极少量热门产品,集中程度甚至比以往更甚。从这些调查研究中可以看出,二八定律和长尾理论在这两个行业中都在发挥作用,当今的世界仍是赢家通吃,在线销售渠道会进一步巩固少数赢家的市场地位。

调查者通过分析大量的数据还发现,从"尾部"产品中获利并非易事。公司如果彻底颠覆传统销售模式或是将重点放在长尾产品的需求上,这可能是很危险的动作。那些需求广泛的核心消费者偶尔会光顾长尾产品,而非核心消费者则还是更多地盯住热门产品。许多消费者偶尔会在线购买在实体商店里无法买到的冷门产品。但是与此同时,他们也更多地在消费热门产品。当今社会在线商业无疑极大地丰富了消费者的选择。但是,即便是通过网络销售,热门产品仍占有主导地位,它们还是比冷门产品受欢迎。实际上,消费者的在线购买习惯与他们平时的消费习惯并无很大不同。所以对于很多企业来说应用长尾理论时要注意:不要从根本上改变对热门产品的资源分配或产品组合策略;在拓展网上渠道时,应重点营销你最热门的产品;当生产针对长尾的缝隙产品时,应尽可能降低成本。

在数字化时代,消费者更容易通过在线销售获得"长尾"产品,对于企业来说在企业经营中可以做到"头尾通吃",头部产品可以为厂商带来利润,但是"长尾"产品也不应该忽视,它也可以为企业带来较好的收益。积少成多,聚沙成塔。

第五节 供给侧改革

供给侧改革,以往中国老百姓不大熟悉的一个词,2015年岁尾频频出现在各种新闻报道中。"供给侧改革"到底有多火,从中国高层领导人的讲话中,我们就可以看出来。2015年11月10日,习近平主席在中央财经领导小组会议上首次提出"供给侧结构性改革";11月11日在国务院常务会议上,习主席再次强调"培育形成新供给新动力";11月17日李克强总理在"十三五"《规划纲要》编制工作会议上强调,在供给侧和需求侧两端发力促进产业迈向中高端;11月18日,习主席在APEC会议上发表主旨演讲时,再提供给侧改革。

第九章 当前热点问题

九天中,中国最高层领导人四次提到供给侧改革,其意义何在?

故事中的经济学

2015年11月10日后,我国各地差不多满城尽说"供给侧"！一个较"学术范儿"的经济学名词,"供给侧"近期频频刷屏。如果说,供给侧改革是眼下中国经济的一剂对症良药的话,对于中国老百姓来说,供给侧改革则意味着未来更多的实惠和便利。

2015年的"双十一",某大型外资超市在天猫旗舰店卖出了224万升进口牛奶,接近中国人每天液体奶需求量的一成,成为当天最受中国人欢迎的跨境商品。同时,日本纸尿裤、美国坚果、韩国美妆、澳大利亚婴儿奶粉都是最畅销的"海淘"商品。老百姓更多选择外国产品,归根到底是因为国内一些同类产品的质量无法满足需求。于是,"双十一"之外,我们还能看到各种"海淘"奇观：去日本买马桶盖,去新西兰买奶粉,去荷兰买剃须刀等等。这样一个事实的背后其实正是,我们供给端提供的商品,并没有完全满足大家的消费需求。现在中国老百姓频繁到国外去买东西,一是因为国外的产品品质好,二是因为国外产品相对来说价格便宜。如果中国的企业生产的产品能够满足上述两点,中国老百姓也就不会跑到国外千里迢迢,大包小包地往回背了。

经济学原理

1. 供给侧改革的含义

供给侧改革：就是从供给、生产端入手,通过解放生产力,提升竞争力促进经济发展。具体而言,就是要求清理僵尸企业,淘汰落后产能,将发展方向锁定新兴领域、创新领域,创造新的经济增长点。对于供给侧改革,习近平主席的原话是,"在适度扩大总需求的同时,着力加强供给侧结构性改革,着力提高供给体系质量和效率",其核心在于提高全要素生产率。政策手段上,包括简政放权、放松管制、金融改革、国企改革、土地改革、提高创新能力等。

供给侧改革是一种寻求经济新增长新动力的新思路。对于如何拉动经济增长,需求侧管理与供给侧改革有着截然不同的理念。需求侧管理认为需求不足导致产出下降,所以拉动经济增长需要"刺激政策"(货币和财政政策)来提高总需求,使实际产出达到潜在产出的水平。供给侧管理认为市场可以自动调节使实际产出回归潜在产出的水平,所以根本不需要所谓的"刺激政策"来调节总需求,拉动经济增长需要提高生产能力,即提高潜在产出水平,其核心在于提高全要素生产率。从供给侧管理角度看,本质上属于提高全要素生产率的方式。

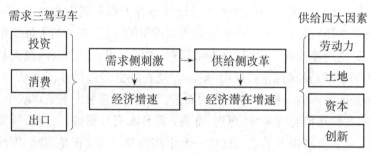

图9-4 需求侧三驾马车与供给侧四大因素

资料来源:海通证券研究所

2. 供给侧改革提出的背景

现阶段,我国经济主要矛盾已经发生变化。"投资、出口占比太大,消费占比太小"的时代正在远去,而"供给跟不上需求"正凸显经济增长的重要障碍。"供需不匹配",是理解"供给侧改革"最基本的背景。

3. 供给侧改革的重点领域

习近平总书记在中央财经领导小组第十一次会议上的讲话,全面地解释了"供给侧改革":

其一,"要促进过剩产能有效化解,促进产业优化重组"。化解过剩产能,通过价格调整、企业整合淘汰、拓展外部市场是主要方式。这意味着,从央企到地方国企的整合将向下层逐级推开,"一带一路"的建设进程将加快。这关系到产业层面供给的改善。

其二,"要降低成本,帮助企业保持竞争优势"。这意味着企业将通过结构性减税获益。实际上,此前明确的"适当降低社保缴费水平",与降低成本的政策信号一致。这是在财税制度层面改善供给。

其三,"要化解房地产库存,促进房地产业持续发展"。这是对房地产作为支柱产业的再次确认。促进房地产业持续发展,不仅因为这一行业能带动钢铁、水泥、电解铝等许多下游产业的发展,化解这些行业的产能,有效拉动就业,还在于从推进"城镇化"角度考量,房地产业的发展是让2.5亿缺乏相应市民权利的城镇常住人口能真正定居下来的必要物质前提。这是在调控层面消除供给制约。

其四,"要防范化解金融风险,加快形成融资功能完备、基础制度扎实、市场监管有效、投资者权益得到充分保护的股票市场"。这一论述表明了最高领导层对股市发展的态度。股市既是企业的直接融资平台,也是普通投资者合法获得财富、提高消费能力的主要平台。这是在资本层面强调供给的稳定性。

产业层面、调控层面、财税制度层面、资本层面的新部署,勾勒出了"供给侧改革"的重点领域和规模。显然,这些层面的改革都非一日之功可达,这也表明"供给侧改革"不是针对经济形势的临时性措施,而是面向全局的战略性部署。

4. 供给侧改革降低企业成本的方法

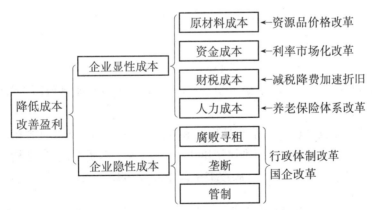

图9-5 供给侧改革降低企业成本的方法

资料来源:海通证券研究所

5. 供给侧改革将对生产结构的影响

供给侧改革如何影响经济结构？从生产角度看，供给侧改革将导致第三产业占比上升，第二产业中传统工业占比下降、新兴产业占比上升。而从收入角度看，供给侧改革将引发经济蛋糕的重新分配：减税将导致生产税净额占比下降，加速折旧和去产能将导致固定资产折旧占比短期上升、长期趋降，降低成本和去产能将导致企业营业盈余占比上升；加速劳动力跨地域、跨部门流转以及提高人力资本，将导致劳动者报酬上升。

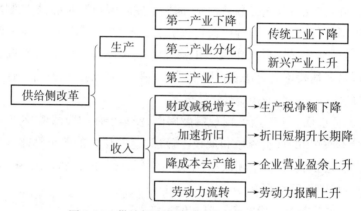

图9-6 供给侧改革将对生产结构产生影响

6. 提高全要素生产率

提高生产生产能力的路径包括三个方面：

第一，改革提高效率（核心问题）。通过改革促进全要素生产率的提升，包括简政放权、放松管制、金融改革、国企改革、土地改革、提高创新能力等等。

第二，调结构。调整产品价格和要素价格在不同部门间的相对价格，引导资本和劳动在不同部门间的重新配置。本质上说，调结构不属于一个经济增长问题，但从政策手段上看这也属于供给侧管理的一种方式。

第三，改善人口结构和劳动力质量。劳动人口占比上升可以提高人均产出，人力资本质量提高可以增加劳动力的生产能力。

身边的经济学

中央提出"供给侧结构性改革"的原因并不复杂,从我国目前经济的实际情况看,单纯的需求管理难以帮助中国经济走向复苏。一段时间以来,中国力图以扩张的货币政策和财政政策刺激需求。2015年以来,央行已5次降息降准、发改委新批基建项目超过2万亿人民币,但经济颓势难改。无论是2009—2010年的"四万亿",还是目前的投资刺激,均收效不佳。这表明,中国经济面临的不是短期的、周期性的、外部的冲击,而是中长期的、结构性的、内部的压力。刺激政策对前一种情形或许有效,但对后者却束手无策。

11月18日习近平在亚太经合会议指出:"要解决世界经济深层次问题,单纯靠货币刺激政策是不够的,必须下决心在推进经济结构性改革方向做更大努力,使供给体系更适应需求结构的变化。"

而供给侧结构性改革需从以下几个方面入手:

第一就是在去产能方面应该切实加大力度,取得实质性进展。目前对于整个中国经济,大家普遍关注GDP增速的下滑,其实最具挑战性是工业企业盈利水平的下降。工业企业盈利负增长已经持续一年多时间,其主要原因就是产能过剩,特别是钢铁、铁矿石、煤炭、石油、石化等重化工业部门,产业过剩很严重。PPI已连续50多个月负增长,这五大行业对整个工业PPI下降的贡献占70%~80%。

如果这种局面再继续拖下去,不仅这些企业经营困难加大,金融、财政的风险也会进一步加大或者凸显。解决这种局面的关键,就是严重过剩行业在去产能方面要有实际性的操作。但因为这些重化工业行业里面主要还是国有企业,除了涉及去产能和稳增长之间存在一定程度的矛盾,还有人的问题和债的问题需要解决。这样仅仅靠地方、企业、市场恐怕很难解决,还是需要国家出面采取一些措施。推动企业去产能,还要进一步推动市场化的兼并重组,通过优势企业发挥主导作用,用市场化的办法对生产力进行重新整合,来提升整个企业的生产效率。

第二，就是要进一步放宽准入标准，加快行政性垄断行业改革。前段时间放宽准入主要是对小微企业，但从稳增长、提效率来讲，不仅是要"放小"，可能更具有实际意义的还要"放大"，也就是在行政性垄断问题比较突出的基础行业中，切实放宽准入标准，引入竞争。这些行业放宽准入标准之后，能够确实改善供给、降低成本，同时能够通过竞争全面提升效率。

第三，要加快城乡之间土地、资金、人员等要素的流动，实现合理化配置。现在中国城市稳步发展，农村内部发展空间比较简单，未来新增长点在城乡之间。具体地说，现在推进城市化，现有城市之间通过互联互通，发展一些中小城镇，形成一定范围的城市带、城市圈，由过去孤岛型城市转变为网络型城市，这方面的潜力还很大。

第四，要加快培育有利创新的环境。过去人们总喜欢做产业发展规划，但创新从本质上来讲是很难规划的，最重要的是有一个有利于创新的环境，包括充分发挥知识产权制度作用，使国有企业负责人、民营企业老板形成稳定预期，促进要素之间合理流动，加快培育人力资本，促进金融体系的改革，以适应转型升级的需要。

第五，就是如何进一步加快产业的转型升级。中国转型升级大概有两个方向，一个就是刚才讲的创新，再一个就是"精致生产"。"精致生产"就是把活做细，就是现在人们讲的"工匠精神"。中国大部分制造业摊子已经铺开了，但整个精细化程度还是比较低，这在中国的潜力很大。

中国进行供给侧改革并不能否定"三驾马车"。

经济学的供给和需求是同时存在的，转向供给侧以后就更加强调不要纯粹刺激需求来拉动经济增长，不要光做需求的文章。供给侧强调的就是通过重新改变资源的配置来提升效益，但并不是说是需求不重要了。有人说"三驾马车"理论不正确，这是不懂经济学的表现。

供求是双方面的一种平衡关系，供给侧方面的改革最终也是在创造需求，也是在解决需求的问题。比如去产能，兼并重组实际上是调整供给结构，把不需要的供给减下去，同时创造市场需求。行政性垄断行业改革也是这样，放宽准入的同时就是在扩大投资。制造业的增长以及转型升级,服务业的发展,都是通过供给侧的改革以创造出新的需求。总的来说,解决供给问题的同时,也是创造新的需求,而且这种新的需求更可靠、更实在、更具有可持续性。

对于供给经济学的适用性,马云做了非常深刻的阐述:"中国经济前30年,加大基础设施、出口,这是政府拿手好戏,银行的钱掏出来。消费,把老百姓的钱掏出来,那是企业家的本事,那是创新的体现。我们要用观念去不断打开这个消费和内需拉动的东西,这一定是企业家的作用。未来20年到30年,中国必须以消费拉动,而消费拉动一定是企业家。"

李克强总理提出:"大道至简"。中国历史上,但凡一个时代的政治比较"简",让老百姓休养生息,就会被后世称为"盛世"。这其实就是供给经济学的精髓。

与凯恩斯主义的立竿见影不同,供给经济学要求的是大胆的减税、痛苦的结构性调整、自我革命的简政放权。政治家必须要有"功成不必在我"的心胸、力排众议的勇气、不畏阵痛的定力,才能将供给革命进行到底。

总结而言,我们认为供给侧改革的实质是三中全会"全面深化改革"在要素领域的延续和聚焦。当前蓝图已经铺开,未来前景令人期待!

参考文献

1. GDP 指标有自身缺陷 增长不等同于发展,人民日报,人民网,2014 年 2 月 10 日。

2. 常青,应该读点经济学,中信出版社,2009 年 1 月第 1 版。

3. 陈果静,解读当前 4 大经济热点问题中国经济网,经济日报,2015 年 7 月 28 日。

4. 范文仲,互联网对金融的革命性影响,中国金融,2014 年 12 月 31 日。

5. 侯荣华,西方经济学,中央广播电视大学出版社,2015 年第 3 版。

6. 互联网金融的战国时代,中国经济网。

7. 互联网金融业态分类,中国经济网。

8. 黄真次贷危机对我国经济的影响,市场导报,2008 年 8 月 15 日。

9. 老友烈酒到底发生了什么?人民币突然贬值 1 000 多点,搜狐平台,2015 年 8 月 21 日。

10. 李江蓓、王雅宁,人人都爱经济学,经济科学出版社,2009 年 6 月第 1 版。

11. 李睿,每天学点经济学,哈尔滨出版社,2009 年 11 月第 1 版。

12. 梁小民,西方经济学,中央广播电视大学出版社,2009 年版。

13. 刘丽文,外包的起源、发展及研究现状综述,企业管理,2007 年 3 月。

14. 罗伯特·弗兰克,牛奶可乐经济学,中国人民大学出版社,2014年3月版。

15. 罗宁,生活离不开经济学,人民邮电出版社,2008年12月第1版。

16. 南旭光,博弈与决策,外语教学与研究出版社,2012年版。

17. 商务部:中国服务外包占全球份额升至近30%,凤凰财经,2015年9月26日。

18. 世界经济历史上最著名的九次金融危机 http：//www.sina.com.cn 中国经济网,2013年8月5日。

19. 田菁慧,李杰,浅析我国对外贸易顺差的成因及利弊,东方企业文化,2010年3月。

20. 谢雪燕,存款保险制度下的道德风险及对策——借鉴美国的经验,国际经济合作,2013年第2期。

21. 袁建财,于帆,每天学点经济学,北京航空航天大学出版社,2012年11月第1版。

22. 张洁,李楠,地下钱庄渠道下热钱流入的影响,中国金融,2012年第17期。

23. 张立娟、王彩霞,每天学点经济学,金城出版社,2009年1月第1版。

24. 赵留彦、王一鸣,货币存量与价格水平:中国的经验数据,经济科学,2005年版。

25. 中国万亿"热钱"流出,凤凰国际,2015年12月13日。

附 录

附录1 世界著名十大效应

1. 蝴蝶效应

蝴蝶效应是由美国气象学家洛伦兹1963年提出来的。其含义为：一只南美洲亚马逊河流域热带雨林中的蝴蝶，偶尔扇动几下翅膀，可能在两周后引起美国德克萨斯的一场龙卷风。其原因在于：蝴蝶翅膀的运动，导致其身边的空气系统发生变化，并引起微弱气流的产生，而微弱气流的产生又会引起它四周空气或其他系统产生相应的变化，由此引起连锁反应，最终导致其他系统的极大变化。

蝴蝶效应是说，初始条件十分微小的变化经过不断放大，对其未来状态会造成极其巨大的差别。有些小事可以糊涂，有些小事如经系统放大，则对一个组织、一个国家来说是很重要的，就不能糊涂。

"蝴蝶效应"在社会学界用来说明：一个坏的微小的机制，如果不加以及时地引导、调节，会给社会带来非常大的危害，戏称为"龙卷风"或"风暴"；一个好的微小的机制，只要正确指引，经过一段时间的努力，将会产生轰动效应，或称为"革命"。

1998年亚洲金融危机和2008年美国次贷危机就是经济运作中的"蝴蝶效应"。

2. 青蛙效应

"青蛙效应"源自19世纪末，美国康奈尔大学曾进行过一次著名的青蛙试验。其含义是：如果把一只青蛙扔进沸水里，它因感受到巨大的疼痛便会奋力一蹬，从而跃出水面，也因此获得了生机。但是，如果把一只青蛙放在一盆温水里再慢慢加热，由于青蛙已经逐渐适应了水温，所以当温度已升高到一定程度时，青蛙想跳出水面时，已经没有力量跳出来了。于是，青蛙便在舒适之中被烫死了。

在企业管理中，"青蛙效应"告诉人们，企业竞争环境的改变大多是渐热式的，如果管理者与员工对环境的变化反应迟钝，感觉不到疼痛，最后就会像青蛙一样，被煮熟、淘汰了仍不知道。

比尔·盖茨有一句名言："微软离破产永远只有18个月。"这句话反映出比尔·盖茨危机意识非常强。企业要避免"温水煮青蛙"现象，首先要提高最高管理层的危机意识，企业才不致在战略上迷失方向，不会在不经意中陷入危机。每位员工都居安思危，对危机的发生具有警惕性，使危机管理能够落实到每位员工的实际行动中，做到防微杜渐、临危不乱。

3. 鳄鱼法则

其原意是假定一只鳄鱼咬住你的脚，如果你用手去试图挣脱你的脚，鳄鱼便会同时咬住你的脚与手。你愈挣扎，就被咬住得越多。所以，万一鳄鱼咬住你的脚，你唯一的办法就是牺牲一只脚。

鳄鱼法则的核心理论是学会止损。例如，在证券投资中，如果你发现自己的交易背离了市场的方向，就应毫不迟疑地止损，不要心存任何侥幸，否则一次大的亏损，足以输掉前面99次的利润。所以，严格遵循止损原则就成了证券市场中长期生存的唯一法则。

鳄鱼法则对工作和生活的启示：（1）当你犯了错误时，不要找借口，要立即停下来，也不要采取任何行动，否则会陷入到更大的麻烦和错误中去，以致造成更严重的后果。（2）要学会放弃。工作和生活中，不好的境遇可能会不期而遇，令我们手忙脚乱，甚至造成严重的损失，这时候要安然处之，及时主动放弃局部利益而保全整体利益是最明智的选择。

4. 鲶鱼效应

挪威人喜欢吃沙丁鱼,尤其是活鱼。因此,市场上活的沙丁鱼要比死鱼价格贵很多。所以,渔民总是千方百计的想让沙丁鱼活着回到渔港。可是,虽然经过种种努力,绝大部分沙丁鱼还是在中途因窒息而死亡。但是,渔民们发现有一条渔船总是能让大部分沙丁鱼活着回到渔港。船长严格保守着秘密。直到船长去世,谜底才揭开。原来是船长在装满沙丁鱼的鱼槽里放进了一条以鱼为主要食物的鲶鱼。鲶鱼进入鱼槽后,由于环境陌生,便四处游动。沙丁鱼发现了一个"异己分子",十分紧张,左冲右突,加速游动。这样沙丁鱼就不会因缺氧而死了。这样一来,一条条沙丁鱼活蹦乱跳地回到了渔港。这就是著名的"鲶鱼效应"。

鲶鱼效应是管理学中的一个术语,对于企业管理的启示意义:(1)对于管理者来说,要学会使用激励手段。在企业管理中,管理者要实现管理目标,改变企业相对一潭死水的状况,需要引入鲶鱼型人才。(2)对企业员工来说,沙丁鱼式的员工缺乏忧患意识,一味追求稳定,但现实的生存状况不允许沙丁鱼太安宁。"沙丁鱼"如果不想窒息而死亡,就应该活跃起来,积极寻找新的出路。(3)对于外部引入的人才来说,在于自我实现。鲶鱼型人才是企业、单位管理必需的。鲶鱼型人才是出于获得生存空间的需要出现的,而并非是一开始就有如此的良好动机。对于鲶鱼型人才来说,自我实现始终是最根本的。

5. 羊群效应

"羊群效应"也叫"从众效应"。在经济学上,羊群效应主要用来指由于信息不充分,投资者很难对市场做出准确的预期,在这种情况下,投资者往往是通过观察周围人群的行为而提取信息,在这种信息的不断传递中,许多人的信息将趋于相同并且彼此强化,从而产生从众行为。在这种羊群效应里,也许个体采取的是理性行为,然而,却导致了集体的非理性行为。

羊群是一种很散乱的组织,平时在一起经常是盲目地左冲右撞,但是,一旦有一只头羊动起来,其他的羊也会不假思索地一哄而上,头羊往哪走,后面的羊就往哪走,根本不管前面可能有狼或者不远处有更好的草。因此,"羊群效应"通常用来比喻人都有一种从众心理,从众心理很容易导致盲从,而盲从往往会陷入骗局或遭到失败。

一般来说,羊群效应主要在竞争非常激烈的行业中出现。在这个行业里,如果有一个领先者(也就是头羊)占据了主要的注意力,那么,他所取得的利益以及他的行为方式就会被整个羊群不断模仿。领头羊到哪里去"吃草",其他的羊也争先恐后地去哪里"淘金"。

6. 棘轮效应

棘轮效应,是由经济学家杜森贝提出的,也叫制轮作用,是指人一旦形成某种消费习惯就具有不可逆性,而且很容易向上调整,不容易向下调整。特别是在短时间内,消费习惯具有很强的不可逆性,就像有棘爪防止倒转的棘轮一样。这种习惯效应,使消费取决于相对收入,即相对于自己以前的最高收入额,即使收入水平下降,个人的消费习惯也不会随之下降。即所谓的"由俭入奢易,由奢入俭难"。

"由俭入奢易,由奢入俭难",看似很简单,可是真正能做到的人是少之又少。

7. 奥卡姆剃刀定律

奥卡姆剃刀定律是由英国奥卡姆·威廉提出来的,这个原理称"如无必要,勿增实体",即"简单有效原理"。奥卡姆·威廉说道:"切勿浪费较多东西去做用较少的东西同样可以做好的事情"。简单来说,奥卡姆剃刀定律就是,保持事情的简单性,抓住根本,解决实质,不要人为地把事情复杂化,这样处理事情的效率才会更高。而且多出来的东西未必是有益的,相反可能更容易给我们自己制造麻烦。

奥卡姆剃刀定律的另外一种阐释就是:当你有两个处于竞争地位的理论能得出同样的结论,那么简单的那个更好。

日本最大的化妆品公司收到客户投诉,买来的肥皂盒里面是空的。于是他们为了预防生产线再次发生这样的事情,工程师想尽办法,他们发明了一台X光监视器去透视每一台出货的肥皂盒。同样的问题也发生在另一家小公司,他们的解决方法是:买一台强力工业用电扇去吹每个肥皂盒,被吹走的便是没放肥皂的空盒。同样的事情,采用的是两种截然不同的办法,你认为哪个更好呢?

8. 刺猬法则

这个比喻来自叔本华的哲学著作,两只困倦的刺猬,由于寒冷而相拥在一起。可因为各自身上都长着刺,离得太近会将对方刺得鲜血淋漓,于是它们离开了一段距离,但又冷得受不了,于是凑到一起。几经折腾,两只刺猬终于找到一个合适的距离:既能互相获得对方的温暖而又不至于被扎。

刺猬法则主要是指人际交往中的"心理距离效应"。运用到企业管理中,就是领导者与下属应保持什么样的关系。领导与下属的关系好坏关系到领导工作的成功与否。领导与下属的关系应是一种不远不近的恰当合作关系。这样做既可以获得下属的尊重,又能保证在工作中不丧失原则。一个优秀的领导者和管理者,要做到"疏者密之,密者疏之",这才是成功之道。

9. 手表定律

又称为两只手表定律、矛盾选择定律。当一个人只有一块手表时,他可以知道时间;但当一个人拥有两块或者两块以上的手表时,他反而不能知道准确的时间,因而会制造混乱,会让看表的人失去对准确时间的信心。这就是著名的手表定律。

手表定律深层含义在于:每个人都不能同时面对两种不同的行为准则或者价值观念,否则他的工作和生活必将陷入混乱。手表定律在企业管理方面给我们一种非常直观的启发,就是对同一个人或同一个组织不能同时采用两种不同的方法,不能同时设置两个不同的目标,甚至每一个人不能由两个人同时来指挥,否则将使这个企业或者个人无所适从。

10. 长板原理

以前在企业管理中,大家强调应用木桶原理,互联网时代我们更要关注长板原理。

当你把桶倾斜时,你就会发现能装的最多的水决定于你的长板(核心竞争力),而当你有了一块长板,围绕这块长板展开布局,为你赚到利润。如果你同时拥有系统化的思考,你就可以用合作、购买的方式,补足你的短板。

给企业管理的启示是：今天的公司没有必要精通一切，如果财务不够专业，可以聘用比自己更有优势的会计师事务所；如果在人力资源上欠缺，可以聘请猎头或人力资源咨询机构。市场、公关如果是短板，有大量的优秀广告和宣传公司为你度身定制；同样的还有法律服务、战略咨询、员工心理服务。

百事可乐在中国的战略就是这样的：他们把所有的制作、渠道、发货、物流全部外包，只保留市场部的寥寥几个人运营百事可乐的品牌。仅做好品牌这个长板就好。

伟大的公司没必要做到每一块板都很强，而是把一块板做到极致——淘宝做好了交易平台；小米做好了粉丝互动；新东方做好了精神建设；腾讯则抓住了几乎8成的中国网民。

与其非得花精力治愈自己的某些"顽疾"，不如花同样的时间和精力，把自己的优势发挥出来。

附录2　经济学中的关键词

1. 阿罗不可能定理

阿罗不可能定理由1972年度获得诺贝尔经济学奖的美国经济学家肯尼思·J·阿罗提出。阿罗不可能定理是指如果众多的社会成员具有不同的偏好，而社会又有多种备选方案，那么在民主的制度下不可能得到令所有的人都满意的结果。也就是说，在任何情况下，试图依据个人偏好顺序得出社会偏好顺序是不可能的。阿罗不可能定理不仅对传统福利经济学和政治理论提出了严峻的挑战，也导致了经济学关于经济行为研究的困惑。

我们可以用这样一个例子来证明阿罗不可能定理。假设甲、乙、丙三人分别来自中国、日本和美国，三人是分别多年的好友。三人久别重逢，决定聚餐，一起叙叙旧。但是，不同的文化背景形成了不同的饮食习惯，三人对饮食要求各不相同，风格各异：

甲：中餐＞西餐＞日本餐；

乙：日本餐＞中餐＞西餐

丙：西餐＞日本餐＞中餐

如果用民主的多数方式表决,结果如下：

首先,在中餐和西餐中选择,甲、乙喜欢中餐,丙喜欢西餐；

然后,在西餐和日本餐中选择,甲、丙喜欢西餐,乙喜欢日本餐；

最后,在中餐和日本餐选择中,乙、丙喜欢日本餐,甲喜欢中餐。

三个人投票的结果是：

中餐＞西餐,西餐＞日本餐,日本餐＞中餐

所以,利用少数服从多数的投票机制,产生不出一个令所有人都满意的效果。

2. 奥肯定理

是由美国经济学家阿瑟·奥肯提出来的,用来描述失业率与实际 GDP 增长率之间的交替关系。该定律论证了失业率与国内生产总值增长率二者呈反向变化的关系,即高增长使失业率降低,低增长使失业率提高。

奥肯定理是根据美国 20 世纪 60 年代的统计数据得出的,是一个经验公式,对当时美国是适用的,但不一定适用于美国的其他时期,也不一定适用于其他国家。但是,奥肯定理所提出的失业率与实际 GDP 增长率之间反向变动的关系是普遍存在的。一般性,经济学家在运用奥肯定理时,把失业率与实际 GDP 增长率的关系确定为 1∶2。

奥肯定理曾相当准确地预测过失业率。美国在 1979—1982 年这段时间经济出现滞涨,GDP 没有增长,但潜在 GDP 每年增长 3％,3 年共增长 9％,按照奥肯定理失业率与实际 GDP 增长率之间 1∶2 的关系,当实际 GDP 比潜在 GDP 低 9％时,失业率会上升 4.5％。已知 1979 年的失业率为 5.8％,则 1982 年的失业率应该为 5.8％＋4.5％＝10.3％。根据官方统计,1982 年美国的实际失业率为 9.7％,与预测的 10.3％比较接近。

3. 节约悖论

"节约悖论"是凯恩斯于 1936 年在其著作《就业、利息和货币通论》中提出的。"节约悖论"认为节约对于个人来说是好事,是一种值得称赞的美德，但对于整个国家来讲，则是一件坏事，会导致国家经济的萧条衰败。为了说明这个道理，凯恩斯还引用了一则古老的寓言：有一窝蜜蜂原本十分繁荣兴隆，每只蜜蜂都整天大吃大喝。后来一个哲人教导它们说，不能如此挥霍浪费，应该厉行节约。蜜蜂们听了哲人的话，觉得很有道理，于是迅速贯彻落实，个个争当节约模范。但结果出乎预料，整个蜂群从此迅速衰败下去，一蹶不振了。

"节约的悖论"提出来以后，常常使人迷惑不解。根据一般人的常识，一个家庭也好，一个企业也好，或一个国家也好，如果大家都挥霍浪费，很快就会吃光喝光，破产衰亡。怎么会越挥霍越繁荣呢？

要理解"节约的悖论"，我们首先要搞清楚提出该理论的背景。凯恩斯是在1929—1933年大危机之后提出该理论的，大危机及其之后的一段时间美国经济陷入了严重的萧条状态，市场上大量产品积压，找不到销路，如果国民增加消费，积压的产品就能实现其市场价值，从而经济实现增长；反之，如果国民减少消费，积压产品增加，经济反而进入到萧条状态。

事实上，对于生产力比较低，经济比较落后的国家，迫切需要资本积累，应该提倡节俭，鼓励储蓄，通过降低利率鼓励厂商对资金的需求，总需求不一定会下降。要解决"节俭的悖论"，关键在于不要让储蓄的资金闲置起来，而是要把储蓄转化为投资，扩大和提高生产能力。

4. 货币幻觉

货币幻觉是美国经济学家欧文·费雪于1928年提出来的，是货币政策的通货膨胀效应。货币幻觉是指人们一般只是对货币的名义价值做出反应，而忽视其实际购买力变化的一种心理错觉。费雪告诉人们，理财的时候不应该过多的注意商品价格是涨还是跌，花的钱多了还是少了，而应把精力放在研究"钱"的购买力上、"钱"的潜在价值还有哪些方面，只有这样，才能真正做到精打细算，花多少钱办多少事。否则，在"货币幻觉"的影响下，"如意算盘"打到最后却发现自己其实是吃亏了。

经济学家认为货币幻觉产生的原因如下：

人们在购物时，常常会忽视那些明显已经被通货膨胀扭曲的信息，冲动地把心理价位抬高到实际价位之上,这就是货币幻觉。货币幻觉可能使潜在买家相信房价会一直上涨,从而认为房地产是不错的投资选择。美国耶鲁大学经济学教授罗伯特·J·席勒认为,正是由于货币幻觉,导致了人们的错误判断,催生了房地产泡沫,"人们一般只记得几年前买房时的房价,却常常忘记了其他商品的价格,于是误认为房价比其他物价涨幅更大,从而夸大房地产的投资潜力。"

几十年来,对于货币幻觉是否真实存在,经济学家一直在争论,这实际上是对货币幻觉是否对经济交易中存在非理性影响的争论。著名货币学家米尔顿·弗里德曼认为雇主和消费者都是理性的,他们支付工资或者购买商品时会考虑通货膨胀因素。也就是说,他们能准确判断一种商品的真实价值,货币幻觉是不存在的。

5. 流动性陷阱

流动性陷阱是凯恩斯提出的一种假说,是指当一定时期的利率水平降低到不能再低时,投机性货币需求对利率的弹性无限大,即无论增加多少货币,人们都不再投资或购买债券,而是大量持有货币。发生流动性陷阱时,再宽松的货币政策也无法改变市场利率,使得货币政策失效。

根据凯恩斯的理论,人们对货币的需求由交易需求、预防需求和投机需求组成。在流动性陷阱下,人们在利率水平很低时还是愿意储蓄,而不愿意投资和消费。此时,仅靠增加货币供应量根本无法影响利率。如果当利率为零时,不管中央银行增加多少货币供应量,利率也不能降为负数,由此就必然出现流动性陷阱。另一方面,当利率为零时,货币和债券利率都为零时,由于持有货币比持有债券更便于交易,人们不愿意持有任何债券。在这种情况下,即便增加再多的货币,也不能把人们手中的货币转换为债券,从而也就无法将债券的利率降低到零利率以下。因此,靠增加货币供应量不再能影响利率或收入,货币政策因此失效。

从宏观上看,一个国家的经济陷入流动性陷阱时主要有三个特点:

(1) 整个国家总需求严重不足,经济陷入严重萧条之中,居民个人自发性投资和消费大为减少,失业情况严重,紧靠市场的力量难以让经济摆脱萧条。

（2）虽然利率已经达到最低水平，但由于投资者对经济前景预期不佳，消费者对未来持悲观态度，所以，在极低的利率水平下，投资者还是不愿意增加投资，消费者不愿意增加消费，这使得利率刺激投资和消费的杠杆作用失效。名义利率的下调已经不能让经济复苏，货币政策失效，只能依靠财政政策，通过扩大政府支出、减税等手段来摆脱经济的萧条。

（3）货币需求利率弹性趋向无限大。

6. 萨伊定律

萨依定律，也称作萨依市场定律，是19世纪的法国经济学家——让·巴蒂斯特·萨依提出的，是19世纪初流行至今的一种经济思想。萨依定律的主要思想是：资本主义的经济社会一般不会发生任何生产过剩的危机，更不可能出现就业不足。提出这种思想最早的人并不是萨伊，而是提出相关概念的英国经济学家、历史学家——詹姆斯·穆勒。

"供给创造自己的需求"是萨伊定律最常见的表达形式。这一结论隐含的假定是循环流程可以自动地处于充分就业的均衡状态。如果将萨伊定律理解为所有商品生产以后，就一定能够出售出去，就误解了萨伊定律的意义。因为在商品流通过程中，生产者的生产引起了对其他生产者的商品需求，整个经济体系也就达到了循环，某一商品的供给也就带动了相同数量商品的需求。于是古典经济学家得出这样一个结论：生产过剩不可能在流通过程中发生。

萨伊定律包含三个要点：

（1）产品生产本身能创造自己的需求；

（2）由于市场经济的自我调节作用，不可能产生遍及国民经济所有部门的普遍性生产过剩，而只能在国民经济的个别部门出现供求失衡的现象，而且即使这样也是暂时的；

（3）货币仅仅是流通的媒介，商品的买和卖不会脱节。

根据萨伊定律，在一个完全自由的市场经济中，由于供给会创造自己的需求，因而社会的总需求始终等于总供给。

附录3 你需要认识的经济学大师

自1776年,亚当·斯密发表了《国富论》一书以后,经济学就变成了一门受人们重视的学科。1936年,凯恩斯发表了《就业、利息和通论》一书,预示着经济学的崛起与起飞。1969年,诺贝尔奖增设了经济学奖,这一举动更加确定了经济学重要的学科地位。经济学经过几百年的发展,被誉为"社会科学之王"和"皇冠明珠"。下面,让我们共同认识几位著名的经济学大师。

1. 经济学的鼻祖——亚当·斯密

亚当·斯密(1723年6月5日—1790年7月17日),出生在苏格兰法夫郡的寇克卡迪,是经济学的主要创立者,被后人誉为是"经济学的鼻祖"。他的著作《国富论》被认为是现代经济学研究的起点。亚当·斯密并不是经济学的创造者,古希腊的色诺芬——苏格拉里的弟子,著有《经济论》一书。他的经济专著中最早使用"经济"一词,因此被称为是经济学的创造者。

亚当·斯密的著作中很多思想也不是非常新颖独特,但是他首次全面系统地提出了经济学说,为经济学的发展奠定了良好的基础。亚当·斯密的著作中《国富论》一书最有影响力。该书对于经济学领域的创立有极大贡献,使经济学成为一门独立的学科。在西方世界所发行过的经济学著作中,这本书甚至可以说是最具影响力的。《国富论》之前的重商主义学派认为大量储备贵金属是经济成功所不可或缺的,《国富论》对这种观点进行了强有力的反驳。1776年,《国富论》出版后,要求自由贸易的声浪在英国和美国不断出现。有些观点还认为是美国独立战争造成了当时经济的艰难。不过,还是有人并不相信自由贸易的优点,例如,英国政府和议会依然继续维持重商主义多年。

重农主义学派对于土地非常重视,《国富论》一书对此也进行了否定。斯密认为土地并不是最重要的,劳动才是最重要的,劳动分工可以极大的提升生产效率。"自由市场"是《国富论》一书的主要观点之一,自由市场表面看似混乱无章,实际上却是由一双"看不见的手"(无形之手)所指引,将会引导市场生产出正确的产品数量和种类。斯密认为人的动机都是自私而贪婪的,自由市场竞争将能利用这样的人性来降低价格,进而造福整个社会,进而提供更多产品和服务。斯密倡导自由竞争,反对政府干预经济事务,他的这些观点促进了英国自由贸易的实现:英国政府于1846年废除了"谷物条例"(对进口谷物征收重税的法律,1436年开始实施,1846年英国首相皮尔予以废除);1860年,英国政府废除"保护关税"条例。

亚当·斯密的经济思想体系严谨,论据充分,论证有利,使之前的经济思想学派在几十年内就被抛弃了。事实上,斯密吸收了之前经济思想学派的优点并把它们并入自己的体系,同时系统的批判了他们的缺点。亚当·斯密斯密的接班人,包括像马斯·马尔萨斯和大卫·李嘉图这些著名的经济学家对斯密的体系进行了精心的补充和修正,今天被称为是古典经济学体系。虽然现代经济学说又增加了新的概念和方法,但这些都是古典经济学的产物。从某种意义上说,卡尔·马克思的经济学说都可以看做是古典经济学说的继续。

自亚当·斯密以来,经济学有了突飞猛进的发展,以至于他的一些思想被人们搁置一边,人们对斯密的重要性也有所忽视。但是,正是亚当·斯密让经济学成为一门独立的学科,他是人类思想史上的重要人物。

2. 边际效用的创始人——里昂·瓦尔拉斯

里昂·瓦尔拉斯(1834年—1910年),法国经济学家,边际革命领导人,洛桑学派创始人。19世纪50年代开始研究政治经济学,1870年被聘为洛桑大学经济学教授。

瓦尔拉斯是边际效用价值论的创始人之一。他把边际效用称为"稀少性",并在经济学中使用了数学,研究了使一切市场(不是一种商品的市场,而是所有商品的市场)都处于供求相等状态的均衡,即一般均衡,成为西方数理经济学和一般均衡理论的创建者和主要代表人。他的一般均衡分析方法被西方经济学普遍使用。瓦尔拉斯认为自由竞争的资本主义是最理想的制度,但同时也主张国家根据正义原则干预经济。

主要著作：《政治经济学和正义》、《赋税批判理论，并附：忆洛桑代表大会》、《纯粹政治经济学纲要》、《社会经济学研究》、《社会思想研究》、《实用政治经济学研究》等。

3. 一个天才的业余经济学家——大卫·李嘉图

大卫·李嘉图（1772年—1823年），是英国产业革命高潮时期的资产阶级经济学家，他继承和发展了亚当·斯密经济理论中的精华，使古典政治经济学达到了最高峰。他也是英国资产阶级古典政治经济学的杰出代表和完成者。

李嘉图从功利主义出发，建立起了以劳动价值论为基础，以分配论为中心的理论体系。他继承了斯密理论中的科学因素，坚持商品价值由生产中所耗费的劳动决定的原理，并批评了斯密价值论中的错误。他提出决定价值的劳动是社会必要劳动，认为全部价值由劳动产生，并在3个阶级间分配：工资由工人的必要生活资料的价值决定，利润是工资以上的余额，地租是工资和利润以上的余额。由此说明了工资和利润、利润和地租的对立，从而实际上揭示了无产阶级和资产阶级、资产阶级和地主阶级之间的对立。他还论述了货币流通量的规律、对外贸易中的比较成本学说等。但他把资本主义制度看作是永恒的，只注意经济范畴的数量关系，在方法论上又有形而上学的缺陷，因而不能在价值规律基础上说明资本和劳动的交换、等量资本获等量利润等，这两大难题最终导致李嘉图理论体系的解体。他的理论达到资产阶级界限内的高峰，对后来的经济思想有重大影响。

李嘉图与穆勒是挚友，在穆勒的帮助下他完成了自己的名著《政治经济学及赋税原理》，并于1817年4月出版。《政治经济学及赋税原理》一书被誉为是《国富论》之后的第二部最著名的经济学著作。该书的出版被人们称为是"李嘉图革命"。《政治经济学及赋税原理》出版后，逐渐被人们认可，曾多次再版，成为经济学说史上的一部辉煌著作，是关于政治经济学研究方法的基础。这部巨著囊括了古典政治经济学的所有理论，包含着李嘉图的全部思想精粹，在亚当·斯密和马克思之间建立起了一座桥梁。

李嘉图的思想形成了一个庞大的经济学理论体系,以亚当·斯密的理论为基础,李嘉图正式创立起了古典经济学。他的劳动价值论在新古典经济学兴起之后价值就不大了,但他的比较优势理论对于自由贸易的贡献却是不朽的。

4. 伟大的导师——卡尔·马克思

卡尔·马克思(1818年—1883年),出生于德国莱茵省特利尔城。是马克思主义的创始人,第一国际的组织者和领导者,被评为20世纪影响世界最深的人。

马克思在经济上的最伟大功绩是完成了马克思主义经济学理论体系。1867年9月14日,他发表了《资本论》第一卷。第二卷和第三卷在他逝世后,由恩格斯整理,分别于1885年和1894年出版。《资本论》是马克思用尽一生心血完成的一部光辉灿烂的科学巨著,这部巨著第一次深刻地分析了资本主义的全部发展过程。它阐述了资本主义经济运行的规律,揭露了资本主义的内在矛盾,揭示了资本家对于工人剥削的秘密在于占有工人的剩余价值,科学地论证了资本主义必然灭亡,社会主义必将胜利,从而把他的社会主义学说置于牢固的科学基础上。

《资本论》就是论资本,而资本是带来剩余价值的价值,没有剩余价值就不存在资本,而没有资本也就不能带来剩余价值。所以,剩余价值论是《资本论》的中心内容。马克思认为工人替资本家工作,资本家付钱给他,在这个过程中不是等价交换的。比如,一个工人替资本家工作,一天的劳动所得为10元钱,而他在这一天当中所创造的财富可能是20元,或者更多,远远大于自己的劳动所得。这多出的部分就是剩余价值,被资本家无偿地剥削了。正如恩格斯所说:"自地球上有资本家和工人以来,没有一本书像我们面前这本书那样,对于工人具有如此重要的意义。资本和劳动的关系,是我们现代全部社会体系所赖以旋转的轴心,这种关系在这里第一次做了科学的说明,而这种说明之透彻与精辟,只有一个德国人才能做到,这个人就是马克思,他攀登到最高点,把现代社会关系的全部领域看得一览无遗。"

5. 一个折中的经济学家——阿尔弗雷德·马歇尔

阿尔弗雷德·马歇尔(1842年—1924年),生于英格兰,1865年毕业于剑桥大学,1885—1908年任剑桥大学政治经济学教授,是英国近代最著名的经济学家,剑桥学派和新古典学派的创始人。阿尔弗雷德·马歇尔是19世纪末20世纪初英国,乃至全世界最著名的经济学家。

在马歇尔的努力下,经济学从仅仅是人文科学和历史学科的一门必修课发展成为一门独立的学科,具有与物理学相似的科学性。剑桥大学在他的影响下创立了世界上第一个经济学系。

马歇尔是局部均衡分析的创始者,他研究单个市场的行为而不考虑市场与市场之间的影响。他特别关注收入分配和贫困问题,并把贫困问题归因于劳动市场。马歇尔最主要的著作是发表于1890年的《经济学原理》一书,该书被看作是与亚当·斯密的《国富论》和大卫·李嘉图的《赋税原理》齐名的划时代著作,是当时最有影响力的专著,多年来一直被奉为是英国经济学的圣经。该书建立了静态经济学,所阐述的经济学说被看作是英国古典政治经济学的继续和发展。以马歇尔为核心而形成的新古典学派在长达40年的时间里在西方经济学中一直占据支配地位。

马歇尔经济学说的核心是均衡价格论,而《经济学原理》正是对均衡价格论的论证和引申。他认为,市场价格决定于供需双方的力量均衡,犹如剪刀的两翼,是同时起作用的。而他本人也被认为是英国古典经济学的继承者和发展者,他的理论及其追随者被称为新古典理论和新古典学派。

主要著作:《对杰文斯的评论》、《关于穆勒先生的价值论》、《对外贸易的纯理论与国内价值的纯理论》、《工业经济学》、《伦敦贫民何所归》、《一般物价波动的补救措》、《经济学原理》、《经济学精义》等。

6. 宏观经济学之父——凯恩斯

约翰·梅纳德·凯恩斯(1883年—1946年),生于英国剑桥,现代西方经济学最有影响的经济学家之一。1909年创立政治经济学俱乐部并因其最初著作《指数编制方法》而获"亚当·斯密奖"。1911—1944年任《经济学杂志》主编,1913—1914年任皇家印度通货与财政委员会委员兼任皇家经济学会秘书,1919年任财政部巴黎和会代表,1929—

1933年主持英国财政经济顾问委员会工作，1942年被晋封为勋爵，1944年出席布雷顿森林联合国货币金融会议，并担任了国际货币基金组织和国际复兴开发银行的董事。

20世纪30年代的经济大危机猛烈冲击以美国为代表的西方资本主义国家。凯恩斯是在此背景下研究资本主义经济发展的障碍，并提出解决问题的相应策略。他以20世纪30年代经济大危机为背景，对社会生产总量和国民收入是由何种因素决定的，以及严重失业、"富裕中的贫困"的矛盾现象做出解释，并寻求解决的对策。

凯恩斯的主要著作有《就业、利息和货币通论》《印度的货币和金融》《和平的经济后果》《货币论》等。《就业、利息和货币通论》于1936年出版，是凯恩斯的代表作。《就业、利息和货币通论》一出版在西方经济学界就引起了轰动，有人把他的理论誉为一场像"哥白尼在天文学上，达尔文在生物学上，爱因斯坦在物理学上一样的革命"。《就业利息与货币通论》，就是因为力图挽救1929—1933年的"经济危机"而被称为是对传统经济学的"革命"的。它的核心问题是如何解决就业，以缓解市场供求力量失衡的问题。

凯恩斯提出三大基本理论：一是边际消费倾向递减规律；二是资本边际效率递减规律；三是流动偏好规律。

凯恩斯认为，在现实生活中存在着边际消费倾向递减、资本边际效率递减和流动偏好三大心理规律。由于这些规律的存在，随着社会的发展必然出现有效需求不足的问题。有效需求不足使企业生产出来的东西卖不出去，企业停产乃至破产，最终导致资本主义经济危机的爆发，造成工人失业。

凯恩斯一生对经济学作出了极大的贡献，一度被誉为资本主义的"救星"、"战后繁荣之父"。凯恩斯认同"借助于市场供求力量自动地达到充分就业的状态，就能维持资本主义"的观点，因此他一直致力于研究货币理论。他敢于打破旧的思想束缚，承认有非自愿失业的存在，并首次提出国家干预经济的主张，对整个宏观经济学具有极大的贡献。

7. 货币主义的代表——弗里德曼

米尔顿·弗里德曼(1912—年2006年)，出生于美国纽约市，1976

年,凭借在"消费理论分析、货币史和货币理论研究领域中的成就"和"对经济稳定政策的错综复杂性的论证",获得了诺贝尔经济学奖。

弗里德曼是芝加哥大学教授、芝加哥经济学派代表人物之一,以研究宏微观经济学、经济史、统计学及主张自由放任资本主义而闻名。

弗里德曼一贯遵循芝加哥学派的传统,极力鼓吹经济自由主义,反对国家干预,反对凯恩斯主义。在他看来,理想中的经济制度是自由竞争的资本主义。但弗里德曼并不主张无政府主义,他所提倡的是从国家积极干预经济的道路上转变方向,政府只应扮演规章制度的制定者和仲裁人的角色,只应在反对技术垄断和克服市场的不完全性等方面发挥作用。

在经济学方法论上,弗里德曼赞同并宣扬实证经济学。他认为实证经济学在原则上不依从于任何特别的伦理观念或规范性的判断,它是类似于任何一种自然科学的客观的科学,它的最终目的是创立一种能对现象提出正确的、有意义的预测的理论或假说。在实证经济学方法论的指导下,弗里德曼明确地提出"恒久性收入假说",指出消费者不是根据他们的现期收入,而是根据长期的或已成为惯例的恒久性收入来安排自己的支出。

弗里德曼最知名的理论,是他提出的货币供给作为决定生产价值基准的因素,通货膨胀在根本上源自货币供给量的主张。他的主要著作有:《实证经济学论文集》《消费函数理论》《资本主义与自由》《自由选择》《价格理论:初稿》及《美国货币史(1867—1960)》(与施瓦兹合著)。